JN495773

의상 스님의

화엄경문답

華嚴經問答

최연식 역주

동국대학교출판부

책머리에

1.

한국 불교사상사, 특히 고대와 중세의 불교사상사를 연구하는 데 있어 가장 어려운 점은 이 시기의 다른 역사 연구와 마찬가지로 자료의 부족이다. 기록에는 그 시대에 찬술된 수많은 문헌들의 이름이 전하고 있지만 그중에 현재 그 내용을 알 수 있는 것은 극히 일부에 불과하기 때문이다. 유명한 원효 스님도 원래 지은 저술은 백여 종 가까이 되는 것으로 알려져 있지만 그중 온전하게 전하는 것은 10종이 채 안되고 단편들을 합하여도 20여 종에 불과하다. 그나마 원효 스님 같은 경우는 저술이 많이 전하는 편에 속하고, 다른 대부분의 스님들은 겨우 한두 종의 저술이 전하거나 아니면 저술의 제목이나 일부 문장들만이 전하고 있을 뿐이다. 그러니 현재 우리들이 알고 있는 한국 고중세 불교사상사는 극히 일부의 자료만으로 그려낸 공백이 매우 많은 불완전한 역사라고 할 수 있다. 이런 점에서 새로운 자료의 출현은 기존의 불교사상사 이해를 크게 변화시킬 수 있는 중요한 사건이고, 실제 새로운 자료의 발견을 통하여 한국 고중세 불교사상에 대한 이해는 크게 발전되어 왔다.

『화엄경문답』 역시 1990년대 후반 이후 우리 학계에 의상 스님의 강의를 기록한 강의록으로 새롭게 알려지면서 한국 고대 불교사상, 특히 화엄사상에 대한 이해를 크게 변화시켰다. 이 책은 일본에만 전해지던 문헌으로 기존에는 중국 화엄사상을 집대성한 법장法藏(643~712) 스님의 저술로 알려져 있었다. 하지만 한문 문장이 독특하여 쉽게 읽히지 않을 뿐 아니라 법장 스님의 다른 저술들과 배치되는 내용도 보이고 있어서 실제 법장 스님의 저술이 아닐 가능성이 높다고 여겨진 채 오랫동안 방치되어 왔다. 특히 한국학계에서는 이 책에 대하여 아무도 관심을 갖지 않았었다.

그러다가 1990년대 후반 고故 김상현 교수가 일본 학계의 연구를 참조하여 이 책을 제자인 지통 스님이 의상 스님의 강의를 정리한 책이라고 주장하면서 갑작스럽게 학계의 관심을 끌게 되었고, 이후 집중적인 연구들이 이어졌다. 일본의 일부 화엄사상 연구자들이 1980년대에 이 책이 신라의 화엄학승에 의해 찬술되었을 가능성을 조심스럽게 제기하였지만 그다지 큰 반향은 일으키지 못하고 있었는데, 김상현 교수가 그에 주목하고 이를 보완하여 발표하면서 국내 연구자들의 관심과 구체적 연구를 촉발하였고, 이러한 관심과 연구가 다시 일본과 중국 학계의 연구로까지 이어지게 되었다. 이러한 연구들을 통하여 『화엄경문답』의 내용이 보다 구체적으로 밝혀졌을 뿐 아니라, 이를 기초로 신라의 화엄사상 및 그와 연결된 중국 초기 화엄사상에 대한 새로운 이해들이 가능해지게 되었다. 이제 『화엄경문답』은 방치된 책이 아니라 후대의 이른바 정통적 화엄사상이 성립되기 이전의 초기 화엄사상의 실제 모습을 보여주는 가장 중요한 문헌으로서 국제 학계의 관심을 받고 있다. 『화엄경문답』이라는 새로운 자료의 출현을 통해 한국은 물론 동아시아 고대 불교 사상사의 중요한 공백이 메워지면서 역사가 새롭게 서술되고 있다고 할 수 있다.

2.

『화엄경문답』은 『화엄일승법계도』와 함께 의상과 그 문도들, 즉 의상 학파의 화엄사상을 보여주는 아주 귀중한 자료이다. 의상 학파는 사실상 한국 최초의 학파라고 할 수 있다. 의상 이전에도 여러 학자와 고승들이 있었지만 그들은 기본적으로 개인적 차원에서 학문 활동을 하는데 그쳤고, 집단적으로 모여 함께 공부하면서 자신들만의 개념을 만들고 이를 다듬어 독자적인 사상체계를 수립하는 차원에는 이르지 못하였다. 그런데 의상 학파는 의상이 국내와 중국에서 공부한 내용들을 토대로 불교 전체를 아우르는 이론을 제시한 후 그에 대해 문도들과 문답을 주고받으면서 이를 더욱 구체화하고 확장하여 그들만의 독자적인 사상체계를 수립하고 이를 세대를 지나며 계승해 갔던 명실상부한 학파였다. 그리고 이러한 의상 학파의 형성 과정은 『화엄일승법계도』와 『화엄경문답』를 통해 어느 정도 엿볼 수 있다. 즉 전자가 의상의 기본적 이론체계를 제시한 문헌이라면 후자는 그러한 의상의 이론이 문도들과의 문답을 통하여 구체화되고 심화되는 모습을 보여주는 문헌으로서, 기존의 『화엄일승법계도』를 통한 의상 화엄사상의 이해가 의상 개인의 화엄사상에 대한 이해라고 한다면 『화엄경문답』에 대한 연구를 통해 밝혀진 의상 화엄사상의 새로운 모습들은 문도들과의 문답을 통해 구체화되고 심화된 의상 학파의 화엄사상이라고 할 수 있다. 두 책은 각기 의상 학파 화엄사상의 날줄과 씨줄이며, 이런 점에서 의상의 강의록으로서의 『화엄경문답』의 재발견과 그에 대한 연구는 신라의 화엄사상을 의상 개인의 사상에서 의상 학파의 사상에 대한 이해로 심화시키는 계기가 되었다고 할 수 있다.

의상 학파는 의상 당대에는 당시 불교계의 중심에서 벗어나 있었지만 점차 세력을 확대하여 8세기 중엽 이후에는 신라 불교계의 중심 세력으로 자리 잡았다. 그리고 이 의상 학파 출신들이 중심이 되어 선불교와 같은 새로운 불교사상을 적극적으로 수용하였다. 후대 선종이 득세한 후에도 의상의 사상은 한국 불교의 기본적 입장으로 크게 존중되었다. 이런 점에서 의상 학파는 한국 최초의 학파이자 후대 한국 불교의 뿌리였다고 할 수 있다. 따라서 『화엄경문답』에 대한 이해는 의상과 의상 학파의 사상에 대한 이해뿐 아니라 한국 불교와 한국 사상의 근원에 대한 이해와 연결된다고 할 수 있다.

3.

필자가 이 『화엄경문답』에 관심을 가지게 된 것은 2000년대 초 일본에서 박사후과정(post-doc.) 연수 때였다. 당시 필자의 연수 책임교수는 고마자와대학駒澤大學의 이시이 코세이石井公成 교수였는데, 우연하게도 필자가 고마자와대학에서 연수를 시작한 직후에 김상현 교수가 이시이 코세이 교수를 만나기 위해 고마자와대학을 방문하였다. 알고 보니 이시이 교수는 1983년에 처음으로 이 책이 의상의 강의를 문도들이 기록한 책일 가능성을 제시하였던 연구자로서, 다른 일정으로 일본을 방문한 김상현 교수가 일부러 이 책에 대하여 이야기하고자 고마자와대학을 찾아온 것이었다. 두 분이 만난 자리에 필자도 참여하였는데, 그 자리에서 두 분은 『화엄경문답』에 대하여 많은 이야기를 나누었고, 특히 이시이 교수는 동아시아 화엄사상사에서 신라 화엄사상의 독자성을 알기 위해서는 이 책의 내용을 제대로 이해할 필요가 있다고 강조하였다. 이런 인연으로 필자는 『화엄경문답』에 관심을 갖게 되었고, 이후 여러 차례 이 책을 읽으려고 시도하였다. 그런데 이 책은 그렇게 쉽게 읽히지 않는 책이었다. 기존 화엄학 문헌에는 보이지 않는 생소한 개념들이 자주 보일 뿐 아니라 한문 자체가 너무 이상하여 어떻게 해석해야 할지 알 수 없는 문장들이 적지 않았다. 사실 이러한 이상한 한문 문장이야말로 이 책이 후대 사람들의 관심에서 벗어나게 되는 원인이기도 하였다. 법장 스님의 실제 저술들이 대단히 아름답고 매끄러운 한문으로 쉽게 읽히는 것을 고려하면 이 책은 도저히 법장 스님의 저술로는 볼 수 없는 엉터리 한문으로 된 책이었다.

그런데 이 책을 여러 번 읽어가면서 이러한 엉터리 한문이야말로 이 책이 신라 승려에 의해 찬술된 문헌임을 보여주는 확실한 증거라고 생각되었고, 그래서 이 책에 더 많은 관심을 갖게 되었다. 엉터리 한문이라는 것은 중국의 정통적 문법으로 볼 때에 그렇다는 것이고, 한국어의 특성이 반영되었다고 생각하고 이를 고려하면서 읽다 보면 이상한 문장들의 뜻이 이해되는 느낌을 받았다. 그러면서 이러한 이상한 한문은 의상 스님의 한국어 강의를 문도들이 급하게 한문으로 적다보니 생긴 현상이라고 이해하게 되었다. 이른바 변격變格 한문, 즉 한국식 한문이었던 것이다.

필자는 고려 초 균여均如의 화엄사상을 주제로 박사논문을 작성하였는데, 그때 읽은 균여의 저술들에는 본래 균여의 강의를 문도들이 방언方言, 즉 우리말로 기록한 것을 고려 후기에 순수한 한문으로 수정하였다고 기록되어 있었다. 그러한 기록을 보면서 문도들이 기록한 원래의 방언의 형태가 궁금하였는데, 『화엄경문답』의 이상한 한문들을 읽으면서 이러한 한국식 한문이야말로 방언方言이었겠다는 깨달음을 얻었다. 그리고 이런 방언이야말로 가장 오래된 한국어 기록 방식으로, 한국어의 고형을 이해하는 중요한 자료라고 생각하게 되었다. 『화엄경문답』은 한국의 초기 화엄사상을 보여주는 문헌일 뿐 아니라 신라시대 한국어의 모습을 보여주는 문헌으로 인식하게 되었다. 그래서 더 많은 관심을 가지고 『화엄경문답』을 읽게 되었다. 가능한 한 정확하게 이 문헌을 해석해 보고 싶었다.

그렇지만 『화엄경문답』 전체를 정확하게 이해하는 것은 쉽지 않았다. 생소한 불교 개념과 독특한 변격의 한문 문장은 책 전체를 분명하게 이해하는데 넘기 어려운 난관들이었다. 일본 유학 동안은 물론 귀국하여서도 계속 관심을 가지고 읽었지만 스스로 납득되는 수준에는 결코 도달하지 못하였다. 하지만 읽어갈수록 이 책의 중요성과 자료적 가치에 대해서는 더욱 깊은 확신을 가지게 되었다. 반복하여 읽어가면서 『화엄경문답』의 문장이 조금씩 익숙해지다 보니 구어체의 한국식 한문과 하나의 주제에 대해 연속적으로 이어지는 짧은 문답 형식을 통해 의상스님과 문도들의 강의 현장을 생생하게 보고 있는 듯한 느낌이 들었다. 다른 문헌들을 보면서는 느끼기 어려운 흥미로운 경험

이었다. 한편으로 이 책에만 보이는 생소한 개념들을 이해하기 위해 관련 자료들을 찾다 보니 후대의 화엄학파[화엄종]가 성립되기 이전의 초기 화엄사상에 대한 이해도 조금씩 확대되어 갔다. 또한 이 책의 내용을 의상 스님의 저술인 『화엄일승법계도』의 내용과 비교하면서 의상 스님의 화엄사상에 대해서도 조금 더 분명하게 알 수 있게 되었다. 『화엄일승법계도』와 그 주석서만으로 이해하던 것보다는 훨씬 구체적이고 종합적으로 이해되었다. 『화엄경문답』은 필자가 신라 화엄사상 특히 의상 스님과 그 문도들의 사상을 이해해 가는 중요한 입문서의 역할을 해주었다.

4.

처음 이 책에 관심을 가지고 읽기 시작한 때로부터 4반세기가 되는 시점에 이 책의 역주서를 내게 되었다. 아직도 이 책을 온전히 이해하기에는 부족한 점이 적지 않지만 이 책에 대한 연구자들의 관심을 촉구하고 향후 연구에 조금이라도 도움이 되기를 기대하는 마음에서 외람된 용기를 내었다. 부족하고 잘못된 부분에 대한 현자들의 적극적 교시와 그를 통한 『화엄경문답』에 대한 연구의 활성화를 충심으로 기대해 본다.

이 역주의 초고는 2023년에 간행된 영문판 한국대표불교문헌 시리즈 중 한 권으로 간행되었던 Questions and Answers on the Avatamsaka-sutra - An Early Korean Hwaeom Text(華嚴經問答)의 한국어 참고본으로서 작성되었다. 당시 이 시리즈 편집을 책임지고 있던 동국대 불교학과의 김종욱 교수로부터 외국인 영역자가 참조할 수 있는 한국어 역주본을 작성해달라는 부탁을 받고 1년여의 시간을 들여 원문 교감과 번역, 주석을 곁들인 역주 원고를 작성하였었다. 정식 출판은 아니었지만 오랜 시간 관심을 가진 책을 직접 번역한다는 즐거움에 기쁜 마음으로 작업에 임하였다. 특히 이 역주 작업 직전에 존재를 알게 된 일본 나고야시의 가나자와문고金澤文庫 소장의 새로운 『화엄경문답』 필사본을 구해 이를 기존 대장경 수록본과 교감하는 것은 참으로 의미 있는 작업이었다. 이후 오랫동안 묵혀두었던 이 역주 원고를 다시 정리하게 된 것은 2019년과 2021년에 가나자와문고金澤文庫의 도즈 아야노道津綾乃 선생이 새롭게 알려진 일본 동경 이시카와 다케요시石川武美 기념도서관의 세이키도문고成簣堂文庫 소장의 필사본을 다른 본들과 대조한 교감 논문을 발표한 것이 계기가 되었다. 도즈 선생의 교감 논문을 토대로 새롭게 교감 작업을 진행하면서 기존의 번역과 주석들도 아울러 수정하는 작업을 진행하였다. 그리고 변격한문, 즉 한국식 한문으로 생각되는 문장들에 대해서 일일이 지적하고 정격 한문이라면 어떻게 달리 표현되었을지를 제시하였다. 이처럼 역주 원고의 수정 작업을 진행하면서 구체적 출판 방식을 고민하던 중

교내의 저서출판 지원사업 공모를 알게 되어 이에 응모하여 다행히 선정되었다.

책의 간행에 즈음하여 『화엄경문답』에 대한 관심을 처음으로 가지게 되었던 김상현, 이시이 코세이 두 분 교수님과 함께 했던 자리에 대한 기억이 새롭다. 두 분은 필자가 박사학위를 취득한 2000년 이후 불교사상사 연구를 진행하는 데 있어 직간접적으로 참으로 많은 도움을 주셨던 제2의 지도교수님들이었다. 두 분의 학은에 깊은 감사를 드린다. 아울러 처음 이 책을 역주할 계기를 만들어 준 김종욱 교수와 학과는 다르지만 같은 학교에서 한국불교사를 연구하면서 항상 큰 힘이 되어주는 김천학, 김용태, 이병호 교수, 그리고 이런저런 사정으로 학과 일에 큰 도움이 되지 못함에도 항상 넓은 아량으로 필자의 연구를 격려해주는 사학과의 서인범, 정병준, 양홍석, 노대환, 김택경 교수에게 고마운 마음을 전한다. 마지막으로 이 책이 이처럼 훌륭하게 출판될 수 있도록 도와준 교내 저서출판 지원사업 심사위원들과 동국대학교 출판문화원 박기련 대표에게도 감사의 인사를 전한다.

2025년 12월 5일

첫눈 덮인 모락산이 바라보이는 집 서재에서

차례

華嚴經問答

화엄경문답

일러두기

1. 본 역주는 『한국불교전서』 제15책(2022년 간행)에 수록된 『화엄경문답』을 저본으로 하고 일본 도즈 아야노[道津綾乃] 선생의 번각교감본(道津綾乃, 「『華厳経問答』巻上の翻刻と校訂」, 『金沢文庫研究』343, 2019; 「『華厳経問答』巻下の翻刻と校訂」, 『金沢文庫研究』345·346, 2021)을 참조하여 역주하였다. 한국불교전서본은 일본 다이쇼대장경[大正藏] 제45책 수록본을 저본으로 하고 다이쇼대장경 대교본[오타니대학大谷大學 소장본]과 일본 가나자와문고[金澤文庫]의 쇼묘지稱名寺본을 대조하여 교감하였고 도즈 아야노 선생의 번각교감본은 가나자와문고[金澤文庫]의 쇼묘지稱名寺본을 저본으로 하고 다이쇼대장경 제45책 수록본과 이시가와 다케요시[石川武美] 기념미술관의 세이키도문고[成簣堂文庫]본을 대조하여 교감하였다.

2. 한국불교전서본을 저본으로 하되 내용상 잘못되었다고 생각되는 경우에는 다른 본을 참조하여 더 적절한 글자를 원문으로 제시하였다. 각 본의 약호는 ㊅ =大正新修大藏經本, ㊇ =大谷大學소장본, ㊎ =金澤文庫稱名寺본, ㊈ =石川武美미술관 成簣堂文庫본 등으로 표시하였다.

3. 여러 본이 모두 같은 글자이지만 잘못된 글자로 생각되는 경우에는 물음표를 붙이고([字?]) 생략되어야 할 글자는 삭제 표시([×?]), 추가되어야 할 글자는 추가 표시([+字?])를 하였다(예: 聖人發教意趣, 益[蓋?]其爾爲也. / 以非非[×?]定有無故, 隨緣時卽非有無. / 謂初[+教?] 四聖諦 卽實法分別.).

4. 각 문답별로 단락을 나누고 번호를 붙였으며 대조의 편의를 위하여 문답의 번호 옆에 한국불교전서 및 다이쇼대장경에 수록된 원문의 페이지 및 행수를 기록하였다. 약호는 각기 H와 T로 하였다.

5. 번역은 수정된 원문에 의거하였다.

6. 한국식의 변격한문으로 생각되는 구절은 각주에 제시하고 비교를 위하여 정격한문으로 표현할 수 있는 구절을 제시하였다.

華嚴經問答 上卷

화엄경문답 상권

義相說 智通記[1]

의상義相이 설하고 지통智通이 기록함.[2]

1 義相說 智通記: ㊅㊎㊌沙門法藏撰, ㊂沙門釋法藏撰

2 한국불교전서의 저자 표기는 최근의 학계 연구 결과를 반영하여 제시한 것임. 자세한 내용은 이 책의 해제 참조.

001 • [H201a04; T598b22]

問 三乘事理[3],普法事理云何別[4].

答 三乘中,事者 心緣色礙等,理者 平等眞如. 雖理事不同,而相卽相融 不相妨礙,亦不相妨而事義非理義也. 普法中事理者,理卽事 事卽理,理中事 事中理,卽中中[5]忩. 雖事理不參 而冥無二,隨言全盡,全盡而全不盡. 如理事[6],事事[7]亦爾,以心言,一切法而無非心,以色言,一切法而無非色. 餘一切人法教義等差別法門 皆爾. 所以者何,緣起陀羅尼無障礙法,隨擧一法,盡攝一切,無礙自在故,一無一切無故. 三乘卽不爾,廢理但事言[8]. 一向不雜,事事中不自在故,一相教門,隨情安立,不盡理故.

---

3 事理: ㉾中理事
4 別: ㉾別耶
5 中: ㊎丶
6 理事: ㊎理理
7 事事: ㊅事理, ㊎㊒丶丶
8 廢理但事言: 변격한문. 정격한문이라면 '廢理但言事'로 표현할 수 있다.

문 삼승三乘의 사事·리理와 (일승) 보법普法[9]의 사事·리理는 어떻게 다릅니까?

답 삼승에서의 사事는 마음은 인식하고[心緣] 색色은 막히는 것[色礙] 등이고 리理는 평등한 진여[平等眞如]이다. 리理와 사事는 같지 않지만 (둘은) 상즉相卽·상융相融하므로 서로 장애가 되지 않는다. 또한, 서로 장애가 되지 않지만 사의 뜻[事義]이 리의 뜻[理義]은 아니다. 보법(=일승)에서의 사事와 리理는 리가 곧 사이고[理卽事] 사가 곧 리이며[事卽理] 리 안의 사[理中事]이고 사 안의 리[事中理]여서 즉卽과 중中에 있어서 자유롭다[恣]. 사와 리가 뒤섞이지 않지만[不參] 그윽하게[冥] 둘이 아니어서 말을 따라 모두 포괄하고[隨言全盡] 모두 포괄하면서 모두 포괄하지 않는다[全不盡]. 리와 사(의 관계)처럼 (별개의) 사事와 사事도 그러하다. 마음[心]을 가지고 말하면 일체의 존재[法]가 마음이 아닌 것이 없고 색色으로 말하면 일체의 존재가 색色이 아닌 것이 없다. 나머지 일체의 인人·법法, 교教·의義 등의 구별되는 법문法門들도 모두 그러하다. 왜 그런가 하면 연기다라니緣起陀羅尼의 막힘없는 법[無障礙法][10]에서는 하나

9 보법普法: 모든 존재의 원융함을 이야기하는 일승一乘의 가르침을 의미한다.

10 연기다라니의 막힘이 없는 법: 普法(=일승)을 의미한다.

의 법法을 제시하면 (그것이) 일체(의 존재)를 모두 포괄하여 막힘없이 자재하기 때문이고 (그) 하나(의 법)가 없으면 일체(의 법)가 없기 때문이다. 삼승은 그렇지 않아서 리理를 없애고 사事만 말한다. (리와 사가) 전혀 섞이지 않고 사事와 사事에서도 자유롭지[自在] 못하기 때문이고 (존재에) 오직 하나의 모습[一相]만 (인정하는) 가르침으로서 분별하는 마음[情]을 따라 구별하여[安立] 리를 다 포괄하지 못하기 때문이다.

002 • [H201a19; T598c05]

問 言盡不盡者,約一法者[11],云何爾.

答 其一法,若一法是者[12],豈爾.而一乘中一法,卽一切法是一法,一法是一切法.一切法是一法故,一法言者卽一切盡[13].一法卽一切法,是故,一法言不可盡[14].雖不可盡而一言無殘[15],雖無殘而全不盡.

---

11 者: ㊎없음

12 其一法 若一法是者: 변격한문. 정격한문이라면 '若其一法 (只)是一法者'로 표현할 수 있다.

13 一法言者卽一切盡: 변격한문. 정격한문이라면 '言一法者 卽一切盡' 또는 '言一法 則一切盡'으로 표현할 수 있다.

14 一法言不可盡: 변격한문. 정격한문이라면 '一法不可盡言'으로 표현할 수 있다.

15 一言無殘: 변격한문. 정격한문이라면 '一言無遺'로 표현할 수 있다.

문 '말이 모두 포괄한다[盡], 모두 포괄하지 못한다[不盡].'라는 것을 하나의 존재[一法]를 기준으로 하는 것은 어째서입니까?

답 그 하나의 존재가 만약 그냥 하나의 존재에 불과하다면 어찌 그러하겠는가. 그런데 일승에서의 하나의 존재는 곧 일체의 존재가 하나의 존재이고 하나의 존재가 일체의 존재이다. 일체의 존재가 하나의 존재이므로 하나의 존재를 말하면 곧 일체(의 존재)를 모두 포괄한다[盡]. 하나의 존재가 곧 일체의 존재이므로 하나의 존재를 말로 다 드러낼 수 없다[言不可盡]. 비록 다 드러낼 수는 없지만 하나의 말도 남김이 없고 비록 (하나도) 남김없이 (말해도) 모두 다 드러낼 수 없다.

003 • [H201b04; T598c11]

問 此言盡不盡,但言以是耶[16, 17],有所盡不盡法耶[18].

答 亦得云但言以是[19], 言以外何有法乎. 亦得有盡不盡法, 盡不盡之言卽當法故. 法言能所不參, 而冥無二相. 隨意得爲也.

16 耶: ㊎邪

17 但言以是耶: 변격한문. 정격한문이라면 '但(以)言爲是耶'로 표현할 수 있다.

18 耶: ㊎邪

19 但言以是: 변격한문. 정격한문이라면 '但(以)言爲是'로 표현할 수 있다.

문 여기서[此] '말이 모두 포괄한다[盡], 모두 포괄하지 못한다[不盡].'라고 하는 것은 다만 말이 그렇다는 것입니까, 아니면 모두 포괄하고 포괄하지 못하는 존재[法]가 있다는 것입니까?

답 말이 그렇다고 할 수도 있다. 말 이외에 어디에 존재[法]가 있겠는가. 또한, 모두 포괄하고[盡] 포괄하지 못하는[不盡] 존재[法]가 있다고도 할 수 있다. 모두 포괄하고 포괄하지 못한다는 말이 곧 존재이므로 존재[法]와 말[言]은 능(能, 지시어)과 소(所, 지시대상)로서 서로 섞일 수 없지만 그윽하게[冥] 두 가지 모습[相]이 아니다. 생각[意]을 따라 (두 가지 모두) 될 수 있다.

004 • [H201b09; T598c15]

問 盡卽不盡[20] 不盡卽盡者,何義耶.

答 隨緣生智之義,謂以盡生智[21],卽須之盡,以不盡生智[22],卽須不盡.所以其法不在於盡不盡,旣[23]不在於自 故隨須卽恣,何物不成乎[24].其猶虛空無自相,故一切法[25]中無妨[26],隨至卽是,謂尺中至[27]卽是尺,步中至[28]卽步,何物非虛空是[29].所以無障礙故.緣起之法亦爾,准可思也.

20 盡: ㊀없음
21 智: ㊁故有
22 智: ㊁故有
23 旣: ㊀卽
24 何物不成乎: 변격한문. 정격한문이라면 '何物不爲乎'로 표현할 수 있다.
25 法: ㊀㊂없음
26 一切法中無妨: 변격한문. 정격한문이라면 '無妨於一切法'으로 표현할 수 있다.
27 尺中至: 변격한문. 정격한문이라면 '至於尺'으로 표현할 수 있다.
28 步中至: 변격한문. 정격한문이라면 '至於步'로 표현할 수 있다.
29 何物非虛空是: 변격한문. 정격한문이라면 '何物非是虛空'으로 표현할 수 있다.

문 포두 포괄함[盡]이 곧 모두 포괄하지 못함[不盡]이고 모두 포괄하지 못함이 곧 모두 포괄함이라는 것은 무슨 의미입니까?

답 (듣는 사람의) 인연[緣]에 따라 지혜를 내게 한다는 뜻이다. 즉, 모두 포괄함으로 지혜를 내게 할 수 있으면 곧 모두 포괄함으로 이야기해주고 모두 포괄하지 못함으로 지혜를 내게 할 수 있으면 곧 모두 포괄하지 못함으로 이야기해준다. 그러므로 그 존재[法]는 모두 포괄함이나 포괄하지 못함에 있는 것이 아니다. 이미 (정해진) 스스로[自]가 없어서 필요에 따라 그대로 자유로우니[恣] 그 무엇이 되지 못하겠는가. 이는 허공이 자신의 모습[自相]이 없어서 일체 존재에 막힘없이 이르는 곳에 따라 곧바로 그에 맞춰지는 것과 같다. 즉, 한 자[尺](의 공간)에 이르면 곧 한 자尺가 되고 한 보步[30](의 공간)에 이르면 곧 한 보가 되니 그 무엇인들 허공이 아니겠는가. 막힘이 없기 때문이다. 연기의 법도 그러하니 미루어 생각할 수 있을 것이다.

---

30 보步: 길이의 단위. 6尺에 해당함.

005 • [H201b17; T598c22]

問 普法中 何義事,何義理乎.

答 且[31]前方便,約一色中,五尺[32]義事,此無礙義理等.若正觀中,五尺義理,無礙義事,亦得,此反[33]亦得.約事中,礙義是心,緣義是色 亦得,此反亦得,隨須緣恣言.所以正觀智,於法得善巧方便,能見機益故.

31 且: ㊎旦

32 五尺: ㊂互釋

33 此反: 변격한문. 정격한문이라면 '反此'로 표현할 수 있다.

문 보법普法에서는 어떤 뜻이 사事이고 어떤 뜻이 리理입니까?

답 (일승) 이전의 방편(의 가르침)에서는 하나의 색色에 있어서 (눈에 보이는) 5척尺의 뜻이 사事이고 이것이 (다른 것과) 막힘이 없는 뜻이 리理라고 하는 등이다. 만약 (일승의) 정관正觀에서는 (눈에 보이는) 5척의 뜻이 리理이고 (그것이 다른 것과) 막힘이 없는 뜻을 사事라고 해도 되고 이와 반대라고 해도 된다. 사事에서는 대상에 막히는 것[礙義]이 마음[心]이고 대상에 의지하는 것[緣義]이 색色이라고 해도 되고[34] 이와 반대라고 해도 되니 필요한 인연에 따라 자유롭게[恣] 말할 수 있다. 정관正觀의 지혜(를 갖춘 사람)는 존재[法]에 대해 선교방편善巧方便[35]을 얻어 (어떻게 하는 것이) 근기에 맞는 이익[機益]인지를 볼 수 있기 때문이다.

---

34 연의緣義와 애의礙義: 礙는 장애, 방해, 막힘을 의미하고 緣은 대상을 반연攀緣하여 일어남을 의미한다. 이에 의거하여 色 즉, 물질은 공간을 차지하고 다른 물질과 서로 방해하는 동시에 지각 기관에 의해 지각될 때 抵觸을 일으키는 성질을 갖기 때문에 보통 礙義를 가진다고 하고 마음[心]은 독립적으로 존재하지 않고 항상 어떤 대상을 '취하고' '아는' 방식으로 작용하므로 어떤 대상(객관)을 의지하여 일어나는 緣義를 가진다고 한다. 그런데 여기서 礙義가 心이고 緣義가 色이라고 한 것은 이와 반대로 이야기한 것이다.

35 선교방편善巧方便: 중생의 근기에 맞추어 잘 인도하는 방편

006 • [H201b24; T598c28]

問 若緣義色時中[36],緣義心壞耶,緣心義不壞 緣義色是[37]耶.

答 壞亦得, 不壞亦得. 所以者何, 緣心義不壞 終不得緣色故壞, 又心緣義壞 亦卽無緣色義, 故亦得不壞. 壞全不壞, 不壞全壞, 非壞不非壞, 不非壞非壞[38], 餘一切亦爾, 准思也.

36 若緣義色時中: 변격한문. 정격한문이라면 '若緣義是色時' 또는 '若緣義是色者'로 표현할 수 있다.

37 緣義色是: 변격한문. 정격한문이라면 '緣義(是)色'으로 표현할 수 있다.

38 非壞不非壞, 不非壞非壞: ㊎非壞非不壞, 非非壞非非不壞

문 만약 대상에 의지하는 것[緣義]이 색色이라고 할 때는 대상에 의지하는 것[緣義]이 마음[心]이라고 하는 것은 부정됩니까? 아니면 대상에 의지하는 (것이) 마음이라는 뜻이 부정되지 않으면서 대상에 의지하는 것이 색色인 것입니까?

답 부정될 수도 있고 부정되지 않을 수도 있다. 왜 그런가 하면 대상에 의지하는 (것이) 마음이라는 뜻이 부정되지 않으면 끝내 대상에 의지하는 것이 색色이라고 할 수 없으므로 (대상에 의지하는 마음은) 부정된다. 또한, 마음이 대상에 의지한다는 뜻[心緣義]이 부정되면 (마음이) 인식 대상[色]에 의지하는 뜻이 없게 되므로 부정되지 않을 수 있다. 부정됨[壞]이 온전히 부정되지 않음[不壞]이고 부정되지 않음[不壞]이 온전히 부정됨[壞]이며 부정되지 않음[非壞]이 부정되지 않음이 아니고 부정되지 않음[非壞]이 아닌 것이 부정되지 않음이다. 나머지 모든 것도 그러하니 이에 준하여 생각하라.

007 • [H201c07; T599a05]

問 若壞者, 卽不壞義不成, 若不壞者 壞義不成, 云何得言壞故不壞 不壞故壞耶.

答 汝, 壞言[39, 40], 卽聞壞, 不見不壞壞, 亦言不壞, 卽聞不壞, 不得聞壞不壞, 故自分別情, 無由息, 入理無日. 正聞人卽不爾. 若聞壞時, 卽能解不壞壞, 聞不壞時, 卽能解壞不壞. 由解壞不壞, 故得不壞而不捨壞, 由解不壞壞, 故得壞而無捨不壞. 得壞而無捨不壞, 故非存壞, 由得不壞而非捨壞, 故不存不壞. 非捨非存, 故能入中道. 旣入中道, 無所不爲, 能隨順於無礙自在法, 修諸行德, 契會自原. 聖人發教意趣, 蓋[41]其爾爲也[42]. 如色心一雙法爾[43], 餘一切法界法門亦爾. 准思用心也. 又夢喩可解(云云).

39 壞: ㊀言壞

40 壞言: 변격한문. 정격한문이라면 '言壞'로 표현할 수 있다.

41 蓋: ㊅㊀益

42 蓋其爾爲也: 변격한문. 정격한문이라면 '蓋爲如此也'로 표현할 수 있다.

43 如色心一雙法爾: 변격한문. 정격한문이라면 '如色心一雙法如此'로 표현할 수 있다.

문 만약 부정된다면 곧 부정되지 않는다는 뜻은 성립하지 않고 만약 부정되지 않는다면 부정된다는 뜻은 성립하지 않습니다. 어떻게 부정되므로 부정되지 않음이고 부정되지 않으므로 부정된다고 말할 수 있습니까?

답 너는 부정된다고 말하면 부정된다는 것만 듣고 부정되지 않음의 부정됨은 보지 못하고 또한, 부정되지 않는다고 말하면 부정되지 않음만 듣고 부정됨의 부정되지 않음은 듣지 못한다. 그래서 스스로 분별하는 마음이 쉬지 않아 깨달음에 들어갈[入理] 날이 없다. 바르게 듣는 사람이라면 그렇지 않다. 부정됨을 들을 때 곧 부정되지 않음의 부정됨을 이해할 수 있고 부정되지 않음을 들을 때 곧 부정됨의 부정되지 않음을 이해할 수 있다. 부정됨의 부정되지 않음을 이해하기 때문에 부정되지 않음을 얻되 부정됨을 버리지[捨] 않고 부정되지 않음의 부정됨을 얻기 때문에 부정됨을 얻되 부정되지 않음을 버리지 않는다. 부정됨을 얻되 부정되지 않음을 버리지 않으므로 부정됨에 집착하지[存] 않고 부정되지 않음을 얻되 부정됨을 버리지 않으므로 부정되지 않음에 집착하지 않는다. 버리지도 않고 집착하지도 않으므로 중도中道에 들어갈 수 있다. 이미 중도에 들어가면 되지 않는 바가 없으며 무애자재無礙自在한 법法에 수순隨順[44]

44 수순隨順: 다른 사람의 가르침을 믿고 다른 사람의 뜻에 따름. 불교에서는 부처님의 가르침을 믿고 따른다는 뜻으로 사용되는 경우가 많다.

하여 여러 행덕行德을 닦고 자신의 근원[自原]을 깨닫게 된다[契會]. 성인聖人께서 가르침을 베푸신 의도는 대부분 그렇게 하려고 한 것이다. 물질[色]과 마음[心]이라는 한 쌍(의 대응되는 법)이 그러한 것처럼 나머지 일체 법계法界의 법문法門들도 그러하다. 미루어 생각하여 마음을 쓰라. 또한, 꿈의 비유[夢喩][45]는 이해할 수 있을 것이다.

45 꿈의 비유[夢喩]: 여기서 왜 꿈의 비유[夢喩]를 이야기하는지 명확하지 않다. 澄觀의 『華嚴經隨疏演義鈔』에서 지성으로 아미타불을 생각하면[念] 그리워하는 대상을 꿈속에서 볼 수 있는 것처럼 현실에서 서방에 있는 아미타불을 생생히 볼 수 있다는 『般舟三昧經』의 내용을 인용한 후 꿈의 비유는 空과 有의 無礙함을 비유한 것이라고[如夢喩喩空不礙有] 이야기하고 있는데 이와 비슷한 의미라고 생각된다[(『華嚴經隨疏演義鈔』권86, "疏般舟下引證。此經有三卷。題云般舟三昧經。一名十方現在佛悉在前立定經。後魏沙門支婁迦讖譯。在羅閱祇加隣竹園說。跋陀和菩薩問。第一問事品。今引亦第一卷行品。第二佛先今遠惡近善。修此念佛三昧。故擧諸喩示念佛相。經文浩博今疏略引。今當具引一喩。經云。何因致現在諸佛悉在前立三昧如是。跋陀和。其有比丘比丘尼優婆塞優婆夷。持戒完具獨一處止心念。西方阿彌陀佛今現在。隨所聞當念彼國。去此千億萬佛剎。其國名須摩提。佛在衆菩薩中央說經。一切時常念阿彌陀佛。佛告跋陀和。譬如人臥即於夢中。見有種種金銀珍寶。或復夢父母兄弟妻子親屬知識相與娛樂喜樂無比。及其覺已爲人說之。復自淚出念夢中所見。如是跋陀和菩薩。若沙門白衣所聞。西方阿彌陀佛當念彼佛。不得缺戒一心專念。若一晝夜若七日七夜。過七日已後見阿彌陀佛。於覺不見於夢中見之。譬如夢中所見。不知晝不知夜。亦不知內亦不見外。不用在冥中故不見。不用有所蔽礙故不見。如是跋陀和菩薩心當如是念。時諸佛國界名大須彌山。其有幽冥之處悉爲開闢。目亦不蔽心亦不礙。是菩薩摩訶薩不持天眼徹視。不持天耳徹聽。不持神足到其佛剎。不於是間終。不生彼間佛剎耳。乃見便於此間坐。見阿彌陀佛。聞所說法悉受持。得從三昧起悉能具足爲人說之。釋曰。次下即有須門女喩。從七日已下即示合相。取如夢見無定實義。彼經有多夢喩。今但引二。前七寶喩喩即有而空。覺無所得故。後如夢喩 喩空不礙有。有即事故。然合二不二爲中道義。故但取意略引其二"(T36.0670c16~671a20)]. 한편, 의상계 화엄학자로 여겨지는 見登의 『華嚴一乘成佛妙義』에서는 적은 것과 무한한 것의 상즉에 대하여 짧은 시간의 꿈속에서 오랜 시간을 경험하는 것과 같다는 꿈의 비유[夢喩]를 이야기하고 있는데 이것도 비슷한 맥락으로 생각된다["如夢喩者。如人夢中。見少年至老者住。然覺是剎那。如夢諸法亦復如是。故經云。處夢謂經年。覺乃須臾。故時雖無量。攝在一剎那。故知一念行卽無量劫行。約時已然。餘處等亦然。一乘妙義。唯此留意。故得初位時。同時皆得。"(ABC, H0051 v3, p.722b20-c02)].

008 • [H202a07; 大599a05]

問[46] 又疏中, 釋文前[47], 約八教互成, 約三教辨三次第意, 何耶.

答 大意者, 爲顯此經內一切教義等無不攝故. 謂佛始第二七日道樹中, 臨大人說大法時, 一切虛空法界一切微塵處[48]一切微塵處, 一切十世九世前後時中, 一切五乘三乘一乘無量乘機中, 頓應說一切法門, 所臨機衆生, 各各隨應聞解行證. 如是一切教義等十十法門, 頓同時顯現中, 大機人如是法門, 見聞解行證. 一處一切處中, 一時一切時中, 一根一切根, 一行一切行, 頓頓修行, 乃至三界六道四生等因果法, 皆無所殘 此經內在[49]. 爲顯[50]此義故, 疏家先顯[51]八教互成三教逆順次第法門也.

---

46 問: 원문에는 누락되어 있지만 내용상 問이 있어야 한다.

47 釋文前: 변격한문. 정격한문이라면 '본문 해석[釋文]의 앞부분'이라는 뜻이므로 '釋文初'로 표현될 수 있다.

48 處: ㊎없음

49 皆無所殘 此經內在: 변격한문. 정격한문이라면 '皆在此經 一無所遺'로 표현할 수 있다.

50 顯: ㊈明

51 顯: ㊈明

문 또 (지엄 스님의) 『소疏』[52]에서 (경전의) 본문 해석[釋文] 앞부분에서 여덟 가지(로 구분한) 가르침[八教]이 서로 보완적임[互成][53]과 세 가지 가르침[三教][54]이 일어나는 세 가지 (서로 다른) 순서[55]를 이야기한[56] 의도는 무엇입니까?

답 전체적인 의도[大意]는 이 『(화엄)경』 안에 일체의 교教·의義 등이 포함되지 않음이 없음을 드러내려고 한 것이다. 즉, 부처님께서 (깨달음을 얻은 후) 최초의 두 번째 7일에 보리수에서 큰 근기의 사람[大人]들을 상대로 큰 가르침[大

---

52 『소疏』: 智儼이 지은 『화엄경』 주석서인 『搜玄記』를 가리킨다. 이하 『疏』도 마찬가지다.

53 『수현기』에서는 부처님의 가르침이 여덟 가지 방식으로 구분되며 이들이 서로 보완적이라고 이야기하고 있다[『大方廣佛華嚴經搜玄分齊通智方軌』 권1 "其八教者。一一乘三乘分齊。二眞應。三迴三入一。四空有。五凡聖相由。六常無常。七三乘同行。八辨法邪正。此之八義上下皆通。廣說略說相從成就本末二相。宜可准思。"(T35.015b26~29)].

54 세 가지 가르침[三教]: 부처님의 가르침을 점교[漸]·돈교[頓]·원교[圓] 세 가지 가르침으로 구분한 것을 가리킨다.

55 『수현기』에서는 점교漸教·돈교頓教·원교圓教 세 가지 가르침이 제시된 순서에 대해 ①점교→돈교→원교, ②돈교→점교→원교, ③원교→돈교→점교 세 가지 순서를 제시하고 있다[『大方廣佛華嚴經搜玄分齊通智方軌』 권1 "約三教相成者。謂始於道樹。爲諸大行。一往直陳宗本之致。方廣法輪其趣淵玄。更無由藉以之爲頓。所言漸者。爲於始習施設方便。開發三乘引接之化。初微後著。從淺至深。次第相乘以階彼岸故。稱爲漸。所言圓教者。爲於上達分階佛境者。說於如來解脫法門。究竟窮宗至極果行。滿足佛事。故曰爲圓。如窮之以實。趣齊莫二。等同一味究竟無餘。何殊之有。但以對治功用不等故。隨根器別其淺深。言分有三。其次第者。就於一乘了義實說。約對治方便行門差殊。要約有三以明次第。一者據方便修相對治緣起自類因行以明三教。漸即在初頓中圓後。三義從漸說也。初漸以生信。次頓以成行。次圓以成體用耳。若約實際緣起自體因行以明時。頓初漸次圓後。初示頓以令修。次示漸彰爲物。後示圓果德備故也。若約窮實法界不增不減無障礙緣起自體甚深祕密果道時。即初圓次頓後漸也。所以爾者。正以沖宗不遺於玄想。圓道不揀於始門。是以事雖近而至遠。相雖著而至密。淺至極深方窮故。初示圓令見聞。次彰頓令隨喜。後辨漸階位。顯德起信行也。此即約圓以明三耳"(T35.015b29~015c24)].

56 『大方廣佛華嚴經搜玄分齊通智方軌』 권1 "隨文解釋者。初略擧八種教明互相成。及約三教相明其次第"(T35.0015b24~25)

法]을 설하실 때 모든 허공법계虛空法界의 모든 미진처微塵處에서 모든 십세十世·구세九世의 앞뒤 시간에 모든 오승五乘·삼승三乘·일승一乘·무량승無量乘의 근기에게 모든 법문法門을 (그들의 근기에 맞춰) 단박에[頓頓] 설하심에 그곳에 있던 여러 근기의 중생들이 각기 (자신의 근기에) 맞춰 듣고[聞] 이해하고[解] 실천하여[行] 깨달았다[證]. 이처럼 일체의 교教·의義 등의 십십법문十十法門이 단박에 동시에 드러날 때 큰 근기의 사람[大機人]이 이러한 법문을 보고 듣고 이해하고 실천하여 깨달았다. 한 곳[一處]과 모든 곳[一切處]에서 한때[一時]와 모든 때[一切時]에 하나의 근기[一根]와 모든 근기[一切根](의 중생)가 하나의 행[一行]과 모든 행[一切行]을 단박에 수행하는 것에서부터 삼계三界의 육도六道·사생四生 등의 인과법因果法에 이르기까지 모두 남김없이 이 『(화엄)경』 안에 있다. 이 뜻을 드러내기 위하여 『소』를 지으신 분(=지엄 스님)께서 먼저 여덟 가지(로 구분한) 가르침들이 서로 보완적임[互成]과 (점교·돈교·원교) 세 가지 가르침이 다른 순서로 일어난다는 법문法門을 밝히신 것이다.

009 • [H202a22; T599b02]

問 如是三乘一乘教等, 皆此經內在[57]者, 皆十佛說耶, 三身佛說耶.

答 亦得皆十佛說, 十佛外無別三身故, 三身者十佛用故, 三乘卽一乘故. 此約一乘說. 亦得隨教宗, 三乘教三身說, 一乘教十佛說, 見機不同故. 一處一時如來善巧無所不應故, 三[58]途衆生所聞教, 三途佛說. 人天所聞教, 人天佛說. 小乘所聞教, 小乘佛說. 三乘所聞教, 三乘佛說. 一乘所聞教, 一乘佛說. 各各[59]能化所化, 相當不乖違故. 然如是能化所化能說所說, 隨在不動自位, 而全全[60]攝無所殘[61]. 可思也.

---

57 皆此經內在: 변격한문. 정격한문이라면 '皆在此經'으로 표현할 수 있다.

58 三: ㊅問三

59 各各: ㊅否答

60 全全: ㊅全

61 全全攝無所殘: 변격한문. 정격한문이라면 '全攝無所遺'로 표현할 수 있다.

문 이처럼 삼승과 일승의 가르침 등이 모두 이 『(화엄)경』 안에 있다면 그들은 모두 십불十佛[62]이 설한 것입니까, 아니면 삼신불三身佛[63]이 설한 것입니까?

답 모두 십불十佛이 설한 것이라고 할 수도 있다. 십불十佛 이외에 다른 삼신(불)이 있는 것이 아니고 삼신(불)은 십불의 용用이고 삼승이 곧 일승이므로 이는 일승에 의거하여 말한 것이다. 또한, 가르침의 근본 주장[宗]을 따라 삼승의 가르침[三乘敎]은 삼신(불)이 설한 것이고 일승의 가르침[一乘敎]은 십불이 설한 것이라고 할 수도 있다. (부처님들이) 대상으로 하는 근기가 같지 않기 때문이다. 어느 한 곳, 어느 한때도 여래의 선교善巧가 작용[應]하지 않는 곳이 없으므로 삼(악)도의 중생들이 듣는 가르침은 삼(악)도의 부처가 설하고 인간세계와 천상세계의 중생들이 듣는 가르침은 인간세계와 천상세계의 부처가 설하고 소승이 듣는 가르침은 소승의 부처가 설하고 삼승이 듣는 가르침은 삼승불이 설

---

62 십불十佛: 『화엄경』에서 이야기하는 일승 부처님의 열 가지 모습. 「十地品」에서 이야기되는 부처 존재의 본질을 이야기하는 열 가지 모습[중생신衆生身, 국토신國土身, 업보신業報身, 성문신聲聞身, 벽지불신辟支佛身, 보살신菩薩身, 여래신如來身, 지신智身, 법신法身, 허공신虛空身]은 解境十佛이라고 하고 「離世間品」 등에서 이야기되는 중생을 교화하고 이롭게 하기 위해 나타내는 열 가지 부처의 모습[무착불無着佛, 원불願佛, 업보불業報佛, 지불持佛, 화불化佛, 법계불法界佛, 심불心佛, 삼매불三昧佛, 성불性佛, 여의불如意佛]은 行境十佛이라고 한다.

63 삼신불三身佛: 대승 경전들에서 이야기되는 부처의 세 가지 모습. 法身·報身·應身, 法身·應身·化身, 法身·報身·應身, 自性身·受用身·變化身 등으로 다양하게 나타난다. 여기서는 삼승의 부처님을 가리킨다.

하고 일승이 듣는 가르침은 일승불이 설하여 각각 교화하는 주체와 교화되는 대상이 서로 일치하여 어긋남이 없다. 그러나 이러한 교화하는 주체[能化]와 교화되는 대상[能化], 말하는 사람[能說]과 설해진 가르침[所說]은 (각자) 현재 있는 자기 자리에서 움직이지 않으면서 (동시에) 모든 것을 다 포섭하여 남김이 없다. 생각하면 알 수 있을 것이다.

010 • [H202b12; T599b14]

問 疏云五種教體,五教云何令[64]當[65]耶.

答 初實音聲等,當小乘薩婆多等宗教. 第二可似音聲等,初從成實宗至初教始. 成實者破薩婆多因緣實法,以立假用教,而猶不明心[可?][66]似音等顯[67]現道理,故同小乘教. 初教大乘中,因緣假有法,識變[68]似顯[69]現不離識,而但生滅妄識中明[70],非眞唯識. 第三不可以似似[71]音等[72]者,當初教終空以去所[73] 至熟教始. 謂初教終一切法皆空故,熟教始一切法皆虛妄無可似故. 第四唯識音等者,遠者有初教位等,正熟教終以去,一切法但一[74]如來藏眞識作故. 第五眞如音聲者,熟教終以去極當圓教位,一切法皆如故[75].

---

64 令: ㊅今

65 當: ㊇相當

66 心[可?]: 저본에는 心이지만 내용상 可의 오자로 생각된다.

67 顯: ㊈所(明?)

68 變: ㊎反

69 顯: ㊈所(明?)

70 生滅妄識中明: 변격한문이다. 정격한문으로는 '明(於)生滅妄識'으로 표현할 수 있다.

71 似: ㊇[似]-イ, ㊎ 〻

72 不可以似似音等: 『수현기』에는 '不可似音聲名味句'로 되어 있다. 본래 '不可以似之音等'으로 되어 있었는데 '之'를 앞과 같은 글자를 표시하는 '〻'로 오독하여 뒤의 '似'로 잘못 기록된 것으로 생각된다.

73 初教終空以去所: 변격한문. 정격한문이라면 '(從)初教終空以去'로 표현할 수 있다.

74 一: ㊇一切

75 故: ㊇該妄徹眞無不稱性故

문 『소』(=『수현기』)에서는 다섯 가지 교체敎體[76]를 이야기하였는데[77] (이들은) 5교五教[78]에 어떻게 해당시킬 수 있습니까?

답 첫 번째 (부처님의) 실제 음성 등[實音聲等][79]은 소승의 살바다종薩婆多宗 등의 가르침에 해당하고, 두 번째 비슷한 음성 등[可似音聲等]은 성실종成實宗부터 초교初教의 첫 단계[初教始]까지(의 가르침)에 해당한다. 성실종은 인연이 실제로 존재하는 것[因緣實法]이라는 살바다종의 주장을 깨뜨리고 임시로 작용한다는[假用] 가르침을 세웠지만 여전히 비슷한 음성 등이 나타내는 도리를 알지 못하므로 소승교와 같다. 초교대승初教大乘에서는 인연因緣이 가유假有의 법法으로서 식識이 변하여 비슷하게 드러났으며 식識에서 벗어나지 않(음을 제시하)지만 다만 생멸生滅하는 망식妄識에 대해 밝힌 것이어서 참된 유식唯識(의 가르침)은 아니다. 세 번째 비슷하지 않은 음성 등[不可似音等]은 초교 마지막 단

---

76 교체敎體: 부처님 일대의 가르침 전체 또는 개별 경전의 가르침의 본질, 핵심을 의미한다. 經體, 敎法之體 등으로도 표현한다.

77 『大方廣佛華嚴經搜玄分齊通智方軌』 권1 "次能詮教體者有其五種。第一義者實音聲名味句。第二義者可似音聲名味句。第三義者不可似音聲名味句。第四義者唯識音聲名味句。第五義者眞如音聲名味句。故經云一切法皆如也"(T35.0014c08~12)

78 오교五敎: 화엄종에서 전체 불교의 가르침을 다섯 가지로 구분한 것으로 小乘, 大乘初敎(=始敎), 大乘熟敎(=終敎), 頓敎, 圓敎다.

79 음성등音聲等: 『수현기』에는 音聲名味句로 되어 있다. 名味句를 等으로 줄여 표현한 것이다. 아래 구절들도 같다. 名味句에서 名은 의미를 갖는 최소 단위인 단어, 味는 글자, 句는 단어로 이루어진 구절을 의미한다. 味는 文이라고도 한다. 뒤에 집합을 의미하는 身을 붙여 名身·味(文)身·句身으로 표현하기도 한다. 名味句의 의미를 살려 번역하면 '실제의 음성, 단어, 글자, 구절'이 된다.

계[初教終]인 공空(의 가르침)에서부터 숙교熟教의 첫 단계[熟教始까지(의 가르침)에 해당한다. 왜냐하면 초교의 마지막 단계는 일체의 법이 모두 공空이라고 하고 숙교의 첫 단계는 일체의 법이 모두 허망虛妄하여 비슷할 수 없기 때문이다. 네 번째 유식唯識 음성 등은 멀리는 초교의 단계[初教位] 등에도 해당하지만 정확히는 숙교의 마지막 단계(의 가르침)부터다. 일체의 존재[法]는 하나의 여래장진식如來藏眞識이 지은 것이기 때문이다. 다섯 번째 진여眞如의 음성音聲 등은 숙교의 마지막 단계(의 가르침)부터 궁극적으로는 원교의 단계[圓教位](의 가르침)에 해당한다. 일체의 법이 모두 본래 그대로의 모습[如]이기 때문이다.[80]

80 ㊎에 의하면 '일체의 법이 모두 如하여 모든 허망한 존재[妄法]와 참된 존재[眞法]를 포괄하여 본성에 맞지 않는 것이 없기 때문에'로 해석된다.

011 • [H202c03; T599b27]

問 餘可爾, 頓教中一切皆絕爲宗, 云何唯識及音聲等乎.

答 頓教三乘中極處故, 終教中眞識以默[81]爲極, 現不二[82]法故. 又音等者, 凡[83]此界佛教, 以聲爲體故, 所作佛事, 默言皆得爲音, 不謂發音聲故爲音聲. 維摩以[84]默現不二法門, 豈非教. 旣教, 亦得從方說爲音聲也. 又三乘中, 以理卽事, 事而無非理, 旣理卽[則?] 言默說皆理, 理無二故, 默亦音聲, 餘法亦爾. 此義玄[85], 可思也.

81 默: ㊎嘿. 아래도 같음.

82 二: ㊅㊐無

83 凡: ㊎汎

84 以: ㊅以以

85 玄: ㊐方

문 다른 것은 모두 그렇다고 할 수 있지만 돈교頓敎의 경우, 일체가 모두 끊어진 것을 근본 주장[宗]으로 하는데 어떻게 (교체가) 유식의 음성 등이라고 할 수 있습니까?

답 돈교는 삼승의 지극한 단계이기 때문이고 종교終敎에서 진식眞識에 대해 침묵을 궁극의 경지로 여겨 (그 침묵으로) 불이법不二法을 드러내기 때문이다. 또한, 소리 등은 무릇 이 세계 부처의 가르침은 소리로 체體를 삼으므로 불사佛事를 하심에 침묵[默]과 말씀[言]을 모두 소리라고 할 수 있다. 음성을 내기 때문에 음성이라고 하는 것이 아니다. 유마維摩가 침묵으로 불이법문不二法門을 드러낸 것이 어째서 가르침이 아니겠는가. 이미 가르침이라면 그에 따라 음성이라고 할 수 있다. 또한, 삼승에서는 리理가 곧 사事이고 사事는 리理가 아닌 것이 없다. 이미 리理라면 말과 침묵의 설법이 모두 리理이며 리理는 둘이 아니므로 침묵도 음성이다. 나머지 법法들도 그러하다. 이 뜻은 깊으니 생각하면 알 수 있을 것이다.

012 • [H202c13; T599c07]

問 十佛相貌云何.

答 一無著佛, 經云, 安住世間成正覺故. 嚴師釋云, 所有功德無住著故. 解云, 教義等乃至逆順一切世法門, 皆佛功德, 無障無礙, 離住著義, 以爲無著佛.

二願佛, 經云, 出生故. 法師釋云, 所有功德 隨願皆成故. 解云, 一切功德 皆隨佛願, 隨衆生願 無所不成義, 爲願佛.

三業報佛者, 經云, 信故. 釋云, 所有功德 隨業應成故. 解云, 一切功德, 法佛[86]及衆生 一切業中果應故[87], 決定能生信, 若違者 不決定義, 故曰信故.

四持佛, 經云, 隨順故. 釋云, 所有功德 任[88]持一切解行故. 解云, 一切功德 皆一切行者解行中契[89], 若佛以[90]者[91] 即

86 佛: ㊅없음.

87 一切功德, 法佛及衆生 一切業中果應故: 변격한문. 정격한문이라면 '一切功德 果應於法佛及衆生一切業故'로 표현할 수 있다.

88 任: ㊅住

89 一切功德 皆一切行者解行中契: 변격한문. 정격한문이라면 '一切功德 皆契於一切行者之解行'으로 표현할 수 있다.

90 佛以: ㉏以佛位

91 若佛以者: 변격한문. 정격한문이라면 '若是佛(者)'로 표현할 수 있다.

佛隨順德, 若衆生以[92]者[93] 即所起解行, 佛非隨持即不得自解行故, 如是任持義, 以爲持佛, 故曰隨順故.

五涅槃佛, 經云, 永度故. 釋云, 所有功德 常寂靜故. 解云, 一切功德寂滅義, 爲涅槃佛.

六法界佛, 經云, 無處[94]不至故. 釋云, 所有功德與法性相應無盡故. 解云, 一切功德 皆[95]與法性相應, 即一切法是十方三世一切處中無盡義, 以爲法界佛故[96].

七心佛, 經云, 安住故. 釋云, 所有功德 種種相故. 解云, 此宗中心種種義釋, 謂功德一切種種相, 各各自是以不壞義, 以爲心佛, 故曰安住故.

八三昧佛, 經云, 無量無著故. 釋云, 所有功德, 與定相應故. 解云, 一切功德與定相應故, 無盡故無量, 亦寂靜無喧[97]動無著.

九性佛, 經云, 決定故. 釋云, 所有功德 即法性故. 解云, 一切功德即法性, 餘緣不所動故, 如其性, 譬如印所印法. 故決定故.

92 以: ㊎位

93 若衆生以者: 변격한문. 정격한문이라면 '若是衆生(者)'로 표현할 수 있다.

94 處: ㊎所

95 皆: ㊎皆卽

96 一切法是十方三世一切處中無盡義, 以爲法界佛故: 변격한문. 정격한문이라면 '以一切法之十方三世一切處中無盡義, 爲法界佛故'로 표현할 수 있다.

97 喧: ㊎暄

十如意佛, 經云, 普覆故. 釋云, 所有功德 隨意增微[98]現前故. 解云, 一切功德, 隨意隨機, 弱強[99]深淺等事, 皆現前無所不爲, 故曰普覆故.

如是十佛[100]皆別義不參, 一切功德一一德[101]每[102] 具十義無盡, 經第六卷明難品 一切諸佛身, 唯是一法身, 一心一智慧[103], 力無恐[104, 105]亦爾[106], 自在[107]功德無所不知故爲佛. 此十佛即諸法盡窮之原, 十即表無盡, 此十[108]亦相即相入無礙自在, 重重無盡義. 可思也.

---

98 微: ㊍徹

99 弱強: ㊍法門

100 佛: ㊅㊎㊌없음.

101 德: ㊍功德

102 一切功德一一德每 具十義無盡: 변격한문. 정격한문이라면 '一切功德中一一德 皆具十義無盡'으로 표현할 수 있다.

103 慧: ㊎惠

104 恐: ㊍㊎畏

105 無恐: 변격한문. 『화엄경』 원문에는 無畏로 되어 있다.

106 經第六卷明難品 一切諸佛身, 唯是一法身, 一心一智慧, 力無恐亦爾: 成없음.

107 在: ㊎作

108 十: ㊍十一中十十中一一卽十十卽一

문 십불十佛의 모습은 어떠합니까?

답 첫 번째 무착불無著佛은 『(화엄)경』에서[109] "세간에 편안히 머무시면서 정각正覺을 이루시므로[安住世間成正覺故]"라고 하였고 지엄 스님께서는 "모든 공덕에 머물고 집착함이 없으므로"라고 해석하셨다.[110] 풀이하건대 교教·의義 등에서부터 역逆·순順에 이르기까지 모든 세상의 법문法門이 모두 부처님의 공덕으로서 막힘이 없고 머무름과 집착을 벗어났다는 뜻을 무착불(無著佛, 집착이 없는 부처님)이라고 한 것이다.

두 번째 원불願佛은 『화엄경』에서 "낳으므로[出生故]"라고 하였고 법사께서는 "모든 공덕이 바람[願]을 따라 모두 이루어지므로"라고 해석하셨다. 풀이하건대 일체의 공덕이 모두 부처님의 바람을 따라, 중생의 바람을 따라 이루어지지 않는 것이 없다는 뜻을 원불願佛이라고 한 것이다.

세 번째 업보불業報佛은 『화엄경』에서 "믿으므로[信故]"라고 하였고 (법사께서는) "모든 공덕이 업을 따라 마땅히 이루

109 이하 『화엄경』의 十佛은 「離世間品」에 나오는 내용이다[『大方廣佛華嚴經』 (佛馱跋陀羅譯) 권42 離世間品第三十三之七 "佛子。菩薩摩訶薩。有十種見佛。何等爲十。所謂無著佛安住世間成正覺故。願佛出生故。業報佛信故。持佛隨順故。涅槃佛永度故。法界佛無處不至故。心佛安住故。三昧佛無量無著故。性佛決定故。如意佛普覆故。佛子。是爲菩薩摩訶薩十種見佛。若菩薩摩訶薩。安住此法。則能覩見無上如來"(T09.0663b19:~25)].

110 여기에 보이는 화엄의 十佛에 대한 지엄의 설명은 현전하는 지엄의 저술에서는 확인되지 않고 있다.

어지므로"라고 해석하셨다. 풀이하건대 일체의 공덕이 법(신)불과 중생의 일체의 업에 그대로 상응하므로 반드시 믿음을 낼 수 있으며 만약 어긋난다면 반드시 그렇지 않을 것이라는 뜻이다. 그래서 '믿으므로'라고 한 것이다.

네 번째 지불持佛은 『화엄경』에서 "수순하므로[隨順故]"라고 하였고 (법사께서는) "모든 공덕이 일체의 해解와 행行을 지켜주므로任持"라고 해석하셨다. 풀이하건대 일체의 공덕이 다 일체 행자의 해解와 행行에 계합한다[契]. 만약 부처님이라면 곧 부처님이 그 덕을 수순[隨順]하지만 만약 중생이라면 (자신이) 일으킨 해解와 행行을 부처님께서 수지隨持해주지 않으면 자신의 해解와 행行으로 할 수 없기 때문에 이러한 (부처님께서) 지켜주는任持 뜻을 지불(持佛, 지켜주는 부처님)이라고 한 것이므로 "수순하므로[隨順故]"라고 한 것이다.

다섯 번째 열반불涅槃佛은 『화엄경』에서 "영원히 열반에 드셨으므로[永度故]"라고 하였고 (법사께서는) "모든 공덕이 늘 고요하므로"라고 해석하셨다. 풀이하건대 일체의 공덕이 적멸한 뜻을 열반불涅槃佛이라고 한 것이다.

여섯 번째 법계불法界佛은 『화엄경』에서 "이르지 않는 곳이 없으므로[無處不至故]"라고 하였고 (법사께서는) "모든 공덕이 법성法性과 상응하여 다함이 없기 때문이므로"라고 해석하셨다. 풀이하건대 일체의 공덕이 다 법성과 상응하여 곧 일체의 법이 시방과 삼세의 모든 곳에서 다함이 없는 뜻을 법계불法界佛이라고 한 것이다.

일곱 번째 심불心佛은 『화엄경』에서 "편안히 머무르므로[安住故]"라고 하였고 (법사께서는) "모든 공덕의 여러 가지 모습이므로"라고 해석하셨다. 풀이하건대 이 (화엄경의) 종취[宗] 중의 심종종의心種種義[111]로 해석하신 것이다. 즉, (부처님) 공덕의 일체 다양한 모습이 각각의 모습을 지키면서 훼손되지 않는 뜻을 심불心佛이라고 한 것이므로 "편안히 머무르므로[安住故]"라고 한 것이다.

여덟 번째 삼매불三昧佛은 『화엄경』에서 "한량없고 집착이 없으므로[無量無著故]"라고 하였고 (법사께서는) "모든 공덕이 정定과 상응하므로"라고 해석하셨다. 풀이하건대 일체의 공덕이 정定과 상응하여 다함이 없으므로 한량이 없고[無量] 고요하여 시끄러움이나 움직임이 없으므로 집착이 없다[無著]는 것이다.

아홉 번째 성불性佛은 『화엄경』에서 "결정되었으므로[決定故]"라고 하였고 (법사께서는) "일체의 공덕이 곧 법성法性이므로"라고 해석하셨다. 풀이하건대 일체 공덕이 곧 법성이

---

111 심종종의心種種義: 마음이 모든 다양한 존재를 낳는다는 의미다.

어서 나머지 인연[緣]에 흔들리지 않으므로 그 본성[性]과 같은 것이다. 비유하자면 도장으로 찍힌 법法과 같으므로 "결정되었으므로[決定故]"라고 한 것이다.

열 번째 여의불如意佛은 『화엄경』에서 "두루 덮어주므로[普覆故]"라고 하였고 (법사께서는) "모든 공덕이 (중생의) 뜻에 따라 크고 작음으로 나타나므로"라고 해석하셨다. 풀이하건대 일체의 공덕이 (중생의) 뜻과 근기에 따라 크고 작고 깊고 얕은 등의 일로 모두 나타나 해주지 않음이 없으므로 "두루 덮어주므로[普覆故]"라고 한 것이다.

이처럼 십불十佛은 각기 뜻이 달라 뒤섞이지 않지만 (십불의) 일체 공덕은 그 하나하나의 (공)덕마다 (십불의) 열 가지 뜻을 다 갖추고 있어 다함이 없다. 『화엄경』 제6권의 「명난품明難品」에서 "일체제불一切諸佛의 몸은 오직 하나의 법신法身이며 하나의 마음이고 하나의 지혜이며 힘[力]과 두려움 없음[無恐][112]도 그러하다"[113]라고 하였다. 자재自在한 공덕으로 알지 못함이 없으므로 부처라고 한다. 이 십불十佛이 바로 모든 존재[諸法]의 궁극의 근원이다. 십十은 곧

112 두려움 없음[無恐]: 『화엄경』 본문의 부처님의 無畏를 無恐으로 표기하였다. 한국어 '두려움'으로 번역될 수 있는 畏와 恐을 혼동한 변격 표현이다.

113 『大方廣佛華嚴經』(佛馱跋陀羅譯) 권5 菩薩明難品第六(T09.0429b20~21)

다함이 없음[無盡]을 나타낸 것으로 이 십十은 (하나 속의 열, 열 속의 하나, 하나가 곧 열, 열이 곧 하나로서[114]) 상즉상입相即相入과 무애자재無礙自在, 중중무진重重無盡의 뜻이다. 생각하면 알 수 있을 것이다.

114 하나 속의 열, 열 속의 하나, 하나가 곧 열, 열이 곧 하나로서: ㉾에 의거한 해석임.

013 • [H203b18; T600a15]

問 此十佛說法, 其相云何.

答 總言三種世間皆實有, 三業[115]皆能作利益衆生事, 名爲十佛說法.

115 業: ㉆乘

문 이 십불十佛의 설법은 그 모습이 어떠합니까?

답 삼종세간三種世間[116]이 모두 실유實有이고 (부처님의) 삼업三業[117]이 모두 중생을 이익이 되게 하는 일을 할 수 있는 것을 전체적으로 십불十佛의 설법이라고 한다.

---

116 삼종세간三種世間: 부처님의 교화 대상으로서의 중생을 가리키는 중생세간衆生世間, 중생이 생활하는 공간인 기세간器世間, 깨달음을 얻은 부처님과 그가 머무는 지정각세간智正覺世間.

117 삼업三業: 몸으로 짓는 신업身業, 입으로 짓는 구업口業, 생각으로 짓는 의업意業.

014 • [H203b21; T600a18]

問 此十佛成佛[118], 經云念念新新斷煩惱成佛, 而不云住學地者, 其義云何.

答 若三乘教中 三身佛成[119]者[120], 因時中, 住學地, 修諸行, 至果時中, 住無學地, 無修學, 一向果位. 一乘中 佛自他竝同成故, 已成以[121]去, 非唯住果地不修因行. 或成佛, 與一切衆生, 前前已成, 後後亦成, 十世九世無不成時. 同一緣起因果故.

118 此十佛成佛: 변격한문. 정격한문이라면 '此十佛之成佛'로 표현할 수 있다.

119 佛成: ㊎成佛

120 三身佛成者: 변격한문. 정격한문이라면 '成三身佛者'로 표현할 수 있다.

121 以: ㊍佛

문 이 십불十佛의 성불成佛에 대하여 『(화엄)경』에서는 '순간순간마다 새롭게 번뇌를 끊어 부처가 되고 학지學地[122]에 머물지도 않는다'라고 하는데[123] 그 뜻은 무엇입니까?

답 삼승교에서의 삼신불三身佛이 되는 것은 수행의 단계[因時]에는 학지學地에 있으면서 여러 행行을 닦고 부처의 단계[果時]에 이르러서는 무학지無學地에 있으면서 닦지도 배우지도 않고 오직 과위果位에만 있는 것이다. 일승에서 부처는 자自와 타他가 같이 되는 것이므로 이미 부처가 된 후 과지果地에만 머물면서 인행因行을 닦지 않는 일은 없다. 또는 부처가 되는 것은 일체중생과 함께 먼 옛날부터 이미 성불해 있고 앞으로 미래에도 계속 성불하는 것이므로 십세十世와 구세九世에 성불하지 않는 때가 없다. (모든 존재가 분리되지 않는) 동일연기同一緣起의 인因과 과果이기 때문이다.

---

122 학지學地: 완전한 깨달음에 이르기 전의 경지. 더 수행해야 할 것이 남아 있는 경지라는 의미로서 유학지有學地라고도 함. 반대말은 무학지無學地.

123 『華嚴經』(佛陀跋陀羅譯) 권30「佛不思議法品第二十八」"一切諸佛。調伏教化一切衆生故。於念念中成等正覺。非不先覺諸佛正法。亦不住學地而成正覺。於諸佛法得無罣礙。不捨自在神力。無量智慧境界。教化衆生。是爲切諸佛自在正法"(T09.594a02~07)

015 • [H203c06; T600a25]

問 三乘教中, 亦有此義, 何故但是十佛乎.

答 三乘教中, 但約一真如法身一體無二義, 以說耳. 未明別別相續事事門中如是義, 是故分齊不同也.

문 삼승교에도 이러한 뜻이 있습니다. 어째서 십불十佛만 그렇다고 하십니까?

답 삼승교에서는 다만 (모든 중생이 공유하는) 하나의 진여법신眞如法身이 동일한 체로서 서로 다르지 않다[一體無二]는 뜻에 의거하여 (그렇게) 말했을 뿐이고 따로따로 상속되는 구체적인 개별 존재들의 측면[事事門]에서 이러한 뜻을 밝히지는 못하였다. 그러므로 분제分齊[124]가 같지 않다.

---

124 분제分齊: 불교 문헌에서 정도상 차이나 구별의 의미로 사용되는 용어다. 한계 또는 차별, 차별되는 내용과 범위의 정도, 차별되는 계위와 신분 등을 가리킬 때 사용된다. 현재 사용하는 범주, 차원 등과 비슷한 의미다.

016 • [H203c10; T600a29]

問 若佛與衆生同一緣起者, 以[125]佛者, 全佛無衆生, 以衆生[126]者, 全衆生無佛. 若爾, 云[127]何有能化所化之義乎.

答 全佛不捨全衆生, 全衆生時不捨全佛義. 非全佛無衆生, 非全衆生無佛. 雖冥無二而不相參, 豈得無能化所化之義. 雖非無能所 而非有能所.

125 以: ㊅若以
126 以衆生: ㊎衆生以
127 云: ㊅者

문 만약 부처와 중생이 동일연기同一緣起라고 하면 부처의 측면에서 보면 모두가 부처로서 중생이 없고 중생의 측면에서 보면 모두가 중생으로 부처가 없을 것입니다. 그러면 어떻게 교화하는 주체[能化]와 교화되는 대상[所化]이라는 (구별되는) 뜻이 있습니까?

답 모두 부처라고 해도 모두 중생임을 버리지 않고 모두 중생일 때도 모두 부처라는 뜻을 버리지 않는다. 모두가 부처라고 해서 중생이 없는 것이 아니고 모두가 중생이라고 해서 부처가 없는 것도 아니다. 비록 그윽하게[冥] 둘이 아니지만 서로 섞이지 않으니 어떻게 교화하는 주체와 교화되는 대상의 뜻이 없을 수 있겠는가. 주체와 대상이 없는 것은 아니지만 주체와 대상이 (분리되어) 있는 것도 아니다.

017 • [H204a02; T600b06]

問 佛全覺人, 衆生全惑. 若佛與衆生一者, 俱[128]惑是耳[129], 何有能化佛. 若[130]衆生與佛一者[131], 俱[132]全覺人是耳[133], 何有所化乎.

答 有二義. 全作衆生, 故無能化亦得, 全佛是[134], 故無所化亦得. 全全[135]作二, 故有能所亦得. 無障無礙法, 不有於一, 故隨須皆得, 其猶如虛空化虛空. 在於聖說也, 莫爲緣起法中隨分別情所計見[136].

---

128 俱: ㊎㊓但

129 俱惑是耳: 변격한문. 정격한문이라면 '俱是惑耳'로 표현할 수 있다.

130 若: ㊅㊎以

131 者: ㊎時者, ㊓時

132 俱: ㊎㊓但

133 俱全覺人是耳: 변격한문. 정격한문이라면 '俱是(全)覺人耳'로 표현할 수 있다.

134 全佛是: 변격한문. 정격한문이라면 '全是佛'로 표현할 수 있다.

135 全: ㊌一

136 莫爲緣起法中隨分別情所計見: 변격한문. 정격한문이라면 '莫以緣起法中分別之情計見' 또는 '非爲緣起法中分別之情所計見'으로 표현할 수 있다.

문 부처는 온전히 깨친 사람이고 중생은 온전히 미혹된 존재입니다. 만약 부처가 중생과 같다면 둘 다 미혹된 사람일 뿐인데 어떻게 교화하는 부처가 있을 수 있습니까? 만약 중생이 부처와 같다면 둘 다 온전히 깨친 사람일 뿐인데 어떻게 교화되는 대상이 있을 수 있습니까?

답 두 가지 뜻이 있다. 모두가 중생이므로 교화하는 주체가 없다는 것도 옳고 모두가 부처이므로 교화할 대상이 없다는 뜻도 옳다. 모두가 (중생과 부처) 둘이 되므로 주체와 대상이 있다는 것도 옳다. 막힘 없고 걸림 없는[無障無礙] 가르침은 하나만 있다고 고집하지 않으므로 필요한 바에 따라 모두 옳으니 마치 허공이 허공을 교화하는 것과 같다. 성인의 말씀에 대하여는 연기의 법에 대하여 분별하는 마음으로 헤아리는 견해를 내지 말라. 연기의 법에 대하여 분별하는 마음으로 헤아릴 수 있는 바가 아니다.[137]

---

137 견등見登이 찬술한 『화엄일승성불묘의華嚴一乘成佛妙義』에 비슷한 내용의 문답이 수록되어 있다. [문 부처는 완전히 깨친 사람이고 중생은 완전히 미혹된 사람인데 만약 부처가 중생과 같다면 다만 미혹된 사람뿐입니다. 어디에 교화하는 주체가 있습니까? 또한, 중생이 부처와 같다면 모두 깨친 사람뿐인데 어디에 교화할 대상이 있습니까? 답 두 가지 견해가 있다. 첫째는 교화하는 주체와 교화할 대상이 없다는 것이고 둘째는 교화하는 주체와 교화할 대상이 있다는 것이다. 첫 번째 견해는 모두 중생이므로 교화하는 주체가 없고 모두 부처이므로 교화할 대상이 없다는 것이고 두 번째 견해는 모두 (부처와 중생) 둘이 되므로 교화하는 주체(와 교화할 대상)가 있다는 것이다. 왜냐하면 연기는 막힘 없고 걸림 없는 법으로서 정해진 하나가 있는 것이 아니어서 필요한 바에 따라 모두 옳기 때문이다. 마치 허공이 허공을 교화하는 것처럼 교화하는 주체와 교화할 대상은 막힘과 걸림이 없다. 그러나 집착하는 분별하는 마음을 가진 사람이 미칠 수 있는 것이 아니다(『華嚴一乘成佛妙義』 "問, 佛全覺人衆全惑者, 若佛與衆生一者, 唯是惑耳, 何有能化. 亦衆生與佛一者, 但全覺人, 何有所化. 答, 有二義. 一無能化所化, 二有能化所化, 初義意, 全衆生故無能化, 全是佛故無所化. 後義意, 全作二, 故有能化[所化]. 何者, 緣起無障無礙法, 定不有一, 故隨須皆得. 如虛空化虛空, 能化所化無障礙, 然非所執情能所及也."(T45.791a24~b02)].

018 • [H204a11; T600b13]

問 佛見惑衆生時中, 惑見耶, 覺見耶[138]. 若惑見者[139] 惑不見惑, 何能見惑. 若覺見者[140], 覺非惑故, 即不及見, 云何能見衆生乎.

答 二俱得, 二俱不得, 所以者何, 言二俱得者, 若非惑不得見惑故, 得以惑見[141], 以他非自知故. 既云自惑見[142]故, 見者即非惑, 故亦得以覺見[143]. 是故, 佛言, 我與汝不異, 汝自爲別. 此意, 佛見衆生, 全吾身是[144], 而自佛是[145]汝不知[146], 徒自受諸苦故, 永劫起同體大悲不捨衆生故, 同修同成同苦同樂, 暫[147]時無[148]捨離時也. 是故, 經云大悲牛也. 此以疏況親也.

---

138 見惑衆生時中, 惑見耶, 覺見耶: 변격한문. 정격한문이라면 '見(迷)惑衆生時, 以惑見耶, 以覺見耶'로 표현할 수 있다.

139 若惑見者: 변격한문. 정격한문이라면 '若以惑見(者)'로 표현할 수 있다.

140 若覺見者: 변격한문. 정격한문이라면 '若以覺見(者)'로 표현할 수 있다.

141 得以惑見: 변격한문. 정격한문이라면 '以惑得見'으로 표현할 수 있다.

142 自惑見: 변격한문. 정격한문이라면 '見自惑'으로 표현할 수 있다.

143 得以覺見: 변격한문. 정격한문이라면 '以覺得見'으로 표현할 수 있다.

144 全吾身是: 변격한문. 정격한문이라면 '全是吾身'으로 표현할 수 있다.

145 是: ㊎是心

146 自佛是汝不知: 변격한문. 정격한문이라면 '汝不知自是佛'로 표현할 수 있다.

147 暫: ㊎蹔

148 無: ㊎不

문 부처가 미혹된 중생을 볼 때 미혹으로 봅니까, 깨달음으로 봅니까? 만약 미혹으로 본다면 미혹은 미혹을 볼 수 없는데 어떻게 미혹을 볼 수 있습니까? 만약 깨달음으로 본다면 깨달음은 미혹이 아니므로 제대로 볼 수 없는데 어떻게 중생을 볼 수 있습니까?

답 두 가지 모두 옳고 두 가지 모두 옳지 않다. 그 까닭은 무엇인가. 둘 다 옳다고 말한 것은 만약 미혹이 아니면 미혹을 볼 수 없으므로 미혹으로 볼 수 있다고 하였다. 다른 것으로 자신을 알 수 없기 때문이다. 자신의 미혹을 본다고 이미 말하였으므로 보는 것은 미혹이 아니다. 그러므로 깨달음으로 볼 수 있다고도 할 수 있다. 그래서 부처님께서는 "나는 너와 다르지 않은데 네 스스로 다르다고 생각한다." 라고 말씀하셨다. 이 뜻은 부처님은 중생을 볼 때 모두 나의 몸이(라고 본)다. 그런데 스스로 부처인 것을 너희(중생)는 알지 못하고 헛되이 스스로 모든 고통을 받으므로 영원히 동체대비同體大悲의 마음을 일으켜 중생을 버리지 않아서 함께 닦아 함께 깨달음을 이루고 함께 괴로워하고 함께 즐거워하면서 잠시도 버리고 떠나는 때가 없다는 것이다.[149] 그래서 경전에서는 (부처님을) '큰 자비를 가진 소'라고 말하였는데[150] 이것은 먼 것으로 가까운 것을 비유한 것이다.

---

149 見登이 찬술한 『화엄일승성불묘의』에 비슷한 내용의 문답이 수록되어 있다. [문 부처가 미혹된 중생을 볼 때 미혹된 마음으로 봅니까, 깨달은 지혜로 봅니까? 만약 미혹된 마음으로 본다면 미혹은 잘 볼 수 없는데 어떻게 볼 수 있습니까? 만약 깨달은 지혜로 본다면 지혜는 보고 앎을 끊었는데 어떻게 볼 수 있습니까? 답 두 가지 견해가 있다. 첫 번째는 미혹으로도 보고 지혜로도 본다는 것이고 두 번째는 미혹과 지혜 모두 보지 않는다는 것이다. 첫 번째 견해는 귀신이 귀신은 보지만 사람은 볼 수 없는 것처럼 미혹을 미혹으로는 보지만 깨달음으로는 볼 수 없다는 것이다. 그루터기를 귀신으로 보는 것은 미혹됨이지만 귀신을 귀신으로 보는 것은 미혹이 아니다. 이 뜻도 그러하니 미혹으로 미혹을 보는 것은 깨달음이지 미혹이 아니다. 그러므로 부처님께서 "나는 너와 다르지 않은데 네 스스로 구별한다."라고 말씀하셨다. 여기서 '나'는 깨달은 자, '너'는 미혹하여 집착하는 사람이다. 따라서 미혹과 깨달음이 다르지 않다는 것을 알 수 있다. 두 번째 견해는 이러한 본다는 뜻을 깨달으므로 미혹으로써 보는 것이 아니고 미혹으로써 미혹을 보기 때문에 깨달음으로써 보는 것이 아니라는 것이다. 문 부처는 이미 깨달은 사람인데 어째서 번뇌로 번뇌를 봅니까? 답 깨달음과 미혹의 본체가 둘이 아니고 깨달음이 자신의 미혹된 견해에 맡긴 것을 미혹이라고 이름할 뿐이다. 자세한 것은 『향상문답香象問答』과 같다[『華嚴一乘成佛妙義』 "問, 佛見迷惑衆生時, 若以惑心見, 若以覺智見. 若以惑心見者, 惑非善見, 何能見. 若以覺智見者, 覺絶見知, 何可見. 答, 有二義. 一惑見覺見, 二俱不得見. 初義意, 如鬼鬼見人不見, 惑以惑見, 覺不見. 如於杌見鬼是迷惑, 鬼見鬼非惑. 此義亦然, 惑見惑, 亦覺非惑. 是故, 佛言我與汝不異汝自爲別. 此意, 我者覺人, 汝者迷執, 故知惑覺不異也. 後義意, 惑[覺?]此見義故非惑見, 以惑見惑故非覺見. 問, 佛既覺者, 何以惑見惑. 答, 覺惑體無二。而覺任自惑見名爲惑耳. 具如香象問答"(T45.791b02~b13)]. 마지막에 언급된 『향상문답香象問答』은 『화엄경문답』을 가리킨다.

150 『大般涅槃經』(曇無讖譯) 권38 迦葉菩薩品第十二之六 "佛隨世間如犢子, 是故得名大悲牛" (T12.0590a26)

019 • [H204a24; T600b24]

問 一人修行 一切人皆成佛, 其義云何.

答 此約緣起之人說故. 一人即一切人, 一切人即一人故. 修言亦爾[151], 一修一切修, 一切修一修, 故同[152]云也.

---

151 修言亦爾: 변격한문. 정격한문이라면 '若言修亦爾'로 표현할 수 있다.

152 同: ㉾㊎同得

문 한 사람이 수행하면 일체의 사람이 모두 성불한다는 뜻은 무엇입니까?

답 이것은 연기緣起의 사람[153]에 대하여 말한 것으로 한 사람이 곧 일체의 사람이고 일체의 사람이 곧 한 사람이기 때문이다. 닦음에 대하여 말해도 그러하니 한 사람의 닦음이 일체 사람의 닦음이고 일체 사람의 닦음이 한 사람의 닦음이다. 그러므로 다 같이[同] (성불한다)라고 말하였다.

---

153 연기의 사람: 모든 존재가 긴밀히 연결되어 있어 분리될 수 없다는 화엄의 (법계) 연기의 관점에서 본 사람을 의미한다.

020 • [H204b04; T600b28]

問 現一人修而餘不修, 亦一人非餘人, 何得爲爾也.

答 汝所見, 但是遍計耳. 不關[154]緣起之法, 不足言也.

154 關: ㉠聞

문 현재 한 사람이 수행하고 나머지 사람들은 수행하지 않으며 (그) 한 사람이 나머지 사람이 아닌데 어떻게 그렇게 될 수 있습니까?

답 네가 보는 것은 변계遍計[155]일 뿐이다. 연기의 법과는 관계없으니[156] 말하기에 족하지 않다.

---

155 변계遍計: 존재들을 서로 관계없는 고립된 것으로 보는 견해

156 연기의 법과 관계없으니: ㉠의 '不問'을 따르면 '연기의 법을 듣지 않으면'으로 해석된다.

021 • [H204b07; T600c02]

問 一人作惡, 餘人生天者, 亦何爲耶.

答 此約善惡相是之義說. 謂此惡非彼善即失[157], 既彼善即是惡故, 得由此惡生天. 由[158]善生地獄之義 准可思也.

157 失: ㊅見

158 由: ㊅得由, ㊎得

문 한 사람이 악을 행하여 나머지 사람이 하늘에 태어난다는 것은 어째서입니까?

답 이것은 선과 악이 서로 의지한다[相是]는 뜻에 의거하여 말한 것이다. 즉, 이 악은 저 선이 아니면 존재할 수 없다. 이미 저 선이 곧 이 악에 의지하였으므로 이 악 때문에 하늘에 태어났다고 할 수 있다. 선 때문에 지옥에 태어난다는 뜻도 이에 준하여 생각할 수 있을 것이다.

022 • [H204b11; T600c06]

問 若爾, 惡即善是義生天[159], 非善即惡是義生天[160]耶.

答 爾亦得然, 爾義不難, 而善即惡義故, 惡以生天亦得.

159 惡即善是義生天: 변격한문. 정격한문이라면 '由惡即是善義生天'으로 표현할 수 있다.

160 善即惡是義生天: 변격한문. 정격한문이라면 '由善即是惡義生天'으로 표현할 수 있다.

문 그렇다면 악이 곧 선이라는 뜻에서 하늘에 태어난 것이고 선이 곧 악이라는 뜻에서 하늘에 태어난 것이 아니지 않습니까?

답 그것도 그러한데 그 뜻은 어렵지 않다. 선이 곧 악의 뜻이므로 악으로 하늘에 태어나는 것도 가능하다.

023 • [H204b14; T600c09]

問 但善惡順生逆生耶, 亦不生耶.

答 亦得. 不生生隨順緣故[161], 皆得爲無礙故. 亦皆不得, 以有著處故也.

161 故: ㉠㉡없음.

문 선과 악은 순생順生[162]하고 역생逆生[163]합니까, 아니면 불생不生이기도 합니까?

답 그것도 가능하다. 불생不生과 생生은 인연을 따르므로 모두 막힘이 없기 때문이다. 또한, 모두 가능하지 않기도 하다. 집착하는 것이 있기 때문이다.

---

162 순생順生: 善을 행하여 좋은 곳에 태어나고 惡을 행하여 나쁜 곳에 태어나는 것을 의미한다.

163 역생逆生: 善을 행하여 나쁜 곳에 태어나고 惡을 행하여 좋은 곳에 태어나는 것을 의미한다.

024 • [H204b17; T600c12]

問 解行位至得一法時, 一切分別識障滅[164]耶, 餘法門未得故, 餘障未除耶.

答 得一法門時 一切障滅亦得, 未得餘法門故 餘障未除亦得. 所以者何, 此一法門即盡餘法門故, 此一障即餘障故, 得一法時 無餘門非得, 斷一障時 無不斷餘障故. 又得一門未得餘門故, 斷一障時 未斷餘障故. 無量劫中次第[165]新新斷惑障, 新新得法門, 而此即一時一門, 所以此一門非, 彼餘門即無故, 此一時無, 彼無量劫即無故[166].

---

164 滅: ㊅減

165 第: ㊎中

166 此一門非, 彼餘門即無故, 此一時無, 彼無量劫即無故: 변격한문. 정격한문이라면 '非此一門, 彼餘門即無故, 無此一時, 彼無量劫即無故'로 표현할 수 있다.

문 해행위解行位에서 하나의 법[문](法[門])을 얻음에 이르렀을 때 모든 분별식分別識의 장애가 없어집니까, 아니면 나머지 법문法門을 아직 얻지 못하였으므로 나머지 장애는 없어지지 않습니까?

답 하나의 법문을 얻을 때 모든 장애가 없어지는 것도 옳고 나머지 법문을 얻지 못하였으므로 나머지 장애가 없어지지 않는 것도 옳다. 왜 그러한가. 이 하나의 법문이 곧 나머지 법문을 다 포괄하고[盡] 이 하나의 장애가 곧 나머지 장애들이기 때문에 하나의 법(문)을 얻을 때 나머지 (법)문을 얻지 못함이 없고 하나의 장애를 끊을 때 나머지 장애들을 끊지 않음이 없기 때문이다. 또한, 하나의 (법)문을 얻었지만 나머지 (법)문들을 얻지 못하였고 하나의 장애를 끊었지만 나머지 장애들을 끊지 못하였기 때문이다. 무량겁無量劫 동안 차례대로 새롭게 번뇌의 장애를 끊고 새롭게 법문을 얻으니 이것이 곧 한때[一時]에 하나의 (법)문[一門](을 얻음)이다. 이 하나의 (법)문이 아니면 저 나머지 (법)문이 곧 없게 되고 이 한때가 없으면 저 무량겁이 곧 없게 되기 때문이다.

025 • [H204c04; T600c22]

問 得一法門時中, 餘門無非盡者, 餘門何須乎.

答 無須, 何有餘門乎.

문 하나의 법문을 얻을 때 나머지 법문들이 다 포괄되지[盡] 않음이 없다면 나머지 법문들은 왜 필요합니까?

답 필요하지 않다면 어째서 다른 법문들이 있겠는가.

026 • [H204c06; T600c24]

問 若爾,得一門時即盡,豈無盡法門乎[167].

答 得一門故餘門爲盡,非得餘門故餘門盡,何得盡餘門也.

167 豈無盡法門乎: 변격한문. 정격한문이라면 '何爲無盡法門乎'로 표현할 수 있다.

문 그렇다면 한 (법)문을 얻을 때 곧 다 포괄하는데[盡] 어째서 다함이 없는 법문입니까?

답 한 (법)문을 얻어 나머지 (법)문들이 다 포괄되는 것이지 나머지 (법)문들을 얻어 나머지 (법)문들이 다 포괄되는 것이 아니다. 어떻게 나머지 (법)문들을 다하게 할 수 있겠는가.

027 • [H204c09; T600c27]

問 餘門不得者 即非得[168]一門, 一門即餘故.

答 爾. 不得一門. 以非餘, 不一門故. 然得一門時, 餘[169]無殘[170], 何得不得一門[171]也.

168 得: ㉠得止

169 餘: ㉠㉡餘門

170 無殘: 변격한문. 정격한문이라면 '無遺'로 표현할 수 있다.

171 何得不得一門: 변격한문. 정격한문이라면 '何爲不得一門' 또는 '何有不得一門'으로 표현할 수 있다.

문 (그렇다면) 나머지 (법)문을 얻지 못했다면 곧 하나의 (법)문을 얻은 것이 아닙니다. 하나의 (법)문이 곧 나머지 (법문)이므로.

답 그렇다. 하나의 (법)문을 얻지 못하였다. 나머지 법문이 없으면 하나의 (법)문이 아니므로. 그러나 하나의 (법)문을 얻을 때 나머지 (법문)도 남김 없(이 얻게 된)다. 어찌 하나의 (법)문을 얻지 못함이 있겠는가.

028 • [H204c13; T01a01]

問 何義爲爾[172]乎.

答 一多相是 前後相是相入故. 是故, 善財者 無量劫中, 仕無量知識, 得無量法門, 而不過第二七日一時, 可思也.

172 爲爾: ㉠㉡爾爲

문 어떤 뜻으로 그렇게 됩니까?

답 부분[一]과 전체[多]가 서로에게 의존하고[相是] 앞[前]과 뒤[後]가 서로 의존하면서[相是] 서로 포함하기[相入] 때문이다. 그래서 선재동자는 무량겁無量劫 동안 무량無量한 선지식을 모시고 무량한 법문을 얻었지만 (부처님께서 성불하신 후) 두 번째 7일 한때(의 가르침)에 불과하였다. 생각하면 알 수 있을 것이다.

029 • [H205a01; T601a04]

問 三乘教中, 立諸位地, 令生信解者, 不爲如所[173]立, 要至自究竟果耶, 有要至自究竟果人耶.

答 不定, 汎三乘教大意 爲欲生信解, 隨衆生意安立. 受此教人有多重[174], 若利根人, 始聞方便教, 即知方便之意, 即入一乘. 又有聞教, 不知方便之意[175], 如教修行人, 此中有多品類, 隨根熟處, 入一乘位. 最鈍根人, 如所聞教, 至自究竟果, 方迴入一乘見聞位.

---

173 所: ㊅衍

174 重: ㊊種

175 又有聞教, 不知方便之意: 변격한문. 정격한문이라면 '又有聞教, 而不知方便之意'로 표현할 수 있다.

문 삼승교三乘教에서 여러 (수행의) 위계[位地]를 제시하여 (중생이 진리에 대하여) 믿고 이해하려는 마음[信解]을 내게 한 것은 제시한 대로 (수행)하여 (삼승) 자신의 궁극의 경지[究竟果]에 이르게 하려던 것이 아닙니까? (삼승) 자신의 궁극의 경지[自究竟果]에 이르는 사람이 있게 하려던 것이 아닙니까?

답 일정하지 않다. 무릇 삼승교三乘教의 큰 의도는 (중생이 진리에 대하여) 믿고 이해하려는 마음[信解]을 내게 하려는 것으로 (그 가르침은) 중생의 뜻에 따라 이론을 제시한[安立[176]] 것이다. 이 가르침을 받는 사람은 여러 층이 있으니 근기가 뛰어난[利根] 사람이라면 처음 방편의 가르침을 듣자마자 그 방편의 의도를 알아채고 곧바로 일승에 들어간다. 또한, 가르침을 들었지만 방편의 의도를 알지 못하여 (방편의) 가르침대로 수행하는 사람도 있는데 여기에는 여러 부류가 있어 (각자의) 근기에 따라 (수행이) 무르익은 곳에서 일승의 위계에 들어간다. 근기가 가장 둔한[鈍根] 사람은 들은 가르침대로 하여 (삼승) 자신의 궁극의 경지[自究竟果]에 이른 후 비로소 일승의 견문위見聞位로 전향하여 들어간다.

---

176 안립安立: 언어나 개념, 이론 등으로 차이를 설명하는 것. 언어나 개념 등으로 표현할 수 없는 상대적 차이를 벗어난 경지는 非安立이라고 한다.

030 • [H205a11; T601a12]

問 見聞位不定位者, 其退相云何.

答 聞大法 而即不得如聞自在故, 細有違教, 有墮三途人也.

문 (일승의 처음인) 견문위見聞位[177]에 들어감이 그와 같이 일정하지 않다면 그 (견문위에서) 퇴보하는 양상은 어떠합니까?

답 큰 가르침을 들었지만 곧바로 들은 대로 자재自在하지 못하여 미세하게 가르침에서 어긋나 삼악도에 떨어지는 사람이 있다.

177 견문위見聞位: 화엄종에서는 일승의 수행 단계를 見聞位→解行位→證入位 3단계로 구분한다.

031 • [H205a14; T601a15]

問 以何知是[178].

答 如小相品云, 以佛小相光照, 阿鼻地獄人等, 被[179]光即生兜率天, 聞空聲即得十眼十耳等大功德. 若無前大善根, 云何能得爾許大功德乎.

---

178 以何知是: 변격한문. 정격한문이라면 '何以知(是)耶'로 표현할 수 있다.

179 被: ㊅彼, ㊇先

문 그것을 어떻게 압니까?

답 (『화엄경』) 「소상품小相品」에서 부처님께서 작은 빛을 비춤으로 인해 아비지옥의 사람들이 빛을 받아 곧바로 도솔천에 태어나 허공의 소리를 듣자마자 십안十眼·십이十耳 등의 큰 공덕을 얻는다고[180] 한 것을 통해 알 수 있다. 만약 이전에 큰 선근善根이 없었다면 어떻게 그러한 큰 공덕을 얻을 수 있었겠는가.

---

180 『華嚴經』(불타발타라譯) 小相光明功德品第三十 "如來應供等正覺。有隨形好名曰海王。彼出光明名曰明淨。七百萬阿僧祇光以爲眷屬。又菩薩摩訶薩。於兜率天。放大光明名曰幢王。普照十世界微塵數刹。遍照彼處地獄衆生滅除苦痛。令彼衆生十種眼耳鼻舌身意諸根行業皆悉清淨。彼諸衆生。見光明已皆大歡喜。命終皆生兜率天上。生天上已。聞天妙音。名不可樂。此音聲語諸天子言。以不放逸故。於諸佛所種善根故。遇善知識故。盧舍那佛威神力故。於地獄命終生此天上"(T09.605a04~17)

032 • [H205a19; T601a19]

問 此等人可權往[181]利衆生, 豈取[182]爲退人乎.

答 既空聲中教, 汝所受地獄之苦, 無來去處, 但汝惡業所感, 何不爲退乎.

181 往: ㊅性

182 取: ㊅㊎㊐敢

문 이 사람들은 방편으로 (지옥에) 가 중생을 이롭게 하려는 사람들이라고 할 수 있습니다. 어째서 (일승의 견문위에서) 퇴보한 사람이라고 간주합니까?

답 이미 허공의 소리에서 '너희가 받은 지옥의 고통은 어디선가 오거나 가는 것이 아니라 너희의 악업에 감응된 것이다'[183]라고 하였으니 어찌 퇴보한 것이 아니겠는가.

---

183 『華嚴經』(불타발타라譯) 小相光明功德品第三十 "諸天子。猶如汝等昔在地獄。不從十方來。但以顚倒愚癡纏故得地獄身"(T09.605b03~04)

033 • [H205a23; 大601a22]

問 若實惡業所受者, 凡夫位自所造之業 受地獄苦, 由佛光大故 令出得大功德, 何有[184]取[185]退大人等乎.

答 若爾, 何人令不出苦, 而其中有限[186]苦者, 必有深善根人等令[187]出苦也.

---

184 何有: 변격한문. 정격한문이라면 '何以'로 표현할 수 있다.

185 取: ㊎㊞敢

186 限: ㊞限量

187 令: ㊐㊞得

문 만약 실제로 악업으로서 받은 것이라면 범부위凡夫位에서 스스로 지은 업에 의하여 지옥의 고통을 받다가 부처님의 큰 광명으로 인해 (지옥에서) 벗어나 큰 공덕을 얻게 한 것일 수 있습니다. 어떻게 (일승의) 큰 가르침에서 퇴보한 사람들이라고 간주할 수 있습니까?

답 만약 그렇다면 어떤 사람인들 고통에서 벗어나게 하지 않았겠는가. 그런데 그중에 고통에서 벗어나지 못한 사람이 있으니 반드시 깊은 선근의 사람들을 고통에서 벗어나게 한 것이다.

034 • [H205b04; T601a26]

問 如是退人等, 住下位中迴入一乘, 有惑業人等耶, 設三乘自究竟果位中, 至成佛人等是耶[188].

答 此義實難解, 然教品玄差者, 自宗中雖至究竟, 而爲不聞一乘教, 始聞同故, 隨位判, 竝同有退不退也.

188 如是退人等, 住下位中迴入一乘, 有惑業人等耶, 設三乘自究竟果位中, 至成佛人等是耶.: 변격한문. 정격한문이라면 '如是退人者, 住下位中迴入一乘而留惑業人等耶, 雖至三乘自究竟果位而成佛人 亦有退耶'로 표현할 수 있다.

문 이렇게 (일승에서) 퇴보한 사람들은 아래의 위계에 있을 때 일승으로 전향하여 들어온 번뇌의 업[惑業]이 (남아)있는 사람들입니까, 아니면 삼승 자신의 궁극의 경지[究竟果位]에서 부처가 된 (다음에 일승에 전향하여 들어온) 사람들도 그러합니까?

답 이 뜻은 정말 난해하다. 그러나 (일승과 삼승의) 가르침[教品]에 깊은 차이가 있으니 (삼승교) 자신의 종[自宗]에서는 궁극의 경지에 이르렀더라도 일승의 가르침을 듣지 않았으므로 (일승의 가르침을) 처음 듣는 것은 (아래 위계에서 전향하여 들어온 사람과) 같으므로 위계에 따라 구분하면 양쪽 모두 퇴보함과 퇴보하지 않음이 있다.

035 • [H205b10; T601b02]

問 彼上果人 既業煩惱盡[189], 豈得有業煩惱爲主以大悲助, 往惡趣乎.

答 自宗雖盡, 有一乘障不斷, 豈不往乎.

189 既業煩惱盡: 변격한문. 정격한문이라면 '業煩惱既盡' 또는 '既盡業煩惱'라고 표현할 수 있다.

문 그 (삼승의) 부처의 경지에 이른 사람[上果人]은 이미 업번뇌業煩惱[190]가 다 없어졌는데 어떻게 업번뇌를 주主된 원인으로 하고 대비大悲를 보조적[助] 원인으로 하는 악취惡趣[191]에 가는 일이 있을 수 있습니까?

답 (삼승) 자신의 종[自宗]에서(의 업번뇌)는 다 없어졌더라도 일승의 번뇌[障]가 끊어지지 않았는데 어찌 (악취에) 가지 않겠는가.

---

190 업번뇌業煩惱: 다음 生을 발생시키는 번뇌. 윤회의 주된 원인이 된다.

191 악취惡趣: 바람직하지 않은 태어남의 장소. 악도惡道라고도 하며 보통 지옥, 축생, 아귀 등을 가리킨다.

036 • [H205b13; T601b05]

問 此一乘障, 前自宗所斷之惑耶, 更有別耶.

答 義不定. 所障不同故, 別亦得. 又前斷爲[192] 而此乘以[193]者全不斷故[194], 乃至亦得. 惑法[195]無自, 隨處[196]故.

---

192 斷爲: ㊎爲斷

193 此乘以: ㊎以此乘

194 前斷爲 而此乘以者 全不斷故: 변격한문. 정격한문이라면 '前斷而此乘中全不斷故'로 표현할 수 있다.

195 法: ㊊往

196 處: ㊎㊊是處

문 이 일승의 번뇌[障]는 앞의 (삼승) 자신의 종[自宗]에서 끊은 번뇌입니까, 그와 별도로 있는 것입니까?

답 그 뜻은 일정하지 않다. 장애가 되는 바가 같지 않으므로 다르다고 할 수도 있고 앞에서 끊었지만 이 (일)승에서는 모두 끊은 것이 아니므로 계속 이어졌다고 할 수도 있다. 번뇌[惑法]는 자성이 없어서 상황을 따르기 때문이다.

037 • [H205b17; T601b09]

問 前所得智[197], 此中障耶, 不耶[198].

答 亦得障, 亦得不障. 何爲[199], 雖彼宗智[200] 而不知一乘無障礙法故爲障, 復雖不知[201] 而順於一乘進故不障. 可思.

197 智: ㉤知

198 耶不耶: ㉠不耶

199 何爲: 변격한문. 정격한문이라면 '何以故'로 표현할 수 있다.

200 雖彼宗智: 변격한문. 정격한문이라면 '彼宗(中)雖智'로 표현할 수 있다.

201 復雖不知: 변격한문. 정격한문이라면 '又雖不知'로 표현할 수 있다.

문 앞(의 삼승)에서 얻은 지혜는 이 (일승)에서는 장애가 되는 것입니까, 그렇지 않은 것입니까?

답 장애가 될 수도 있고 장애가 되지 않을 수도 있다. 왜냐하면 그 종宗에서는 지혜이지만 일승의 무장애법無障礙法을 알지 못해 장애가 되고, 비록 알지 못하지만 일승으로 나아가는 데 어긋나지 않으므로 장애가 아니다. 생각하면 알 수 있을 것이다.

038 • [H205b21; T601b13]

問 何知 三乘極爲佛, 而還入一乘也.

答 如法華經云, 既至三車處, 方又索車故, 佛[202]乃與一車故. 彼三車處 即三乘果喩故, 不可不爾也[203].

202 佛: ㊎信

203 不爾也: ㊌爾也不

문 어떻게 삼승의 수행자가 끝내 부처가 된 후에 다시 일승으로 들어가는 것을 알 수 있습니까?

답 『법화경法華經』에서 이미 (양·사슴·소가 끄는) 세 수레가 있는 곳에 이르러 비로소 다시 (큰 흰 소가 끄는) 수레를 달라고 하자 부처님이 곧 하나의 수레를 주었다고 이야기한 것과 같기 때문이다. 그 세 수레가 있는 곳은 삼승의 극과[三乘果]를 비유한 것이므로 그러지 않을 수 없다.

039 • [H205c01; T601b17]

問 三乘大乘教中, 盛明三淨土, 諸衆生令[204]爲不退處. 三乘行者等 必至[205]八地上者, 定生他受用土, 成佛者 定在自受用土. 豈至不退處 而有退墮惡趣乎.

答 自宗, 如問, 然而望一乘普法法門不關[206], 何妨有退也. 又彼教中云, 三賢十聖住果報, 唯佛一人居淨土, 何八地上定生淨土乎. 十地下位 唯在[207]自異熟識所變[208]果報土, 然就增上緣故爲淨土耳. 斷惑亦爾, 彼經云, 至金剛三昧, 以無想信伏諸煩惱不斷, 唯佛斷也.

---

204 諸衆生令: ㊍令諸衆生

205 必至: 변격한문. 정격한문이라면 '(若)至'로 표현할 수 있다.

206 關: ㊍聞

207 唯在: 변격한문. 정격한문이라면 '但在'로 표현할 수 있다.

208 變: ㊄反

문 삼승대승三乘大乘의 경전에서는 세 가지 정토[209]에 대하여 자세히 밝히고 여러 중생이 (그 정토들을) 불퇴처不退處로 삼게 하였으니 삼승의 수행자들은 반드시 8지八地 이상에 이르면 틀림없이 타수용토他受用土에 태어나고 성불하면 틀림없이 자수용토自受用土에 있게 된다고 하였습니다. 어떻게 (8지 이상에 오르고 성불하여) 불퇴처不退處에 이른 사람들이 퇴보하여 악취惡趣에 떨어지는 일이 있습니까?

답 (삼승) 자신의 종[自宗]의 입장에서는 질문한 것과 같다. 그러나 (삼승의 성불은) 일승보법一乘普法의 법문과 관계 없으니 (삼승의 수행자가 일승에서) 퇴보하는 것이 무슨 문제가 되겠는가. 또한, 그 (삼승의) 경전에서 "삼현三賢[210]과 십성十聖[211]은 과보토果報土[212]에 머물고 부처 한 분만 정토에 계신다."[213]라고 하였는데 어떻게 8지地 이상이 틀림없이 정토에 태어나겠는가. 십지 아래의 위계는 오직 자신의 이숙식異熟識[214]

---

209 세 가지 정토: 『成唯識論』에서 부처의 국토, 즉 정토를 法性土·受用土·變化土의 셋으로 구분하고 있다.

210 삼성三賢: 十住·十行·十廻向 위계의 총칭이다.

211 십성十聖: 여기서는 十地의 위계를 가리킨다.

212 과보토果報土: 중생의 惑業의 결과, 즉 果報로 거주하게 되는 곳이다. 과보의 성격에 따라 淨土, 不淨土, 不淨淨土, 淨不淨土, 雜土 다섯 가지가 있다고 한다. 부처의 경우, 惑業이 없으므로 果報土가 없다. 한편, 천태종에서는 정토를 네 가지[凡聖同居土·方便有餘土·實報無障礙土·常寂光土]로 구분하는데 이 중에서 實報無障礙土를 果報土라고 하며 여기에는 범부와 이승은 없고 순수한 보살들만 머문다고 한다.

213 『仁王般若經』(구마라집역) 卷上 菩薩教化品第三 "三賢十聖住果報, 唯佛一人居淨土."(T08.828a01)

214 이숙식異熟識: 생명과 윤회의 근원이 되는 아리야식의 별칭.

이 전변한 과보토에 있을 뿐이고 단지 증상연增上緣에 입각하여 정토라고 한 것일 뿐이다.[215] 번뇌를 끊는 것도 그러하니 그 경전에서 "금강삼매金剛三昧에 이르러 무상신[인](無想信[忍])으로 여러 번뇌를 조복하지만 끊지는 않는다. 오직 부처님만 끊는다."[216]라고 말하였다.

---

215 성불하지 못한 중생들은 자신의 힘으로는 정토에 태어날 수 없고 오직 중생을 정토로 이끌려는 부처님의 本願을 增上緣으로 하여 정토에 태어날 수 있다는 것을 의미한다 [cf. 善導, 『觀無量壽佛經疏』 "如大經說。一切善惡凡夫得生者。莫不皆乘阿彌陀佛大願業力爲增上緣也。又佛凡夫得生者, 莫不皆乘阿彌陀佛大願業力爲增上緣也"(T37.246b10~11)].

216 『仁王般若經』(구마라집역) 卷上 奉持品第七 "善男子從初習忍至金剛定。皆名爲伏一切煩惱無相信忍。照勝義諦滅諸煩惱。生解脱智漸漸伏滅。以生滅心得無生滅。此心若滅即無明滅。金剛定前所有知見皆不名見。唯佛頓解具一切智。所有知見而得名見。善男子金剛三昧現在前時。而亦未能等無等等。"(T08.842b15~c02)

040 • [H205c12; T601b27]

問 若爾, 彼宗佛, 既在淨土 亦斷惑[217], 何不入一乘乎.

答 彼教中 一乘隱於極處, 故作如是說. 若約教分齊, 約行分齊者[218], 彼佛亦有自報土[219], 或[惑?][220]復不永斷[221], 以至三車處, 方便[又?][222]索故.

217 亦斷惑: 변격한문. 정격한문이라면 '又斷惑'으로 표현할 수 있다.

218 者: ㊊없음.

219 彼佛亦有自報土: 변격한문. 정격한문이라면 '彼佛亦在自報土'로 표현할 수 있다.

220 或[惑?]: 저본에 모두 或이지만 내용상 번뇌를 의미하므로 惑이 되어야 한다.

221 或[惑?]復不永斷: 변격한문. 정격한문이라면 '或[惑?]亦不(永)斷'으로 표현할 수 있다.

222 便[又?]: 저본에 모두 便이지만 앞의 38번 문답의 내용과 비교할 때 又의 오자로 생각된다.

문 그렇다면 그 종宗의 부처는 이미 정토에 있고 번뇌도 끊었는데 어째서 일승에 들어가지 않습니까?

답 그 (삼승)교에 일승은 최종 단계[極處]에 숨겨져 있으므로 이렇게 설한 것이다. 만약 교敎에 의거하여 구분[分齊]하거나 행行에 의거하여 구분한다면 그 (삼승의) 부처도 자신의 (과)보토果報土에 있는 것이고 번뇌도 영원히 끊은 것이 아니다. (양·사슴·소가 끄는) 세 수레가 있는 곳에 이르러 비로소 다시 (수레를) 구하기 때문이다.

041 • [H205c17; T601c02]

問 若爾, 生淨土得無生忍者, 約何無生忍乎.

答 不定. 若生變[223]化淨土人聞一乘, 根熟聞一乘法人, 得一乘中真實無生忍, 若乃[224]在三乘分齊人, 得自宗定慧相應無生忍, 以一乘望者 相似無生忍也, 餘二三等土亦爾. 又三乘教所明淨土等者, 此一乘教中世界海中攝, 非十佛在十種淨土門攝[225]. 種種身等十種淨土, 但十佛在處[226], 一切法之本原. 雖不別而非餘衆生分齊. 竊欲現此義故, 仁王經云, 唯佛一人居淨土也.

---

223 變: ㊎㊓反

224 乃: ㊍乃至

225 非十佛在十種淨土門攝: 변격한문. 정격한문이라면 '非十佛所居十種淨土門攝'으로 표현할 수 있다.

226 但十佛在處: 변격한문. 정격한문이라면 '唯十佛所居處'로 표현할 수 있다.

문 그렇다면 정토에 태어나 무생인無生忍을 얻는다는 것은 어떤 무생인無生忍을 가리키는 것입니까?

답 일정하지 않다. 만약 변화정토變化淨土에 태어난 사람이 일승을 들을 때 근기가 익어서 일승의 법을 들은 사람은 일승 중의 진실무생인真實無生忍을 얻는다. 만약 삼승의 분제分齊에 있는 사람은 자기 종宗의 정혜定慧와 상응하는 무생인을 얻는데 일승의 입장에서 보면 상사무생인相似無生忍이다. 나머지 두 번째, 세 번째 정토[227](에 태어나는 사람)의 경우도 그렇다. 또한, 삼승의 가르침에서 밝힌 정토들은 이 일승의 가르침에서의 세계해世界海에 포함되지만 (그 세계해 중의) 십불十佛이 계시는 십종정토문十種淨土門에는 포함되지 않는다.[228] (일승에서 이야기하는) 종종신種種身 등의 열 가지

---

227 두 번째, 세 번째 정토: 세 가지 정토 중 變化土보다 상위인 受用土와 法性土를 가리킨다.

228 화엄교학에서는 일승의 부처가 교화하는 세계인 世界海를 十地의 단계에 이르지 못한 보살들이 존재하는 一切衆生形類等界, 十地 이상의 보살들이 거주하는 界外十重世界, 十佛의 경계인 蓮華藏世界로 구분한다. 자세한 내용은 『공목장』 「십세계장十世界章」 참조[智儼 『孔目章』 권1 「説分文内淨土因縁文初立十世界章」 "今此世界海上下淺深。略有三種。一從三千大千世界已去。乃至一切衆生形類等界。以爲一類。二如瞿夷所居成化之處十世界等。一世界性。二世界海。三世界輪。四世界圓滿。五世界分別。六世界旋。七世界轉。八世界蓮華。九世界須彌。十世界相。此十世界。當萬子輪王已去所居。爲第二類。三蓮華藏世界海等已去。盡佛境界爲第三類。如是等類世界海。有十種事。去來今佛之所演說。一謂説世界海。二起具因縁世界海。三住世界海。四形世界海。五體世界海。六莊嚴世界海。七清淨世界海。八如來出世世界海。九劫世界海。十壞方便世界海。此十因縁。通成上三。但爲引機。淺深不同。遂有三別。依此經文。三千界等。顯其融義。蓮華藏界等。明因陀羅微細等義。中間界等。略而不明。準之可解。上件法 門。攝下諸教。頓屬其上分本教義。漸從其末義。通一乘三乘小乘。何以故。爲被圓教所目。及三乘終教。寂照照寂一相眞如并初教門。染淨即空愚法。小乘苦諦之教。所詮實法有爲無爲等宗並不同。義理各別也。仍此一乘圓教。局見聞爲始"(T45.539a24~b16)].

정토는[229] 다만 십불十佛이 계시는 곳으로 일체법一切法의 본원이다. (중생들이 사는 곳과) 다르지 않지만 나머지 중생들의 분제分齊가 아니다. 생각하건대 이 뜻을 드러내기 위하여 『인왕경』에서 "오직 부처 한 사람만 정토에 계신다."라고 말하였다.

229 화엄교학에서 이야기하는 十種淨土의 내용에 대해서는 『공목장』「십종정토장十種淨土章」에 이야기되고 있다[智儼 『孔目章』 권1 十種淨土章 "一乘淨土依準有十。爲此娑婆世界中諸四天下。教化一切。一有種種身。二有種種名。三有種種處所。四有種種形色。及有種種長短。五有種種壽命。六有種種諸得及以諸入。七有種種諸根。八有種種生處。九有種種業。十有種種果報。如是種種不同。衆生所見亦異。問。欲明淨土。何故乃辨衆生分齊不同。答。佛土自融。與法界等。無別可別。何以故。由是佛土稱法界故。若欲取別知其分齊。依衆生心業行增減。定水昇沈清濁差別。印成佛土。亦差別也"(T45.541a12~22)].

042 • [H206a11; T601c12]

問 若十種淨土 但佛在[230], 不餘分齊[231]者, 與三乘教中自受用土, 有何差別乎.

答 不似. 何以故, 三乘自受用土, 但成人所感, 自識中因所生五塵等土最勝故, 不餘所及[232]. 今一乘淨土, 雖但佛在[233]而非捨衆生業身等法, 雖不捨而不同分齊, 雖不同而即是共[234]也[235]. 猶如夢所見等物, 唯覺[是?][236]心量, 雖覺[是?]心量而不如夢計, 雖不如夢計而不捨夢所見法. 彼中道理, 應知亦爾也.

---

230 但佛在: 변격한문. 정격한문이라면 '唯佛在'로 표현할 수 있다.

231 不餘分齊: 변격한문. 정격한문이라면 '非餘(人)(之)分齊'로 표현할 수 있다.

232 不餘所及: 변격한문. 정격한문이라면 '非餘(人)(之)所及'으로 표현할 수 있다.

233 佛在: ㊅在佛在, ㊎在佛

234 共: ㊅㊎其

235 雖不同而即是共也: 변격한문. 정격한문이라면 '雖不同而即共(之)也'로 표현할 수 있다.

236 覺[是?]: 저본에는 모두 覺이지만 내용상 是의 오자로 생각된다.

문 만약 (일승의) 열 가지 정토에는 부처님만 계시고 나머지 사람들의 분제分齊가 아니라면 삼승의 가르침 중 자수용토自受用土와는 어떤 차이가 있습니까?

답 (둘은) 비슷하지 않다. 왜냐하면 삼승의 자수용토는 성불한 사람만 감득하는 곳으로 자기 식識의 인因이 만든 오진五塵[237] 등의 (국)토에서 가장 뛰어나기 때문에 나머지 중생들은 미치지 못한다. 지금 일승의 정토는 부처님만 계시는 곳이지만 중생의 업業·신身 등의 법法을 버리지 않는다. 비록 버리지 않지만 분제分齊가 같지 않고 비록 같지 않지만 곧 함께한다. 마치 꿈에서 본 사물들은 오직 마음이 그려낸 것인데 비록 마음이 그려낸 것이지만 꿈에서 헤아린 것과 같지 않고 비록 꿈에서 헤아린 것과 같지 않지만 꿈에서 본 것을 버리지 않는 것과 같다. 앞의 (일승정토의) 도리道理도 그러함을 마땅히 알아야 한다.

---

237 오진五塵: 色·聲·香·味·觸의 대상인 다섯 가지 경계. 五境이라고도 한다.

043 • [H206a21; T601c21]

問 若爾, 與終教中法性土 何有別乎[238].

答 彼亦不同, 所以何者[239], 彼教所明, 但修人所證, 寂照照寂能所平等一實如, 爲佛土, 非隨衆生妄識所生等種種法, 即爲其[240]. 故[241]唯自定慧等智 所識[242]之分齊. 在此[243]一乘中即其事法不壞, 全攝爲佛土故也.

---

238 何有別乎: 변격한문. 정격한문이라면 '何別乎' 또는 '有何別乎'로 표현할 수 있다.

239 所以何者: 변격한문. 정격한문이라면 '所以者何' 또는 '何以故' 등으로 표현할 수 있다.

240 非隨衆生妄識所生等種種法, 即爲其: 변격한문. 정격한문이라면 '非隨衆生妄識所生等種種法, (即)爲之(也)'로 표현할 수 있다.

241 其故: ㉠故其

242 識: ㉠㉡證

243 此: ㉡없음.

문 그렇다면 종교終教의 법성토法性土와는 어떤 차별이 있습니까?

답 그것도 같지 않다. 그 이유는 그 (종)교에서 밝힌 (법성토는) 수행자가 증득한 적조寂照하고 조적照寂하며 주관과 객관이 평등平等한 하나의 참된 진여[一實如]를 불토라고 한 것으로 중생의 망식妄識이 만들어낸 것 등 여러 가지 존재들[種種法]을 따라서(=포괄하여) 곧 그것(=법성토)으로 하지 않았다. 그러므로 오직 자신의 정혜定慧 등의 지혜를 갖춘 사람만 아는 분제分齊다. (그와 달리) 이 일승에서는 곧 그 사법事法을 부정하지 않고 모두 포섭하여 불토로 하기 때문이다.

044 • [H206b04; T601c27]

問 經云, 欲知至大有小相者, 大因緣成, 大即爲小相耶, 不耶.

答 得. 大因緣成 即有小相, 此大全小因緣成故.

문 『(화엄)경』에서 "지극히 큰 것[至大]에 작은 모습[小相]이 있음을 알기 위하여 (보살은 이 때문에 처음 발심하였네)"[244]라고 하였는데 큰 것[大]이 인因·연緣으로 이루어졌으므로 큰 것이 곧 작은 모습이 된다는 것입니까, 그렇지 않은 것입니까?

답 그렇다고 할 수 있다. 큰 것은 인·연으로 이루어졌으므로 곧 작은 모습이 있다. 이 큰 것은 온전히 작은 것의 인·연으로 이루어졌기 때문이다.

---

244 『華嚴經』(佛陀跋陀羅역) 권8 十住品第十一 "欲知至大有小相, 菩薩因此初發心"(T09.447b03)

045 • [H206b07; T602a01]

問 若爾, 因緣全別, 云何即爲其乎[245].

答 以因緣別故, 無關而非他故, 即爲其[246].

245 即爲其乎: 변격한문. 정격한문이라면 '即爲如是乎'로 표현할 수 있다.

246 即爲其: 변격한문. 정격한문이라면 '即爲如是'로 표현할 수 있다.

문 그렇다면 인과 연이 전혀 다른데 어떻게 그렇게 될 수 있습니까?

답 인과 연은 서로 다르고 관계도 없지만 남[他]이 아니므로 곧 그렇게 된다.

046 • [H206b10; T602a03]

問 若所成即是者[247], 能成因緣亦爾.

答 亦得即是[248], 隨須無妨故, 即中中自在. 能成因緣既爾, 所成之法亦爾, 一切因緣法皆如是可知.

247 若所成即是者: 변격한문. 정격한문이라면 '若所成(即)如是者'로 표현할 수 있다.

248 亦得即是: 변격한문. 정격한문이라면 '亦得(即)如是'로 표현할 수 있다.

문 만약 (인·연으로) 이루어지는 것[所成]이 곧 이러하다면 이루는 것[能成]인 인·연도 그러할 것입니다.

답 (인·연도) 곧 이러할 수 있으니 필요한 바에 따라 막히지 않아 상즉[卽]과 상입[中]에 자재自在하다. 이루는 것[能成]인 인·연이 이미 이러하므로 이루어지는 존재[所成之法]도 그러하다. 일체의 인·연에 의한 존재[因緣法]가 모두 이와 같다는 것을 알 수 있을 것이다.

047 • [H206b14; T602a06]

問 如夢中所見法, 唯心量是[249]者, 三乘[250]教中 唯識門中 有何別乎[251].

答 少[252]不同. 唯識門者 雖所見法多, 而唯一識作, 無外別法也. 今所取者, 此心隨睡眠因緣, 作種種法時, 是諸法皆因緣之法, 無住無我法, 故無自住·無不[253]所是之義, 此義[254]隨因緣無住, 不隨作心, 故不同也.

249 唯心量是: 변격한문. 정격한문이라면 '唯是心量'으로 표현할 수 있다.

250 三乘: ㊅三

251 三乘教中 唯識門中 有何別乎: 변격한문. 정격한문이라면 '與三乘教中唯識門 有何別乎'로 표현할 수 있다.

252 少: ㊇㊎小

253 不: ㊅不時

254 此義: ㊇없음.

문 (이 세상이) 꿈에서 본 법法과 같이 오직 마음으로 헤아린 것이라는 것은 삼승교 중 유식문唯識門과 어떤 차이가 있습니까?

답 조금 다르다. 유식문에서는 보(여지)는 존재[法]들이 많지만 오직 하나의 식識이 만든 것이고 (식) 이외의 다른 존재는 없다. 지금 취하는 (일승의 견해는) 이 마음이 수면睡眠의 인·연을 따라 갖가지 존재[法]들을 만들어낼 때 (만들어진) 이 여러 존재는 모두 인·연에 의한 존재로 무주無住·무아無我의 존재다. 그래서 자신에 머무름이 없고 (무엇이든) 그렇게 되지 않음이 없다는 뜻이다. 이 (일승의) 뜻은 인·연의 무주無住를 따르고(=에 의거하고) (존재를) 만들어내는 마음[作心]을 따르지(=에 의거하지) 않으므로 (유식문과) 같지 않다.

048 • [H206b21; T602a13]

問 此因緣無住 即是所喻之緣起法, 云何爲能喻法乎.

答 即是因緣 非別喻. 然而迷人 此夢因緣法, 隨分可解故[255], 取喻諸因緣法耳.

---

255 然而迷人 此夢因緣法, 隨分可解故: 변격한문. 정격한문이라면 '然而迷人 亦隨分可解 此夢因緣法故'로 표현할 수 있다.

문 이 인연의 무주無住는 곧 비유의 대상이 되는(=비유로 밝히려는)[所喻] 연기법인데 어떻게 비유의 사례[能喻法]가 될 수 있습니까?

답 곧 인연(에 대해 이야기한 것)일 뿐 다른 것을 비유한 것이 아니다. 그러나 미혹한 사람도 이 꿈의 인연법에 대해서는 어느 정도 이해할 수 있으므로 그것을 가지고 인연법에 비유하였을 뿐이다.

049 • [H206c02; T602a16]

問 一乘中三處廻[256]向之義, 何爲[257].

答 謂廻向衆生菩提實際三處中, 無所廻向, 是名爲廻向.

256 廻: ㊅回. 이하도 같음.

257 何爲: 변격한문. 정격한문이라면 '何耶'로 표현할 수 있다.

문 일승에서의 '세 곳에 회향한다[三處回向]'는 무슨 뜻입니까?

답 중생과 보리菩提와 실제實際의 세 곳에 회향할 때 회향하는 바가 없는 것을 회향이라고 부른다.

050 • [H206c05; T602a18]

問 既三處中向[258], 云何無所向乎.

答 菩薩起行中, 即爲衆生故[259], 又菩薩行 無衆生不起故[260], 衆生所與[261], 由此二義故, 菩薩行 古[262]以衆生物[263], 非適今迴向. 解如是義, 即無能所二中入[264], 名爲迴向[265]. 又菩提迴向者, 菩薩行 從菩提生, 爲成菩提故, 古[266]以是菩提具[267] 無更所迴向處故[268]. 又菩薩行, 即如實法, 爲顯如實,

---

258 既三處中向: 변격한문. 정격한문이라면 '既向三處'로 표현할 수 있다.

259 菩薩起行中, 即爲衆生故: 변격한문. 정격한문이라면 '菩薩起行, 即爲衆生故'로 표현할 수 있다.

260 又菩薩行 無衆生不起故: 변격한문. 정격한문이라면 '又菩薩 無衆生不起行故'로 표현할 수 있다.

261 衆生所與: 변격한문. 정격한문이라면 '所與衆生者'로 표현할 수 있다.

262 古: ㉠故

263 古以衆生物: 변격한문. 정격한문이라면 '自古衆生物' 또는 '本來衆生物'로 표현할 수 있다.

264 即無能所二中入: 변격한문. 정격한문이라면 '即入能所無二'로 표현할 수 있다.

265 向: ㉧㉮없음.

266 古: ㉠故

267 古以是菩提具: 변격한문. 정격한문이라면 '自古具菩提' 또는 '本(來)具菩提'로 표현할 수 있다.

268 無更所迴向處故: 변격한문. 정격한문이라면 '更無所迴向處故'로 표현할 수 있다.

古[269]以實際具[270], 無別所廻向[271]. 如是三義故, 一切菩薩行無不爾, 解如是[272] 名爲廻向, 此義深趣緣起中道理. 三乘廻向者, 有隨事別廻向之義[273], 可知.

---

269 古: ㊈故

270 古以實際具: 변격한문. 정격한문이라면 '自古具實際' 또는 '本(來)具實際'로 표현할 수 있다.

271 無別所廻向: 변격한문. 정격한문이라면 '別無所廻向'으로 표현할 수 있다.

272 是: ㊉是義

273 有隨事別廻向之義: 변격한문. 정격한문이라면 '隨事(有)別廻向之義'로 표현할 수 있다.

문 이미 세 곳에 회향하는데 어째서 회향하는 바가 없다고 합니까?

답 보살이 행行을 일으키는 것은 곧 중생을 위한 것이고 보살의 행行은 중생이 없으면 일으키지 않으므로 중생에게 주는 것이다. 이 두 가지 뜻 때문에 보살의 행은 옛날부터 중생의 것이며 단지 지금 (중생에게) 회향하는 것이 아니다. 이러한 뜻을 이해하여 곧 주체[能, 보살을 가리킴]와 객체[所, 중생을 가리킴]의 둘이 없음(을 아는 경지)에 들어가는 것을 (중생) 회향이라고 한다. 또한, 보리회향菩提回向은 보살의 행은 깨달음[菩提]에서 나오고 보리를 이루기 위한 것이므로 (보살의 행은) 옛날부터 보리를 갖추었으며 다시 회향할 곳이 없다. 또한, 보살의 행은 곧 여실법如實法이고 여실(법)을 드러내려는 것이므로 옛날부터 실제實際를 갖추어 다시 따로 회향할 곳이 없다. 이러한 세 가지 뜻으로서 일체 보살의 행이 그러하지 않음이 없는데 이러한 뜻을 이해하는 것을 회향이라고 한다. 이 뜻은 연기의 도리[緣起中道理][274]에 깊이 나아간 것이다. (일승과 달리) 삼승의 회향은 구체적 일[事]을 따라 개별적으로 회향하는 뜻이 있음은 가히 알 수 있을 것이다.

---

274 연기의 도리[緣起中道理]: 연기 중도의 이치로 해석될 수도 있다.

051 • [H207a02; T602a28]

問 或有文云, 菩薩發心, 一切衆生已度以後成佛, 或云, 爲欲度衆生故修行菩提, 若未得菩提者不能度衆生故. 菩薩言行相應, 若如前者 何故衆生未盡[275] 而菩薩已成佛, 若如後文, 先[276]成佛者 云何與前相應行乎.

答 此處實難解, 然自所證之理智無障礙故, 隨機緣敎, 何有相違. 謂衆生即菩薩故, 菩薩成時無不成衆生故, 永度[277]衆生方成佛 亦得. 以菩薩即衆生故, 菩薩永無成佛時 亦得. 菩薩衆生不亂故, 先自成方能度衆生, 自無德能度他者, 無有[278]是處故 亦得. 菩薩與衆生不相知故, 菩薩非能度, 衆生非所度 亦得. 如是四句 遮過遣非顯德等中自在也.

275 盡: ㊂盡敎

276 先: ㊀㊎없음.

277 永度: 변격한문. 정격한문이라면 '已度' 또는 '盡度'로 표현할 수 있다.

278 有: ㊂經

문 어떤 글에서는 보살이 일체중생을 모두 제도한 이후에 부처가 되겠다고 발심하였다고 하고 어떤 글에서는 만약 보리를 얻지 못하면 중생을 구제할 수 없으므로 중생을 구제하기 위하여 보리를 수행했다고 합니다. 보살은 말과 행동이 상응해야 하는데 만약 앞의 글에 따른다면 중생을 다 제도하지도 못하였는데 어째서 보살은 이미 부처가 되었습니까? 만약 뒤의 글에 따른다면 먼저 부처가 되는 것이 어떻게 전자와 상응하여 행할 수 있습니까?

답 이것은 참으로 난해하다. 그러나 스스로 깨달은 이치와 지혜에 막힘이 없고 (중생의) 근기와 인연을 따라 말씀하신 것이니 어찌 서로 모순되겠는가. 즉, 중생이 바로 보살이므로 보살이 부처가 될 때 (성불을) 이루지 못하는 중생이 없게 되므로 중생을 완전히 제도하고 비로소 부처가 된다고 하는 것도 옳고, 보살이 곧 중생이므로 보살이 영원히 부처가 되는 때가 없다고 하는 것도 옳다. (또한,) 보살과 중생은 뒤섞이지 않으므로 먼저 스스로 (성불을) 이룬 후에 비로소 중생을 제도할 수 있지 자신에게 덕이 없으면서 남을 제도하는 것은 있을 수 없다고 해도 옳고, 보살과 중생은 불상지

不相知[279]하므로 보살은 제도하는 주체가 아니고 중생은 제도되는 대상이 아니라고 해도 옳다. 이러한 사구四句[280]로 과실을 막고[遮過] 옳지 못함을 버리고[遣非] 덕을 드러냄[顯德] 등에서 자재自在하다.

279 불상지不相知: 화엄학에서 不相知는 각각의 존재가 서로 긴밀히 연결되어 있지만 각기 自性과 작용이 다르므로 다른 존재를 완전히 포섭하거나 일방적으로 영향을 미칠 수 없다는 의미를 갖는다.

280 사구四句: 어떤 法에 대하여 有·無·亦有亦無·非有非無와 같이 단순 긍정, 단순 부정, 복합 긍정, 복합 부정 네 가지 경우를 제시하여 살펴보는 것.

052 • [H207a17; T602b12]

問 菩薩代受衆生苦時中[281], 衆生惡業爲因所生苦, 爲自爲果[282]受耶, 以衆生業所生苦令捨, 以自業所感苦受[283]. 若如前者 云何他作業自受, 若如後者 但受自苦不代衆生.

答 竝得, 隨須處自在, 故非如三乘教義. 深可思也(云云).

281 菩薩代受衆生苦時中: 변격한문. 정격한문이라면 中 없이 '菩薩代受衆生苦時'로 표현할 수 있다.

282 自爲果: 변격한문. 정격한문이라면 '自(所)作果'로 표현할 수 있다.

283 受: ㉧受苦

문 보살이 중생의 고통을 대신 받을 때 중생의 악업을 인因으로 하여 생겨난 고통을 자신이 지은 과보로 하여 받는 것입니까, 아니면 중생의 업으로 생겨난 고통은 버리고 자신의 업에 감응한 고통을 받는 것입니까? 만약 전자라면 남이 지은 업을 어떻게 자신이 받을 수 있으며 만약 후자라면 다만 자신의 고통을 받는 것이지 중생을 대신하는 것은 아닐 것입니다.

답 둘 다 된다. 필요한 곳에 따라 자재自在하므로 삼승교의 뜻과 같지 않다. 깊이 생각해야 할 것이다云云.

053 • [H207a23; T602b18]

問 起信論以真如熏無明, 無明熏真如, 其相云何.

答 不他故, 不相知故. 謂真如平等義, 無明迷自義. 非真如無無明, 非無明無真如, 是故互熏也[284], 此義即顯事理明闇相即相融義, 入無分別理也.

---

284 也: ㊈없음.

문 『기신론起信論』에서 진여로 무명無明을 훈습하고 무명으로 진여를 훈습한다는데[285] 그것은 어떤 모습입니까?

답 남이 아니기 때문이고 불상지不相知하기 때문이다. 즉, 진여는 평등平等하다는 뜻이고 무명은 스스로 미혹된다는 뜻이니 진여가 없으면 무명이 없고 무명이 없으면 진여가 없다. 그래서 서로 훈습한다. 이 뜻은 곧 사事·리理, 명明·암闇의 상즉相即과 상융相融하는 뜻과 분별함이 없는 경지에 들어가는 이치를 드러낸 것이다.

---

285 『大乘起信論』"熏習義者。如世間衣服實無於香。若人以香而熏習故則有香氣。此亦如是。眞如淨法實無於染。但以無明而熏習故則有染相。無明染法實無淨業。但以眞如而熏習故則有淨用。云何熏習起染法不斷。所謂以依眞如法故有於無明。以有無明染法因故即熏習眞如。以熏習故則有妄心。以有妄心即熏習無明。不了眞如法故不覺念起現妄境界。以有妄境界染法緣故即熏習妄心。令其念著造種種業。受於一切身心等苦"(T32.0578a17~27)

054 • [H207b05; T602b23]

問 五門[286]論者等 約自體緣起中[287], 明圓[288]明具德·無礙自在義, 與嚴師別教一乘普法, 有何別乎.

答 此義難別, 然少[289]有方便. 謂彼師等, 約相融離[歸?][290]性自體門, 明無礙自在義, 非即約相事 明如如無礙義故, 在於同教分齊, 此師等, 即約相[291]明無障礙義故, 當別教分齊耳.

286 門: ㉾問

287 約自體緣起中: 변격한문. 정격한문이라면 中 없이 '約自體緣起'로 표현할 수 있다.

288 圓: ㊓員

289 少: ㉾㊎小

290 離[歸?]: 저본에는 離이지만 내용상 歸의 오류로 생각된다.

291 相: ㉾相事

문 오문론자五門論者[292]들은 자체연기自體緣起에 의거하여 (존재들이) '완전히 밝고 덕을 다 갖추고서[圓明具德] 막힘 없이 자재한다[無礙自在]'는 뜻을 밝혔는데 지엄 스님의 별교일승別教一乘의 보법普法과는 어떤 차이가 있습니까?

답 이 뜻은 구별하기 어렵다. 그러나 (구별하는) 약간의 방편이 있다. 즉, 그 (오문론자) 스님 등은 현상[相]을 뭉뚱그려 본성으로 돌린[歸性][293] 자체문自體門에 의거하여 막힘 없이 자재한[無礙自在] 뜻을 밝힌 것이지 곧바로 현상[相]과 (구체적) 일[事]에 의거하여 본래의 막힘 없는[如如無礙] 뜻을 밝힌 것이 아니므로 동교同教의 분제分齊에 해당한다. 우리 스님(=지엄) 등은 현상[相]과 일[事]에 의거하여 막힘과 걸

---

292 오문론자五門論者: 남북조시대 말기 북조의 東魏와 西魏 지역에서 활동하였던 불교사상가들이다. 후대의 불교계에는 이들의 존재가 알려지지 않았지만 돈황 문헌 등에서 이들에 관한 일부 자료가 발견되면서 개략적인 모습이 알려졌다. 최근 연구에 의하면 이들은 地論宗 南道派 계통에 속하는 사람들로 기존 (대승) 불교의 이론들을 佛性門·衆生門·修道門·諦門·融門의 5門으로 정리하였고 특히 諸法의 不二를 이야기하는 融門을 중시하였는데 그중에서도 모든 존재의 본질적 동일성을 이야기하는 法界體性門을 최고의 법문으로 여겼다. 法界體性은 모든 존재의 근저에 존재하는 진리성으로 法界·法性·法界性 등과 같은 의미를 지녔다. 또한, 이들은 여래장사상에서 발전한 중생에 내재하는 진리성인 佛性도 법계체성과 같은 의미로 받아들였으며 때로는 법계체성을 불성보다 더 근원적인 진리를 가리키는 것으로 간주하였다. 한편, 이들은 법계체성의 입장에서 대립하는 모든 요소의 융합을 추구하는 '圓融' '無礙' '中道' 등을 강조하였다. 훗날 이들의 사상은 천태종, 화엄종, 선종 등으로 계승되었다[荒牧典俊, 「北朝後半期佛教思想史序說」, (荒牧典俊편)『北朝隋唐中國佛教思想史』, 2000, 法藏館, pp.43-50; 아오키 타카시青木隆, 「돈황 사본에서 본 지론地論교학의 형성」, (금강대불교문화연구소편)『지론 사상의 형성과 변용』, 2010, 씨아이알, pp.78-81; 石井公成, 「『大乘五門實相論』について」, 『印度學佛教學研究』60-1, 日本印度學佛教學研究會, 2011, pp.22-25 참조].

293 본성으로 돌린[歸性]: 원문에는 離性으로 되어 있지만 맥락상 의미가 연결되지 않는다. 오문론자들의 주장을 同教의 분제라고 하였는데 동교의 성격으로 '攝相歸性'이 이야기되는 것을 고려하면 離는 歸의 오류일 가능성이 크다. 따라서 歸性의 의미로 번역하였다.

림 없는[無障礙] 뜻을 밝혔으므로 별교別教의 분제分齊에 해당한다.

055 • [H207b12; T602b29]

問 如來藏自體中, 明無礙自在 即是熟教等義, 何故爲同教分齊乎.

答 此師等 不別教分齊[294]故. 一乘別教義 在[295]於藏相明也, 此義但在於藏體同一乘是義[義, 是?][296]故同教分齊耳. 若約聖教臨機說 分齊別[297]者, 其相炳別[298], 何得不別. 謂涅槃等 約如來藏[299]無二義門, 臨根熟二乘等機說, 說處時亦別, 華嚴教者 成道第二七日 十世九世時中, 約一中多多中一一[300]即多多即一等 一切事理等法界法門, 臨普賢等一向大機說, 機教旣別 其宗豈同乎, 可准解也.

---

294 不別教分齊: 변격한문. 정격한문이라면 '非別教分齊'로 표현할 수 있다.

295 在: ㊂㊎㊈存

296 是義[義, 是?]: 저본에는 是義로 되어 있지만 내용상 是와 義가 도치된 것으로 생각된다.

297 分齊別: 변격한문. 정격한문이라면 '別分齊'로 표현할 수 있다.

298 別: ㊂然

299 藏: ㊀없음

300 一一: ㊂二(甲)

문 여래장如來藏의 자체自體에서 막힘 없이 자재함[無礙自在]을 밝혔으니 곧 숙교熟教 등의 뜻인데 어째서 동교同教의 분제라고 하십니까?

답 이 (오문론자) 스님들(의 주장)은 별교別教의 분제가 아니기 때문이다. 일승별교一乘別教의 뜻은 (여래)장의 상相에서 드러나는데 이들의 뜻은 다만 (여래)장의 체體의 측면에서 일승(의 뜻)과 같다. 그래서 동교의 분제이다. 만약 부처님의 가르침이 근기에 맞추어 이야기된 것에 의거하여 분제를 구별한다면 그 모습이 확연히 다르니 어떻게 구별하지 않겠는가. 즉, 『열반경』 등에서 여래장은 둘이 없다는 뜻의 가르침에 의거하여 근기가 무르익은 이승 등의 근기를 상대하여 설하였으며 설한 장소와 시간도 달랐다. 『화엄경』은 (부처님께서) 성도하신 두 번째 7일의 10세世·9세世의 때에 일중다一中多·다중일多中一, 일즉다一即多·다즉일多即一 등의 일체의 사법계事法界와 리법계理法界 등의 법문에 의거하여 보현보살 등의 순수한 (일승의) 큰 근기[一向大機]를 상대하여 설한 것이다. 근기와 가르침이 이미 다르니 그 궁극적 가르침[宗]이 어찌 같겠는가. 이에 준하여 이해할 수 있을 것이다.

056 • [H207b24; T602c10]

疏云, 九種阿含證十地爲宗者, 一者行教相對, 謂一切言教爲阿含, 即能詮教, 此[301]教所詮一切行德等爲證, 下[302]論云 如[303]字藏·義藏是也.

二者位地相對, 謂地前一切行德 依教修故爲阿含, 地上一切行德教義等 但依證位修行故 皆名爲證也, 此下論地前異生衆爲阿含淨, 地上同生衆爲證淨等也.

三者修成相對者, 地上諸地聞思修等方便行及地前加行以所生[304] 自類報生識智, 別相可說爲阿含, 真無流證真如智等爲證, 以不可說相故. 此即下論聞思修等可說, 地智離文不可說事[305]也.

四者真僞相對者, 約真證智, 從前後方便說彼智現示等爲阿含, 捨方便當[306]真證智, 不可說爲證, 此下[307]論 義大不可說·說大

301 此: ㊎是

302 下: ㊍如下

303 如: ㊍없음.

304 以所生: 변격한문. 정격한문이라면 '所生'으로 표현할 수 있다.

305 事: ㊈等

306 當: ㊍없음.

307 下: ㊍當下

可說, 說大者, 因成就[308], 謂慈悲願力也, 因漸漸成就[309]大 聞思修等也. 教說修成熟[就?][310]大, 謂觀修滿足[311]等. 言觀修者, 從前[312]方便說彼真證智除障自照之義. 滿足修者 從彼[後?][313]方便說彼真證恒沙德具足現也. 義大者, 捨詮談自證智, 唯證智[314]乃知, 不可示說, 故義大爲證也.

五者相實相對者, 證[315]以前方便際中 顯現彼證相爲阿含, 即此捨現相入契實證爲證, 此下論如[316]增上妙法[317]·光明法門等. 言增上妙法者, 證之[318]. 增前相故爲增上, 離相細體故爲妙法也, 光明法門者阿含, 以能照顯彼證法故也.

六者體德相對者, 約離相真證中 如自體明顯名爲證, 即此體隨順方便修[319], 能成諸德名爲阿含, 從彼教修行, 行成德故, 下論如[320]金體·莊嚴所況等也.

---

308 就: ㊈熟

309 就: ㊉熟

310 熟[就?]: 저본에 熟이지만『공목장』의 내용에 의거할 때 就의 잘못으로 파악된다.

311 滿足: 내용상 뒤에 修가 결락되었다.

312 前: ㊎前前

313 彼[後?]: 저본에 彼이지만 내용상 後의 오자로 생각된다.

314 智: ㊉㊎㊈없음.

315 證: ㊉謂?

316 下論如: ㊉如下論

317 法: ㊅없음.

318 證之: 변격한문. 정격한문이라면 '證也'로 표현할 수 있다.

319 此體隨順方便修: 변격한문. 정격한문이라면 '修隨順此體方便'으로 표현할 수 있다.

320 下論如: ㊉如下論

七者體用相對者, 彼前體德含爲證, 依彼證隨機緣所起教[321]智用爲阿含, 如後得智中起教用等也, 此下論如[322]珠·光等所況等也.

八者自分勝進相對者, 前體德用, 以自分所得名爲證, 上地所未得中明解 爲阿含, 此下論[323] 讚金剛藏德中 有證阿含二淨也.

九者詮實相對者, 無住大虛空爲證, 於虛空中所盡[書?][324]十地教義等諸法門, 雖與虛空無異相, 而非全無[325], 爲阿含也, 此下論[326] 虛空處·鳥迹所況義等也.

---

321 教: ㉢故

322 下論如: ㉠如下論

323 下論: ㉠如下論

324 盡[書?]: 저본에는 盡이지만 내용상 書의 오자로 생각된다.

325 非全無: ㉠全無數故, ㉮全無故

326 下論: ㉠如下論

『疏』(=『수현기』)[327]에서 (『화엄경』「십지품」은) 아홉 가지 아함阿含[328]으로 십지十地를 깨닫는[證] 것을 궁극적 가르침[宗]으로 한다고 하였는데 첫 번째는 행行과 교教의 상대相對로서, 일체의 언교言教는 아함으로서 곧 능전能詮인 교教이고 이 교의 소전所詮인 일체 행덕行德 등은 깨달음[證]이다. 『(십지)론』의 뒷부분에서 이야기하는 문자의 가르침[字藏]과 뜻의 가르침[義藏][329]이 이에 해당한다.

---

327 이 부분은 『搜玄記』의 내용에 의거한 것이지만 구체적 표현에 차이가 있다. [『搜玄記』 卷3上 "又論言阿含者有九種。一行教相對。音聲言教名爲阿含。一切功德說以爲證。猶下說中字義兩藏是也。二位地相對。解行已前依教修行名爲阿含。初地已上說之爲證。猶下解脫第二請中歎衆是也。地前所起聞思修等名阿含淨。初地已上一切行德通名證淨。三修成相對。一切地中聞思修慧報生識智。此等四心緣照之解名曰阿含。真智出言說以爲證。故下論言。聞思修等是則可說。以可說故名爲阿含。地智離文。名之爲證。四真偽相對。一切地真偽合修名曰阿含。捨偽契實名之爲證。猶下所明義說二大。說大阿含方便修也。義大是證行成就也。五相實相對。世間修中得彼證相名阿含。契本實相名之爲證。猶下所說增上妙法光明法門。增上是證。光明是教也。六體德相對。就彼離相所成行中。無始法性本隱今顯。名之爲證。依本所成方便行德。依教修生名爲阿含。猶下文中鍊金所況。金體喻證。環釧嚴具喻於阿含。七體用相對。前體及德相從爲證。依此所起。隨順世間教智之用名爲阿含。猶下文中珠光明等所況法是。珠輪等淨喻於證體。光焰等喻於阿含。八自分勝進相對。自分所成體德及用皆名爲證。能受佛教稱曰阿含。猶下文中歎金剛藏二力是也。妙智及辯名爲證力。於佛教法念堅淨慧名阿含力。九約詮就實相對。真智之體說以爲證。即此證體約言分十名爲阿含。猶下文中虛空跡處所況法是。虛空平等喻地證智。故下論言。字身住處證智所攝。空中之跡喻地阿含。故下論言。非無地智名句字身。名句字身是阿含法也。此之阿含及證通上及下。可准思攝。餘相知之。"(T35.050b18~c22)]

328 아함阿含: 범어 āgama의 음역어로 가르침, 전해진 법 등의 의미를 갖는다. 주로 초기 불교의 경전을 가리키는 용어로 사용되지만 여기서는 깨달음[證](의 내용)과 상대되는 그에 이르는 방법(의 내용)을 의미하고 있다.

329 문자의 가르침[字藏]과 뜻의 가르침[義藏]: 『十地經論』(天親造, 菩提流支譯) 권2, "承諸佛神力 爲開法王藏 諸地上妙行 分別智地義. 歎此法藏有二種。一義藏成就。二字藏成就。云何義藏。偈言 諸地上妙行。行者諸菩薩行。所謂助道法故。妙者眞實智故。上者神力勝故。如是顯示深妙勝上故。云何字藏。偈言 分別智地義。分別者說十地差別故。此偈中何故顯承佛神力說。或有衆生於如來所生輕慢想已。自不能請他而說。爲遮此故。如是請說法已"(T26.131c22~132a02)

두 번째는 (십지 이전의) 위계와 십지의 상대相對로서 (십)지 앞 단계의 일체 행덕은 교敎에 의거하여 닦는 것이므로 아함이고 십지 단계의 일체 행덕과 교의敎義 등은 다만 증위證位에 의거하여 수행하는 것이므로 모두 깨달음[證]이다. 이것은 『(십지)론』의 뒷부분에서 (십)지 이전의 이생중異生衆을 아함정阿含淨이라고 하고 (십)지의 동생중同生衆을 증정證淨이라고[330] 한 것 등에 해당한다.

세 번째는 닦음[修]과 이룸[成]의 상대相對로서 십지의 각 지에서 닦는 문聞·사思·수修 등의 방편행(의 지혜) 및 십지 이전의 가행加行[331]으로 생겨난 자류自類의 보생식지報生識智[332]는 별상別相이어서 말로 표현할 수 있으므로[可說] 아함이고 진무류증진여지真無流證真如智[333] 등은 말로 표현할 수 없는 것[不可說相]이므

---

330 『十地經論』(天親造, 菩提流支譯) 권1, "論曰。聖者解脱月何故復歎此衆。上言世間證信者難得。示現此衆有堪能故。善淨深心者是總。此善淨深心有二種。一阿含淨。二證淨。是阿含淨有五種。一者欲淨。隨所念阿含得方便念覺淨。如經善清淨諸念故。二者求淨。得隨順身口敬行。如經善集諸行故。三者受持淨。於無量世多聞憶持不謬故。如經多親近諸佛故。四者生得淨。願得上上生勝念勝。如經善集助道法故。五者行淨。求善證法習少欲頭陀等成就多功德。如經具足無量功德故。證淨者有四種。一者得淨。現智善決定故。如經離癡疑悔故。二者不行淨。修道中一切煩惱不行故。如經無有染汚故。三者無厭足淨。不樂小乘得上勝悕望心。如經善住深心信故。深心者悕欲故。信者決定故。復念持彼功德故。四者不隨他教淨。趣盡道中自正行故。如經於佛法中不隨他教故"(T26.0129b06~b23)

331 가행加行: 十回向에서 十地의 중간 단계인 加行位 보살의 수행을 가리키는 것으로 생각된다.

332 (십)지의 각 지에서 닦는 문聞·사思·수修 등의 방편행 및 (십)지 이전의 가행加行으로 생겨난 자류의 보생십지[地上諸地聞思修等方便行及地前加行以所生自類報行識智]: 『수현기』에는 '一切地中聞思修慧報生識智'로 되어 있다.

333 진무류증진여지真無流證真如智: 『수현기』에는 眞智로 되어 있다. 無流는 無漏의 의미이다.

로 깨달음[證]이다. 이것은 『(십지)론』의 뒷부분에서 문聞·사思·수修 등은 말로 표현할 수 있고 십지의 지혜[地智]는 문자를 여의어서 말로 표현할 수 없는 일[不可說事]이라고 한 것에 해당한다.

네 번째는 참[真]과 거짓[僞]의 상대相對로서 진증지真證智[334]에 있어서 앞뒤의 방편으로 그 (진증)지를 말하여 드러내는 것 등은 아함이고 방편을 버리고 진증지真證智를 마주하는 것은 말할 수 없는 것이므로 깨달음[證]이다. 이것은 『(십지)론』 뒷부분의 의대義大는 말할 수 없고[不可說] 설대說大는 말할 수 있다[可說]는 것에 해당한다.[335] 설대說大는[336] (먼저) 인성취因成就[337]가 있

---

334 진증지真證智: 앞의 진무류증진여지真無流證真如智를 가리킨다.

335 『十地經論』(天親造, 菩提流支譯) 권2, "此中深故。示義大踊悦。何故我復説此。汝等不應如聲取義。隨聲取義有五種過。一不正信。二退勇猛。三誑他。四謗佛。五輕法。大衆自知無此五過已説深義。復顯説大令生正信"(T26.133c14~18)

336 이하에서 이야기하는 說大의 因成就(大), 因漸(漸)成就大。教説修成就大에 대해서는 『공목장』 관련 내용이 보인다(『華嚴經内章門等雜孔目章』 권3 「請分末證教二大章」 "教大者有其三種。一因成就大。二因漸成就大。三教説修成就大。因成就大者。地論偈言。慈悲及願力。因此剋證故名爲因大。位在地前。因漸成就大者。偈言漸次故。漸者説聞思慧等次第。乃至能生出世間智因故。何者教説修成就大。有二種。一滿足修。二觀修。滿足修者。偈言。非心境故。非心境者。此句示現聞思慧等雜境界處。唯是智因。能生出世間智。而此不能滿彼出世間智地。偈言。智滿如淨心故。如出世間清淨心。能滿彼智地故。觀修者。偈言。是境界難見難説。自心知我承佛力説。咸共恭敬聽。此偈顯何義。是境界難見。自心清淨可見。此境界不可説。如是教説修成就已" T1870_.45.0562b12~25; 권4 「梵本同異義」 "法界品前。文殊遊行南方已後經文。即是教大之中三大義也。從前文殊至後彌勒。是因漸成就大。從後文殊至後普賢。是因成就大。由是普法故。普賢偈文。是教説修成就大。由在因中教説佛證故。此有二義。一者證修初地已上通其佛地。是證分齊。今依教説。名教説修成就大。二者觀修依地前比位意言無分別觀。今依教説。名教説修成就大。此教説修。通在因成就及因漸成就二大位中。離過顯理用也"(T45.0588c19~28).

337 인성취因成就: 『공목장』에는 因成就大로 되어 있다.

으니 곧 자비원력慈悲願力이다. (다음으로) 인점점성취대因漸漸成就大[338]가 있으니 문聞·사思·수修 등이다. (다음으로) 교설수성취대教說修成就大가 있으니 곧 관수觀修와 만족수滿足修 등이다. 관수觀修는 앞의 방편으로 그 진증지眞證智가 장애를 제거하고 스스로 비추는 뜻을 말한다. 만족수滿足修는 뒤의 방편으로 그 진증(지)가 항하수(의 모래알)처럼 많은 덕을 갖추고 드러나 있음을 말한다. 의대義大는 설명[詮談]을 여읜 자증지自證智로서 오직 증지證智(의 사람)만 알 수 있고 드러내 설명할 수 없다. 그래서 의대를 깨달음[證]이라고 한다.

다섯 번째는 상相과 실實의 상대相對로서 깨달음 이전의 방편 때 그 깨달음의 상相을 드러내는 것은 아함이고 곧 이 상을 드러내는 것을 버리고 실제 깨달음에 들어가 계합하는 것이 증證이다. 이것은 『(십지)론』 뒷부분의 증상묘법增上妙法과 광명법문光明法門 등에[339] 해당한다. 증상묘법增上妙法은 깨달음[證]이다. 앞의 상相을 늘리므로 증상增上이고 상을 여읜 세밀한 체體이므로 묘법妙法이다. 광명법문光明法門은 아함으로 그 깨달은 법을 비추어 드러낼 수 있기 때문이다.

---

338 인점점성취대因漸漸成就大: 『공목장』에는 因漸成就大로 되어 있다.

339 『十地經論』(天親造, 菩提流支譯) 권1, "諸佛子。此菩薩十地過去未來現在諸佛已說今說當說。佛子。我不見有諸佛世界是諸如來不歎說此菩薩十地者。何以故。此是菩薩摩訶薩增上勝妙法故。亦是菩薩光明法門。所謂分別十地事。諸佛子。是事不可思議。所謂菩薩摩訶薩諸地智慧"(T26.126c08~13)

여섯 번째는 체體와 덕德의 상대相對로서 상相을 여읜 참된 깨달음[真證]에서 자체自體 그대로 밝게 드러난 것을 깨달음[證]이라고 하고 곧 이 체體에 수순隨順하는 방편을 닦아 여러 덕德을 이룰 수 있는 것을 아함이라고 한다. 그 가르침에 따라 수행하고 수행하여 덕을 이루기 때문이다. 『(십지)론』의 뒷부분에서 금金 자체와 (금을 이용한) 장엄구로 비유한 것 등에 해당한다.

일곱 번째는 체體와 용用의 상대相對로서 앞의 (여섯 번째의) 체와 덕을 포함한 것이 깨달음[證]이고 그 깨달음에 의거하여 근기와 인연에 맞춰 일으키는 교敎와 지智의 작용[用]이 아함이다. 후득지後得智에서 교敎의 작용 등을 일으키는 것과 같다. 이것은 『(십지)론』의 뒷부분에서 구슬과 (구슬의) 빛 등으로 비유한 것에 해당한다.

여덟 번째는 자분自分과 승진勝進의 상대相對로서 앞의 체와 덕과 용은 자분自分으로 얻은 것이므로 깨달음[證]이라고 하고 윗단계[上地]의 아직 얻지 못한 것을 설명한 것[明解]이 아함이다. 이것은 『(십지)론』의 뒷부분에서 금강장金剛藏 보살의 덕을 찬탄할 때의 증정證淨과 아함정阿含淨의 두 가지 정淨에[340] 해당한다.

아홉 번째는 전詮과 실實의 상대相對로서 머무름이 없는 큰 허공[無住大虛空]은 깨달음[證]이고 허공에 쓰인 십지十地의 교의敎義 등과 같은 여러 법문은 허공과 다른 모습이 없지만 완전히 없는 것이 아니므로 아함이 된다. 이것은 『(십지)론』의 뒷부분에서 허공과 (그곳에 있는) 새의 자취를 비유한[341] 뜻 등에 해당한다.

340 『十地經論』(天親造, 菩提流支譯) 권1, "善淨深心者是總。此善淨深心有二種。一阿含淨。二證淨。是阿含淨有五種。一者欲淨。隨所念阿含得方便念覺淨。如經善清淨諸念故。二者求淨。得隨順身口敬行。如經善集諸行故。三者受持淨。於無量世多聞憶持不謬故。如經多親近諸佛故。四者生得淨。願得上上生勝念勝。如經善集助道法故。五者行淨。求善證法習少欲頭陀等成就多功德。如經具足無量功德故。證淨者有四種。一者得淨。現智善決定故。如經離癡疑悔故。二者不行淨。修道中一切煩惱不行故。如經無有染污故。三者無厭足淨。不樂小乘得上勝悕望心。如經善住深心信故。深心者悕欲故。信者決定故。復念持彼功德故。四者不隨他教淨。趣盡道中自正行故。如經於佛法中不隨他教故"(T26.0129b07~23)

341 『十地經論』(天親造, 菩提流支譯) 권2, "如空中鳥跡 難說不可見 十地義如是 不可得說聞. 此偈示何義。如鳥行空中。跡處不可說。相亦不可見。何以故。虛空處鳥跡相不可分別故。非無虛空行跡。如是鳥跡住處名句字身住處。菩薩地證智所攝。不可得說不可得聞。何以故。非如聲性故。非無地智名句字身。"(T26.133c07~14)

056-1 • [H208b04; T603a19]

問 是但約十地耶, 通地前耶.

答 說十地 即盡前位攝[342], 以六相說十入故, 可知也.

342 盡前位攝: 변격한문. 정격한문이라면 '盡攝前位'로 표현할 수 있다.

문 이것은 다만 십지十地에 대한 것입니까, 아니면 십지 이전 단계까지 포함한 것입니까?

답 십지를 이야기하면 곧 앞의 위계들을 다 포괄한다. (『십지론』에서) 육상六相[343]으로 십입十入[344]을 이야기하였으므로[345] 가히 알 수 있다.[346]

---

343 육상六相: 『화엄경』「십지품」에 나오는 '總相·別相, 同相·異相, 成相·壞相'의 총칭[『華嚴經』(實叉難陀譯) 권34 "又發大願願一切菩薩行。廣大無量。不壞不雜。攝諸波羅蜜。淨治諸地。總相別相。同相異相。成相壞相。所有菩薩行。皆如實說。教化一切。令其受行。心得增長。廣大如法界。究竟如虛空。盡未來際。一切劫數。無有休息"(T10.0181c23~28)]. 이 六相은 화엄교학에서는 존재들의 상호 무애한 관계를 이야기하는 주요 이론으로 활용되었다.

344 십입十入: 깨달음에 들어가는 열 가지 양태. 十入의 구체적 내용은 아래의 주석 참조.

345 『十地經論』(天親造, 菩提流支譯) 권1, "此修多羅中說依根本入有九種入。一者攝入。聞慧中攝一切善根故。如經攝一切善根故。二者思議入。思慧於一切道品中智方便故。如經善分別選擇一切佛法故。三者法相入。彼彼義中無量種種知故。如經廣知諸法故。四者教化入。隨所思義名字具足善說法故。如經善決定說諸法故。五者證入。於一切法平等智見道時中善清淨故。如經無分別智清淨不雜故。菩薩教化衆生即是自成佛法。是故利他亦名自利。六者不放逸入。於修道時中遠離一切煩惱障故。如經一切魔法不能染故。七者地地轉入。出世間道品無貪等善根淨故。如經出世間法善根清淨故。復有善根能爲出世間道品因故。八者菩薩盡入。於第十地中入一切如來祕密智故。如經得不可思議智境界故。九者佛盡入。於一切智入智故。如經乃至得一切智人智境界故。是諸入爲校量智義差別次第轉勝。非根本入。一切所說十句中。皆有六種差別相門。此言說解釋應知除事。事者謂陰界入等。六種相者。謂總相別相。同相異相。成相壞相。總者是根本入。別相者餘九入。別依止本滿彼本故。同相者入故。異相者增相故。成相者略說故。壞相者廣說故"(T26.124c1~125a05)

346 十入에 十地 이전 단계의 수행들이 포괄된 것처럼 아홉 가지 아함에도 十地 이전 단계의 수행들이 포괄된다는 의미이다.

057 • [H208b07; T603a21]

問 乃不知其相,何乎[347].

答 約十地者,加分中根本入,本分中願善決定,説分中發菩提心即是.是約實爲論,然而法門作不同[348].加分中十入合體相説[349].本分中開體相,六決定爲十地體,即是體中有總別相等説十地名爲相.説分中但約相門[350]廣現行德相,不同如是,然即其相門中 十十句等總別相等説者[351],爲欲顯示其諸行德 即是緣起無障礙[352]普法行德.然即是相無非體,體無非相,可知也.

347 乃不知其相何乎: 변격한문. 정격한문이라면 '乃不知其相如何'로 표현할 수 있다.

348 法門作不同: 변격한문. 정격한문이라면 '作法門則不同'으로 표현할 수 있다.

349 合體相說: 변격한문. 정격한문이라면 '合說體相'으로 표현할 수 있다.

350 門: ㊔㊎없음, ㊒斷

351 十十句等總別相等說者: 변격한문. 정격한문이라면 '說十十句等總別相等者'로 표현할 수 있다.

352 礙: ㊔㊎㊒即

문 그런데 그 모습을 모르겠습니다. 어떻게 됩니까?

답 십지十地의 경우, 가분加分[353] 중의 근본입根本入, 본분本分[354] 중의 원선결정願善決定[355], 설분說分[356] 중의 발보리심發菩提心이 바로 그것으로 이는 본질[實]에 의거하여 논한 것이다. 그러나 (구체적인) 법문의 방식은 같지 않다. 가분加分 중의 십입十入은 체體와 상相을 합하여 이야기하였고 본분本分에서는 체와 상을 나누었으니 육결정六決定[357]은 십지의 체體이고 이 체에 총상總相과 별상別相 등이 있고 십지의 이름을 이야기하는 것이 상相이다. 설분說分에서는 다만 상(의

---

353 가분加分: 『화엄경』 각 품의 단락 구분법 중 하나로 삼매에 든 보살이 부처님의 加被를 받아 화엄경의 가르침을 알게 되는 단락을 가리킨다. 본래 世親의 『十地經論』에서 『십지경』의 첫 부분인 初地에 대해 序分(경이 처음 설해지는 상황을 이야기한 부분), 三昧分(금강장보살이 삼매에 드는 부분), 加分(금강장보살이 삼매 중에서 부처님의 가피를 받는 부분), 起分(금강장보살이 삼매에서 나와 설법을 시작하려는 부분), 本分(금강장보살이 십지의 가르침을 설하는 부분), 請分(해탈월보살이 금강장보살에게 십지에 대한 설명을 요청하는 부분), 說分(금강장보살이 십지의 가르침에 대해 부연 설명하는 부분), 校量勝分(십지의 가르침의 뛰어남을 찬탄하고 이를 수행하고 널리 퍼뜨릴 것을 서원하는 부분) 7개 단락으로 나누었는데[十地經論(天親造, 菩提流支譯) 권1, "十地法門。初地所攝八分。一序分。二三昧分。三加分。四起分。五本分。六請分。七說分。八校量勝分"(T26.0123b23~25) 이후 지엄, 법장, 징관 등의 『화엄경』 주석서에서는 이를 모델로 하여 『화엄경』의 각 품을 5~10개 단락[分]으로 나누어 설명하였다.

354 본분本分: 『화엄경』 각 품의 단락 구분법 중 하나로 삼매에서 깨어난 보살이 부처님의 진리를 본격적으로 이야기하는 부분이다.

355 원선결정願善決定: 初地 이상의 보살이 부처님의 지혜에 의거하여 진리를 증득하는 여섯 가지 양상인 여섯 가지 (善)決定, 즉 六(善)決定을 갖추기를 발원하는 것이다.

356 설분說分: 『화엄경』 각 품의 단락 구분법 중 하나로 보살이 本分에서 이야기한 내용을 부연 설명하는 부분을 가리킨다.

357 육결정六決定: 初地 이상의 보살이 부처님의 지혜에 의거하여 진리를 증득하는 여섯 가지 양상으로 六善決定이라고도 한다. 觀相善決定, 眞實善決定, 勝善決定, 因善決定, 大善決定, 不怯弱善決定이며 이 六善決定에 대해서는 『孔目章』의 「本分中決定章」(T45.0561b12~c05)에서 자세히 설명하고 있다.

법)문에 의거하여 행덕行德의 모습을 널리 드러냈다. 이처럼 같지 않다. 그러므로 그 상(의 법)문에서 열 가지 십구十句 등과 총상·별상 등을 이야기한 것은 그 여러 행덕이 곧 연기무장애보법緣起無障礙普法의 행덕임을 드러내 보이려고 한 것이다. 그러니 곧 이 상은 체가 아님이 없고 체는 상이 아님이 없음을 알 수 있을 것이다.

058 • [H208b18; T603b01]

問 何故十入合體相說乎.

答 經云, 一切菩薩不思議諸佛法門[358]說 令入智慧地故, 諸佛法門[359]者 佛證智大虛空也, 智慧地者 十地智, 入者 即是十地智 入於佛智虛空. 若已入者, 即是一味, 無別體明入. 是故, 約一味[360]入 說十入爲 別以示現[361]. 若體門以[362, 363]十入全體, 若以相者 十入全相. 若總別者 九入全總根本入, 根本入全九入故, 非謂根本入體九入相也, 是故, 體相合說也. 本分中如是十入開, 體門爲六決定, 前相門爲十地名也.

---

358 門: ㉠㊎㊒明. 『십지경론』에는 明으로 되어 있고(아래의 각주 361) 참조) 의상의 『화엄일승법계도』에도 같은 문장을 인용하면서 '明'이라고 하였다. "又一切菩薩不可思議諸佛法明說令入智慧地故。論曰。一切菩薩者。謂住信行地。不可思議諸佛法者。是出世間道品。明者見智得證。說者於中分別。入者信樂得證。智慧地者。謂十地智。如本分中說。此是根本入。如經。又一切菩薩不可思議諸佛法。明說令入智慧地故"(T45.711c10~16). 하지만 여기서는 바로 뒤에 '諸佛法門者 佛證智大虛空也'라고 하고 있는데 이때의 門은 明의 오류로 보기 어렵다.

359 門: ㉠㊎㊒明, 위와 같음.

360 味: ㉠없음.

361 說十入爲別以示現: 변격한문. 정격한문이라면 '說爲十入 別以示現'으로 표현할 수 있다.

362 體門以: ㉠㊎以體門

363 若體門以: 변격한문. 정격한문이라면 '若以體門'으로 표현할 수 있다.

문 어째서 십입十入이 체와 상을 합하여 이야기한 것입니까?

답 『경』에서 "일체보살이 불가사의한 여러 부처님의 법문法門을 이야기하여 지혜지智慧地에 들어가게 하므로"[364]라고 이야기하였는데 '여러 부처님의 법문'은 부처의 깨달음의 지혜인 대허공大虛空이고 '지혜지智慧地'는 십지十地의 지혜이며 '들어가게 한다'는 것은 십지十地의 지혜로 부처의 지혜인 허공虛空에 들어가는 것이다. 이미 들어가게 되면 곧 일미一味이므로 체體를 (상과) 나누어 들어감을 밝히지 않았다. 그러므로 일미一味의 들어감[入]에 의거하여 십입十入을 이야기하여 나누어 보여준 것이다. 만약 체문體門으로 하면 십입이 모두 체이고 만약 상相으로 하면 십입이 모두 상이다. 만약 총總·별別에 의거하면 [별別인] 아홉 가지 입入이 온전히 총總인 근본입이고 [총總인] 근본입이 온전히 아홉 가지 입入이므로 근본입이 체이고 아홉 가지 입은 상이라고 (나누어 말)하지 않는다. 그러므로 체와 상을 합하여 이야기한 것이다. 본분本分에서는 이러한 십입을 나누었으니 체문體門은 육결정六決定이고 앞의 상문相門은 십지十地의 이름이다.

---

364 이 부분은 실제로는 『십지경론』으로부터의 인용이다. 『十地經論』(天親造, 菩提流支譯) 권1, "論曰。此二十句。依一切菩薩自利利他故加。如是初十句依自利行。後十句依利他行。是中一切菩薩者。謂住信行地。不可思議諸佛法者。是出世間道品。明者見智得證。說者於中分別。入者信樂得證。智慧地者謂十地智。如本分中說。此是根本入。如經又一切菩薩不可思議諸佛法明說令入智慧地故"(T26.124c03~10)

059 • [H208c06; T603b11]

問 何故, 十地名爲相乎.

答 對十障, 施設十地, 行德分別, 可見之相說[365], 故爲相. 彼證體中 無障可對, 故自在無礙, 諸行德具足, 非情可見 故非相也.

365 行德分別, 可見之相說: 변격한문. 정격한문이라면 '分別行德, 說可見之相'으로 표현할 수 있다.

문 어째서 십지十地의 이름이 상相이 됩니까?

답 열 가지 장애[十障][366]에 대응하여 십지十地를 세우고[施設] 행덕行德을 나누어 볼 수 있는 모습[相]을 이야기하였으므로[367] 상相이다. 저 깨달음의 체[證體]에는 대응되는 장애가 없으므로 자재무애自在無礙하여 여러 행덕行德이 갖춰져 있지만 분별적 인식[情]으로 볼 수 있는 것이 아니므로 상相이 아니다.

---

366 열 가지 장애[十障]: 보살이 十地의 위계에서 끊는 열 가지 장애. 十障의 구체적 내용에 대해서는 아래의 주석 참조.

367 『十地經論』(天親造, 菩提流支譯) 권1, "何故定說菩薩十地。對治十種障故。何者十障。一者凡夫我相障。二者邪行於衆生身等障。三者闇相於聞思修等諸法忘障。四者解法慢障。五者身淨我慢障。六者微煩惱習障。七者細相習障。八者於無相有行障。九者不能善利益衆生障。十者於諸法中不得自在障" (T26.0127a11~17); 『成唯識論』권9 "十重障者. 一異生性障, 謂二障中分別起者.…二邪行障, 謂所知障中俱生一分及彼所起誤犯三業.…三闇鈍障, 謂所知障中俱生一分令所聞思修法忘失.…四微細煩惱現行障, 謂所知障中俱生一分第六識俱身見等攝.…五於下乘般涅槃障, 謂所知障中俱生一分令厭生死樂趣涅槃同下二乘厭苦欣滅.…六麁相現行障, 謂所知障中俱生一分執有染淨麁相現行.…七細相現行障, 謂所知障中俱生一分執有生滅細相現行.…八無相中作加行障, 謂所知障中俱生一分令無相觀不任運起.…九利他中不欲行障, 謂所知障中俱生一分令於利樂有情事中不欲勤行樂修己利.…十於諸法中未得自在障, 謂所知障中俱生一分令於諸法不得自在.…"(T31.0052b20~c26).

060 • [H208c10; T603b15]

問 依位示現普法中, 地前解行等中已滿顯示, 何用十地中復顯乎.

答 雖所顯[368]普法 隨位無殘現[369], 而隨位增勝, 門別非無. 謂前舉隨分顯滿, 約初發心一念等顯滿故, 今十地中舉滿現隨分, 謂舉佛證智虛空以說十盡, 故法門不同[370]也.

---

368 顯: ㊀明

369 隨位無殘現: 변격한문. 정격한문이라면 '隨位無遺現' 또는 '隨位全現'으로 표현할 수 있다.

370 同: ㊃㊎㊀得

문 위계[位]에 따라 보법普法을 드러내 보임과 관련하여 십지 이전의 해행解行 등(의 단계)에서 이미 완전히[滿] (보법을) 드러내 보여주었는데 어째서 십지十地 (단계)에서 다시 보이는 것입니까?

답 비록 드러내 보여준 보법普法은 위계에 따라 (각기) 남김없이 드러냈지만 위계(가 올라감)에 따라 더 훌륭해지므로 법문法門의 차이가 없지는 않다. 즉, 앞에서는 부분[隨分]을 들어 완전함[滿]을 드러냈으니 초발심初發心의 일념一念 등에 의거하여 완전함[滿]을 드러냈다. 지금 십지 (단계)에서는 완전함[滿]을 들어 부분[隨分]을 드러내니 부처의 증지證智의 허공虛空을 들어 십진十盡[371]을 이야기한다.[372] 그러므로 법문이 같지 않다.

---

371 십진十盡: 보살이 십지 단계에서 내는 열 가지 큰 서원. 十盡의 구체적 내용은 아래의 주석 참조.

372 『華嚴經』(實叉難陀譯) 권34 十地品第二十六之一 “佛子。菩薩住歡喜地。發如是大誓願。如是大勇猛。如是大作用。以此十願門爲首。滿足百萬阿僧祇大願。佛子。此大願以十盡句。而得成就。何等爲十。所謂衆生界盡。世界盡。虛空界盡。法界盡。涅槃界盡。佛出現界盡。如來智界盡。心所緣界盡。佛智所入境界界盡。世間轉法轉智轉界盡。若衆生界盡。我願乃盡。若世界。乃至世間轉法轉智轉界盡。我願乃盡。而衆生界不可盡。乃至世間轉法轉智轉界不可盡故。我此大願善根。無有窮盡”(T10.182b08~18)

061 • [H209a03; T603b21]

問 約所顯[373]法, 雖隨位全現, 而約行人進修得證者, 解行時劣, 證時勝之義 爲有耶不耶.

答 隨行位言 此義不無, 然而果[374]證時 前劣無異證勝法, 以前劣自勝[375]名爲證故. 若證時至 有前劣者[376], 非爲劣勝故, 又非劣位動, 無劣無勝故. 是故, 不動勝劣位 卽是無二, 不移無二 卽是二也. 緣[377]起無住法, 法爾故也[378].

373 顯: ㊈明
374 果: ㊉對?
375 自勝: ㊉㊎㊈없음.
376 若證時至 有前劣者: 변격한문. 정격한문이라면 '若至證時, 前劣者'로 표현할 수 있다.
377 緣: ㊈約緣
378 也: ㊎없음.

문 (보)법을 드러내 보여주는 측면에서는 비록 위계에 따라 (각기) 온전히 드러냈지만 수행자가 수행을 진전하여 깨달음을 얻는[進修得證] 측면에서는 해행解行 때는 열등하고[劣] 깨달았을 때[證時] 뛰어나다는[勝] 뜻이 있습니까, 없습니까?

답 행위行位를 따라 말하자면 이러한 뜻이 없지 않다. 그러나 불과佛果를 깨달을 때는 앞의 열등한 것이 깨달을 때의 뛰어난[勝] 법과 다르지 않다. 앞의 열등한 것이 본래 뛰어남을 깨달음[證]이라고 이름하기 때문이다. 만약 깨달음의 때에 이르면 앞의 열등한 것은 열등함이나 뛰어남이 아니기 때문이다. 또한, 열등한 단계[劣位]가 움직이는 것도 아니니 열등함도 없고 뛰어남도 없기 때문이다. 그러므로 뛰어남과 열등함의 위계를 움직이지 않고서 그대로 둘이 아니며 둘이 아님이 움직이지 않은 채 그대로 (뛰어남과 열등함) 둘이다. 연기무주법緣起無住法은 본래 그러하기[法爾] 때문이다.

062 • [H209a12; T603b28]

問 請分 經云, 解脫月菩薩讚諸衆以請中, 此衆有阿含行[淨?][379]五·證淨四, 證淨四中 乃至第十地位[380]得證 不隨他敎淨等. 旣得證十地者 何用亦說十地請乎[381].

答 有二義. 又一義, 其所得十地, 約前解行門所得證十地以讚, 今所請十地 約證門十地以請說. 又一義 旣請言中云爲十力淨心, 論釋曰, 已入證者令得佛十力, 未[382]證入者令入證[383], 故明知已得十地人, 欲爲成佛故請也[384].

---

379 行[淨?]: 저본에는 行이지만 『십지경론』에 인용된 경문의 내용으로 볼 때 淨의 오자로 생각된다.

380 位: ㊂㊎㊌德

381 何用亦說十地請乎: 변격한문. 정격한문이라면 '何用又請說十地乎'로 표현할 수 있다.

382 未: ㊂求

383 證: 『십지경론』에는 地로 되어 있다. 다음의 각주 387 참조.

384 明知已得十地人, 欲爲成佛故請也: 변격한문. 정격한문이라면 '明知欲爲已得十地人成佛故請也'로 표현할 수 있다.

문 (『십지경론』에 인용된 십지) 청분請分의 경문 중 해탈월보살解脫月菩薩이 여러 대중을 찬탄하며 (가르침을) 청하는 내용에 이 대중들에게 아함정阿含淨 다섯 가지와 증정證淨 네 가지가 있고 증정證淨 넷에서는 제10지第十地의 위계를 깨달아[385] 다른 가르침을 따르지 않는 청정함 등이 있습니다.[386] 이미 십지를 깨달았는데 무엇 때문에 다시 십지를 설해줄 것을 청한 것입니까?

답 두 가지 뜻이 있다. 하나의 뜻은 이미 얻은 그 십지는 앞의 해행문解行門에서 깨달은 십지에 대하여 찬탄한 것이고 지금 청하는 십지는 증문證門의 십지에 대하여 설해줄 것을 청한 것이다. 또 하나의 뜻은 이미 청하는 말 중에 '십력十力과 정심淨心을 위하여'가 있는데[387] (그에 대해) 『(십지경)론』에서는 "이미 (십지의) 깨달음에 들어간 사람은 부처의 십력

385 제10지第十地의 위계를 깨달아[第十地位得證]: 『십지경론』에는 '십지의 위계를 깨달았다'라는 표현은 보이지 않는다. 아래의 각주에 인용한 『십지경론』 내용 참조.

386 『十地經論』(天親造, 菩提流支譯) 권1, "論曰。聖者解脱月何故復歎此衆。上言世間證信者難得。示現此衆有堪能故。善淨深心者是總。此善淨深心有二種。一阿含淨。二證淨。是阿含淨有五種。一者欲淨。隨所念阿含得方便念覺淨。如經善清淨諸念故。二者求淨。得隨順身口敬行。如經善集諸行故。三者受持淨。於無量世多聞憶持不謬故。如經多親近諸佛故。四者生得淨。願得上上生勝念勝。如經善集助道法故。五者行淨。求善證法習少欲頭陀等成就多功德。如經具足無量功德故。證淨者有四種。一者得淨。現智善決定故。如經離癡疑悔故。二者不行淨。修道中一切煩惱不行故。如經無有染汚故。三者無厭足淨。不樂小乘得上勝悕望心。如經善住深心信故。深心者悕欲故。信者決定故。復念持彼功德故。四者不隨他教淨。趣盡道中自正行故。如經於佛法中不隨他教故"(T26.0129b06~b23)

387 『十地經論』(天親造, 菩提流支譯) 권1, "經曰。爾時諸菩薩衆。一時同聲以偈頌請金剛藏菩薩言。上妙無垢智 堪無量義辯 演說美妙言 眞實義相應 念堅清淨慧 爲十力淨心 無礙分別義 說此十地法"(T26.129c29~130a05)

十力[388]을 얻게 하고 아직 (십지의) 깨달음에 들어가지 못한 사람은 (십지의) 깨달음에 들어가게 한다."[389]라고 해석하였다. 그러므로 이미 십지를 얻은 사람들을 성불하게 하려고 청한 것임을 분명히 알 수 있다.

---

388 십력十力: 부처님이 갖춘 열 가지 큰 능력. 知覺處非處智力, 知三世業報智力, 知諸禪解脫三昧智力, 知諸根勝劣智力, 知種種解智力, 知種種界智力, 知一切至所道智力, 知天眼無礙智力, 知宿命無漏智力, 知永斷習氣智力이다.

389 『十地經論』 권1, "次令聽者入證入阿含。是故請說。云何入證。已入地者令得佛力故。未入地者令得入地故。"(T26.130a). cf. 『華嚴經探玄記』권9, "問若唯地前是所爲者。何故下文解脫月歎衆請中云此衆有五種阿含淨四種證淨。又下大衆請中爲十力淨心。論釋云未入地者令得淨心。已入地者令得十力。"(T35.281a).

063 • [H209a21; T603c08]

問 若爾者 但請說佛地, 何故請說十地乎.

答 十地即佛智慧, 無十地以外佛地. 然佛地即爲果故, 故不可說, 十地因行故, 可說示故, 請說十地, 不請說佛地也.

문 그렇다면 불지佛地에 대해서만 설해줄 것을 청하면 되지 어째서 십지十地를 설해달라고 청하였습니까?

답 십지가 곧 부처의 지혜로 십지 이외에 불지佛地는 없다. 그러나 불지佛地는 곧 과果이므로 설할 수 없고 십지는 인행因行이어서 이야기해줄 수 있으므로 십지를 설해달라고 청하고 불지佛地를 설해달라고 청하지 않은 것이다.[390]

---

390 불지는 곧 과果이어서 ~ 청하지 않은 것이다: 因分可說, 果分不可說의 입장에서 이야기한 것이다.

064 • [H209b03; T603c12]

問 若爾 旣得十地已, 因即滿, 即入佛果, 何用請十地乎.

答 欲爲現示十地無盡故. 初地中十地, 二地中十地, 乃至第十地中十地, 無盡. 無盡十地, 雖得下地十地, 而未得上地十地, 故請說, 何有妨乎.

문 그렇다면 십지를 얻었으면 이미 인因을 만족하여 곧바로 불과佛果에 들어갈 텐데 무엇 때문에 십지를 (설해달라고) 청하였습니까?

답 십지가 다함이 없음을 보이기 위함이다. 초지初地의 십지(가 있고) 제2지의 십지(가 있고) 나아가 제10지의 십지가 있어 십지는 다함이 없다. 다함이 없는 십지여서 아래 단계의 십지를 얻었더라도 윗 단계의 십지를 얻지 못하여 설해달라고 청한 것이다. 무슨 문제가 있겠는가.

065 • [H209b09; T603c17]

問 若十地無盡者, 即無十地滿時, 即無成佛時. 何以爲成佛故, 請說十地乎.

答 修如[391, 392]無盡十地已, 入無盡佛地, 何有妨也[393].

391 修如: ㉾如修

392 如: 내용상 뒤에 此 또는 是가 탈락된 것으로 생각된다.

393 也: ㊌없음.

문 만약 십지가 다함이 없다면 십지가 완성되는 때가 없으니 곧 성불할 때가 없습니다. 어째서 성불을 위하여 십지를 설해달라고 청하는 것입니까?

답 그와 같은 다함이 없는 십지를 닦아 마치고서 다함이 없는 불지佛地에 들어가는 것이니 무슨 문제가 있겠는가.

066 • [H209b13; T603c20]

問 十地[394]通四果,有何別耶.

答 一者調柔果者,約行以[395]說.謂由自地離障故,自行之行離強健[396]故,名爲調柔果.二者發趣果者,有初地時中[397],能解於十地所行諸[398]事,約聞思慧說也.三者攝報果者,由得初地等故,能得勝自在報,依此報能修自他利行[399]之義.四者願智果者,由自地諸行熟故,即入證自體無住實相[400],成行,用與體無異之義也.是故,諸地中願智果,雖地[401]勝而無別增,即是雖去而不動.調柔等果 雖不動而去之義.

---

394 地: ㊅地論

395 以: ㊇㊎㊂없음.

396 健: ㊎㊂揵

397 有初地時中: 변격한문. 정격한문이라면 '在初地時'로 표현할 수 있다.

398 諸: ㊇㊎㊂法

399 行: ㊅㊇利

400 相: ㊇없음.

401 地: ㊅㊎㊂增

문 십지十地 (각각)에는 모두 네 가지 과果가 있는데[402] (그들은) 어떻게 다릅니까?

답 첫째, 조유과調柔果는 행行에 의거하여 말한 것이다. 즉, 각각의 지地에서 장애를 벗어나 스스로 실천하는 행行이 거칠[強健]을 벗어났으므로 조유과(調柔果, 부드러운 과)라고 한다. 둘째, 발취과發趣果는 초지初地에 있을 때 십지에서 행할 여러 일을 잘 이해하는 것으로 문혜聞慧[403]와 사혜思慧[404]에 의거하여 말한 것이다. 셋째, 섭보과攝報果는 초지 등을 얻음으로 말미암아 뛰어난 자재보自在報를 얻고 이 보報에 의거하여 자신에게 이익이 되는 행과 남에게 이익이 되는 행을 닦는다는 뜻이다. 넷째, 원지과願智果는 각각의 지地의 여러 행行이 무르익어 곧바로 자체무주실상自體無住實相을 깨달아 행을 완성하니 그 용用이 체體와 다르지 않다는 뜻이다. 그러므로 각 지의 원지과願智果는 지地가 높아지더라도 따로 늘어나는 것이 없다. 곧 나아가지만 움직이지 않는 것이다. (나머지의) 조유과 등은 움직이지 않지만 나아간다는 뜻이다.

---

402 『十地經論』“論曰。果利益挍量勝有四種。一調柔果利益勝。二發趣果利益勝。三攝報果利益勝。四願智果利益勝”(T26.143c05~07)

403 문혜聞慧: 바른 教法을 들어 얻은 지혜

404 사혜思慧: 진리를 들어 얻은 지혜[聞慧]를 올바로 사유해 생긴 지혜

067 • [H209c01; T604a01]

問 今所說之法[405], 地地每[406], 各各有所作之障·所行之行·所得之果等不同, 即[407]此依行位等, 示現普法無障礙之法. 是故, 普法中行者, 即依此法而爲修行耶, 爲此別耶[408].

答 即依此法, 得[409]以修行也.

---

405 法: ㊅諸

406 地地每: 변격한문. 정격한문이라면 '每地(中)'으로 표현할 수 있다.

407 卽: 내용상 則의 잘못이다.

408 依此法而爲修行耶, 爲此別耶: 변격한문. 정격한문이라면 '爲依此法而修行耶, 爲與此別耶'로 표현할 수 있다.

409 得: ㊅門

문 지금 이야기한 법法은 지地들마다 각각 처하는 장애[障]와 실천하는 행行과 얻는 과果 등에 차이가 있으니 이것은 행行·위位 등에 의거하여 보법普法의 막힘이 없는 법을 보인 것입니다. 그러므로 보법의 수행자는 이 법에 의거하여 수행하는 것입니까, 아니면 이와 다른 것입니까?

답 이 법에 의거하여 수행할 수 있다.[410]

---

410 ㊅에 의거하면 '곧 이 법문에 의거하여 수행한다'라고 번역할 수 있다.

068 • [H209c06; T604a06]

問 若爾者, 雖不得[411]所依行位, 而亦不壞其法門, 即爲普法無障礙果行修行矣. 一位一切位, 一行一切行, 一斷一切斷, 一得一切得故, 修德數·斷惑數, 皆同[412]齊. 何故, 亦云 普法中解行移[初?][413]返一切識分別, 自此以去 無分別心中修功德乎.

答 實皆同齊. 然而未得一法門時中, 全迷不知自是本不迷. 已得一分無生忍以去, 全知自不迷, 又知普法始終一相. 此知時中[414] 無後際迷不所斷, 亦無不所修德[415]故, 更無復所修斷之法[416], 而法門[417]不得故亦不盡修. 是故, 此以去所[418], 如是無分別心中, 入法流 具諸功德, 修修無盡而不

411 得: ㊅同
412 同: ㊇㊎㊌得
413 移[初?]: 저본에 移이지만 내용상 初의 오자로 생각된다.
414 此知時中: 변격한문. 정격한문이라면 '知此時(中)'로 표현할 수 있다.
415 無不所修德: 변격한문. 정격한문이라면 '無德不所修'로 표현할 수 있다.
416 更無復所修斷之法: 변격한문. 정격한문이라면 '復無所修斷之法'으로 표현할 수 있다.
417 門: ㊇㊎㊌得
418 此以去所: 변격한문. 정격한문이라면 '自此以去'로 표현할 수 있다.

動初門[419], 不動初門[420]而念念新[421]修增, 修增修斷而不修斷, 以本無不修斷故. 故第八地中云, 證實性不成佛, 以修功德成佛, 然莫捨此忍門也. 忍門, 謂自體本來空寂滅忍, 不動此忍修諸功德, 雖修功德而不動寂滅忍, 是故, 無邊增修而毛毫不增. 如是, 方實增亦實不增, 實不增故立願智果, 實增故說調柔等果. 此四果, 雖十地中方說, 而蓋十地即信解行回向矣, 彼即此, 此即彼乎[422], 可思也.

---

419 初門: ㊗金㊇移得

420 初門: ㊗金㊇移得

421 新: ㊅斷

422 乎: ㊗없음.

문 그렇다면 비록 의거하는 행行·위位를 얻지 않더라도 또한 그 법문을 어그러뜨리지 않고 곧 보법의 막힘이 없는 과행果行을 수행하는 것이 됩니다. 하나의 위계[位]가 일체의 위계, 하나의 행行이 일체의 행行, 하나의 끊음이 일체의 끊음, 하나의 얻음이 일체의 얻음이므로 (모든 위계에서) 닦는 덕德의 수와 끊는 번뇌의 수가 모두 같습니다. 보법에서는 어째서 해행解行의 처음[初]에서 일체의 식분별識分別을 돌이키고[返] 그 이후에는 무분별심無分別心으로 공덕을 닦는다고 말하는 것입니까?

답 실제로는 모두 같다. 그러나 하나의 법문을 얻지 못했을 때는 완전히 미혹되어 자신이 본래 미혹되지 않았음을 알지 못한다. 일부의 무생인無生忍을 얻은 후에는 자신이 미혹되지 않았음을 온전히 알고 보법이 처음부터 끝까지 하나의 모습[相]임을 알게 된다. 이렇게 알게 되면 미래[後際]에 끊지 못하는 미혹이 없고 닦지 못하는 덕도 없으므로 다시 닦고 끊을 법이 없다. 그러나 법문을 얻지 못하여 닦음을 다할 수 없으므로 이후에는 이러한 무분별심에서 (끊임없는) 법의 흐름[法流]에 들어가 여러 공덕을 갖추고 끊임없이 닦고 닦지만 초문初門에서 움직이지 않고, 초문에서 움직이지 않지만 매 순간 새롭게 닦음이 늘어난다. 닦음이 늘어나 닦아서 끊지만 닦아서 끊지 않는다. 본래 닦아서 끊지 않음이 없으므로. 그래서 제8지에서 '실성實性을 깨닫는 것이 성불하는 것이 아니고 공덕을 닦아 성불한다. 그러나 이 인문忍門을 버리지 말라'[423]라고 하였다. 인문忍門은 곧 자체自體가 본래 공空하다는 적멸인寂滅忍으로 이 적멸(인)을 움직이지 않고 여러 공덕을 닦으며 비록 공덕을 닦더라도 적멸인寂滅忍은 움직이지 않는다. 그래서 끝없이 닦음을 늘리지만 터럭만큼도 늘어나지 않는다. 이와 같음이 바로 실로 늘어나면서 또한 늘어나지 않음이니 실로 늘어나지 않으므로 원지과願智果를 세우고 실로 늘어나므로 조유과調柔果 등을 이야기한다. 이 네 과果는 십지에서 비로소 이야기하였지만 대개 십지가 곧 십신十信·십해十解·십행十行·십회향十回向이다. 그것이 곧 이것이고 이것이 곧 그것이다. 생각할 수 있을 것이다.

---

423 이 구절은 『화엄경』의 내용을 직접 인용한 것이 아니고 다음 구절을 축의적으로 인용한 것이다[『華嚴經』(佛駄跋陀羅譯) 권26 十地品第二十二之四 "善男子。我有十力。四無所畏。十八不共法。汝今未得爲得。是故勤加精進。亦莫捨此忍門。善男子。汝雖得此第一甚深寂滅解脫。一切凡夫離寂滅法。常爲煩惱覺觀所害。汝當愍此一切衆生。又善男子。汝應念本所願。欲利益衆生。欲得不可思議智慧門。又善男子。一切法性。一切法相。有佛無佛。常住不異。一切如來不以得此法故說名爲佛。聲聞辟支佛亦得此寂滅無分別法。善男子。汝觀我等無量淸淨身相。無量智慧。無量淸淨國土。無量方便。無量圓光。無量淨音。汝今應起如是等事。又善男子。汝今適得此一法明。所謂一切法寂滅無有分別。我等所得無量無邊。汝應精勤起此諸法"(T09.0564c05~19)].

069 • [H210a14; T604a27]

問 此言增不增之相[424], 如何乎.

答 經論中如[425]所[426]喻也[427]. 謂[428]虛空中畫迹等事也, 得一相無二, 故無增減之義, 即是爲願智果, 行體. 若能畫人[429]言[430], 即其畫有增微之[431]義, 即是調柔果等, 行用. 雖對體用而不有二法[432], 雖無二法而非一法. 一切諸行皆如是, 知可思也.

424 此言增不增之相: 변격한문. 정격한문이라면 '此云增不增之相'으로 표현할 수 있다.

425 經論中如: ㊖如經論中

426 所: ㊎何→所

427 經論中如所喻也: 변격한문. 정격한문이라면 '如經論中所喻也'로 표현할 수 있다.

428 謂: ㊅諸

429 人: ㊅㊖入

430 若能畫人言: 변격한문. 정격한문이라면 '若言能畫人'으로 표현할 수 있다.

431 微之: ㊖減微微, ㊎微微

432 不有二法: 변격한문. 정격한문이라면 '無有二法'으로 표현할 수 있다.

문 여기서 말한 늘어남[增]과 늘어나지 않음[不增]의 모습[相]은 어떠한 것입니까?

답 경론에서 비유한 것과 같다. 즉, 허공에 그린 흔적 등의 일은 하나의 모습[相]으로 둘이 아니게 되어 늘어나고 줄어듦의 뜻이 없으니 곧 원지과願智果로서 행行의 체體이다. 만약 그림을 그리는 사람의 입장에서 말한다면 그 그릴 때 늘어나고 줄어드는 뜻이 있으니 곧 조유과調柔果 등으로서 행行의 용用이다. 비록 체와 용을 상대시켰지만 두 법法이 없고 비록 두 법이 없지만 하나의 법이 아니다. 일체의 모든 행行이 이와 같으니 생각하면 알 수 있을 것이다.

070 • [H210a21; T604b04]

問 約九世十世法[433],得攝諸法盡耶[434],不耶.

答 約此門,盡不盡之義具足,以盡門盡,以不盡門[435]不盡.同體異體等門[436],可知得[437].且約一人相續以作九世等者,過[438]去中畜生,現在中人,未來中作佛,如[439]是三世[440][明難品云,'一切衆生心,普在三世中',又云,'一念無量劫'等[441]]中,過去中有三,謂一者過去過去,謂即自當[442]時[443]是畜生,二者過去現在,謂即其畜生是現在人,三者過去未來,謂即其畜生是未來佛,此爲過去三世也.約現在有三,謂一者現在過去,謂即現在人是過去畜生,二者現在現在,謂即是人自當時人,三者現在未來,謂即現在

433 法:㊎㊒없음.
434 得攝諸法盡耶:변격한문. 정격한문이라면 '得盡攝諸法耶'로 표현할 수 있다.
435 門:㊍㊎㊒得
436 等門:㊍㊎㊒未得
437 可知得:변격한문. 정격한문이라면 '可(得)知'로 표현할 수 있다.
438 過:㊍如過
439 如:㊍없음.
440 世:㊍㊒世中
441 明難品云一切衆生心普在三世中又云一念無量劫等:成없음
442 自當:㊍因,㊍㊎㊒自
443 時:㊅體

人是未來佛, 此現在三世也. 約未來世有三, 謂一者未來未來, 謂即其未來佛自當時佛, 二者未來現在, 謂即其佛是現在人, 三者未來過去, 謂即其佛是過去畜生, 此未來三世也. 如是九世法, 即是一念, 故爲第十世, 合總別爲十世. 此即約即門而說也. 經第三十四卷普賢行品云, '過去是未來, 未來是過去, 現在是去來, 菩薩悉了知', 又偈云, '三世即一念' 說[444]也[445]. 中門[446]准可知也. 若一相續, 一切相續亦爾, 如一法, 一切法亦爾. 一切即一[447]故, 人法相即故.

---

444 說 : ㉠없음.

445 經第三十四卷普賢行品云過去是未來未來是過去現在是去來菩薩悉了知又偈云三世即一念說也 : ㊒없음.

446 門 : ㉠門說

447 切即一 : ㉠卽一切, ㊎卽一

문 9세九世와 10세十世의 법에 의거하여 모든 존재[諸法]를 남김없이 포괄할 수 있습니까, 없습니까?

답 이 문門에는 남김 없음[盡]과 남김 없지 않음[不盡]의 뜻을 모두 갖추고 있다. 남김 없음의 문[盡門]이면 남김이 없고[盡] 남김 없지 않음의 문[不盡門]이면 남김이 있다[不盡]. 동체同體·이체異體 등의 문도 가히 알 수 있다. 우선 한 사람의 상속相續에 의거하여 9세 등을 짓는다면 과거에는 축생, 현재에는 사람, 미래에는 부처라고 할 때 이러한 3세의 [(『화엄경』) 「명난품明難品」에서 "일체중생의 마음이 3세에 두루 있다."라고 하였고 "한순간[一念]이 무량겁이다."라고 하였다.][448] 과거에 셋이 있으니 첫째는 과거-과거로서 곧 스스로 해당하는 때(=과거)의 축생이고 둘째는 과거-현재로서 그 축생이 현재의 사람인 것이고 셋째는 과거-미래로서 그 축생이 미래의 부처인 것이다. 이것이 과거의 3세가 된다. 현재에 의거해서도 셋이 있으니 곧 첫째는 현재-과거로서 현재의 사람이 과거에 축생이었던 것이고 둘째는 현재-현재로서 곧 이 사람이 스스로 해당하는 때(=현재)의 사람인 것이고 셋째는 현재-미래로서 현재의 사람이 미래

---

448 (『화엄경』) 「명난품明難品」에서 "일체중생의 마음이 3세에 두루 있다."라고 하였고 "한순간[一念]이 무량겁이다."라고 하였다: 본래 세주였던 내용이 본문에 들어간 것으로 생각된다.

의 부처인 것이다. 이것이 현재의 3세이다. 미래세에 의거해서도 셋이 있으니 첫째는 미래-미래로서 그 미래의 부처가 스스로 해당하는 때(=미래)의 부처인 것이고 둘째는 미래-현재로서 그 부처가 현재의 사람인 것이고 셋째는 미래-과거로서 그 부처가 과거의 축생인 것이다. 이것이 미래의 3세이다. 이와 같은 9세의 법이 곧 한순간[一念]인 것이 열 번째 세世가 되며 (이러한) 총總(으로서의 열 번째 세)과 별別(로서의 9세)을 합하여 10세가 된다. 이것은 즉문卽門에 의거하여 말한 것이다. [『(화엄)경』 제34권의 「보현행품普賢行品」에서 '과거가 미래이고 미래가 과거이며 현재가 과거와 미래임을 보살은 모두 다 안다'라고 하였고 게송에서 '3세가 곧 한순간[一念]'이라고 말하였다.][449] 중문中門은 이에 준하여 알 수 있을 것이다. 한 사람의 상속과 마찬가지로 일체 사람의 상속도 그러하며 하나의 존재[法]와 마찬가지로 일체의 존재들도 그러하다. 일체가 곧 하나이기 때문이고 사람과 존재[法]가 상즉하기 때문이다.

---

449 『(화엄)경』 제34권의 「보현행품普賢行品」에서 '과거가 미래이고 미래가 과거이며 현재가 과거와 미래임을 보살은 모두 다 안다'라고 하였고 게송에서 '3세가 곧 한순간[一念]'이라고 말하였다: 이 부분도 본래 세주였던 내용이 본문으로 편입되었을 가능성이 있다.

071 • [H210b24; T604b27]

問 現在吾身成未來世佛者, 彼佛化[450]令吾身, 令修行耶, 不耶.

答 化令修行也.

450 化: ㉧없음.

문 현재의 나의 몸이 미래세의 부처가 된다면 그 (미래의) 부처가 현재의 나의 몸을 교화하여 수행하게 하는 것입니까, 아닙니까?

답 교화하여 수행하게 한다.

072 • [H210c03; T604b29]

問 彼佛,今日吾,以修行得[451],云何能化今吾令修行乎.

答 彼佛不化者,今吾身不得作佛故.彼佛化,方吾[452]能修行成彼佛.

---

451 今日吾, 以修行得: 변격한문. 정격한문이라면 '以今日吾修行得者'로 표현할 수 있다.

452 方吾: 변격한문. 정격한문이라면 '吾方'으로 표현할 수 있다.

문 그 부처는 지금의 내가 수행하여 얻은 것인데 어떻게 지금의 나를 교화하여 수행하게 할 수 있습니까?

답 그 부처가 교화할 수 없다면 지금의 나의 몸은 부처가 될 수 없기 때문이다. 그 부처가 교화하여야 비로소 내가 수행하여 그 부처가 될 수 있다.

073 • [H210c07; T604c03]

問 此義, 何爲也.

答 若約緣起道理者, 非彼佛即無今吾, 非今吾即無彼佛, 故知爾也. 如對今, 乃至盡過去際亦爾.

문 이 뜻은 왜 그렇습니까?

답 연기의 도리에 의거한다면 그 부처가 없으면 곧 지금의 내가 없고 지금의 내가 없으면 곧 그 부처가 없기 때문에 그러함을 알 수 있다. 지금의 나에 상대하는 것처럼 과거의 모든 존재에 대해서도 그러하다.

074 • [H210c10; T604c06]

問 未來佛即過去等者,爲成佛[453]時 即昔成之義耶, 不耶.

答 是也.

453 佛: ㊔㊎없음.

문 미래의 부처가 곧 과거의 축생이라는 것 등은 부처가 될 때 곧 옛날에 이루어졌다는 뜻입니까, 아닙니까?

답 그런 것이다.

075 • [H210c12; T604c08]

問 若爾, 但自是[454], 何用爲化.

答 非他故化, 若他者 不得化. 所以者何[455], 自以外有故[456], 非自所化也.

454 但自是: 변격한문. 정격한문이라면 '只是自'로 표현할 수 있다.

455 何: ㊎㊒없음.

456 自以外有故: 변격한문. 정격한문이라면 '有於自外故' 또는 '在於自外故'로 표현할 수 있다.

문 그렇다면 단지 자기 자신인데 어떻게 교화를 합니까?

답 남이 아니므로 교화할 수 있다. 만약 남이라면 교화할 수 없다. 왜냐하면 자기 바깥에 있기 때문에 스스로 교화할 수 있는 대상이 아니다.

076 • [H211a03; T604c11]

問 自既佛, 何用爲化.

答 是佛故化. 若非是佛 終日化不得成佛, 本以成佛而不知自是, 以化令知自是. 以化令[457]知自佛, 是名化也. 故實化無[458]所化, 實成 無所成也.

457 令: ㉢今

458 無: ㊎無無→無

문 스스로 이미 부처인데 어떻게 교화를 합니까?

답 부처이기 때문에 교화한다. 만약 부처가 아니라면 온종일 교화해도 부처가 될 수 없다. 본래 부처가 되어 있지만 스스로 (부처임을) 알지 못하므로 교화하여 스스로 (부처임을) 알게 한다. 교화하여 스스로 부처임을 알게 하는 것을 교화라고 한다. 그러므로 참된 교화는 교화하는 바가 없고 참된 이룸은 이루는 바가 없다.

077 • [H211a08; T604c15]

問 若爾,但自以[459]乃化[460],都無化他之義耶.

答 亦得化他,非他無自故,以自他緣成無分別故.是故,佛能見自全他故,他[461]無攝物也.化非化[462]等四句,自他等四句,設[463]分別,遣非顯德,隨應可知也.

---

459 自以: ㊕以自力

460 但自以乃化: 변격한문. 정격한문이라면 '但以自故乃化'로 표현할 수 있다.

461 他: ㊅㊕없음.

462 化: ㊒他

463 設: ㊕沒, ㊒誤

문 그렇다면 다만 자기 자신이므로 곧 교화하는 것이고 남을 교화하는 뜻은 전혀 없는 것입니까?

답 남을 교화한다고 할 수도 있다. 남이 아니면 자신이 없고 자신과 남이 인연으로 이루어져 구별됨이 없기 때문이다. 그러므로 부처는 자신이 온전히 남이라는 것을 볼 수 있어서 따로 중생을 교화함이 없다. 교화함[化]과 교화하지 않음[非化] 등의 4구四句[464]와 자신[自]과 남[他] 등의 4구로 분별分別하여 잘못된 견해[非]를 제거하고 덕德을 드러내면 그에 따라 마땅히 알 수 있을 것이다.

---

464 사구四句: 어떤 사항에 대한 단순 긍정[A], 단순 부정[非A], 복합 긍정[亦A亦非A], 복합 부정[非A亦非A] 네 가지 경우. 대승 불교에서는 사물의 참된 모습[空]은 이 네 가지 경우[四句] 모두를 떠나 있다고 한다.

078 • [H211a13; T604c20]

問 自未來佛 還化自現在者, 以何[465]文知乎[466].

答 瓔珞經中第八地菩薩云, 自見己身當果諸佛摩頂說法故, 已其說灼然, 可知, 又旣諸經經每云[467], 三世佛拜[468]故 諸罪業滅, 未來諸佛者 何爲乎也.

465 以何: ㉇何以

466 以何文知乎: 변격한문. 정격한문이라면 '何文以知乎'로 표현할 수 있다.

467 諸經經每云: 변격한문. 정격한문이라면 '諸經皆云'으로 표현할 수 있다.

468 三世佛拜: 변격한문. 정격한문이라면 '拜三世佛'로 표현할 수 있다.

문 자신의 미래(에 될) 부처가 다시 자신의 현재를 교화한다는 것은 어떤 글을 통해 알 수 있습니까?

답 『영락경瓔珞經』에서 제8지의 보살에 대해 "자신이 미래에 얻을[當果] 여러 부처님이 (자신의) 머리를 쓰다듬으며 설법하는 것을 스스로 본다."[469]라고 하였으므로 이미 그 말이 명확함을 알 수 있다. 또한, 이미 여러 경전마다 "(과거·현재·미래) 삼세의 부처를 예배하여 여러 죄업이 없어진다."라고 말하고 있는데 미래의 여러 부처는 무엇 때문이겠는가.

469 『菩薩瓔珞本業經』(竺佛念譯) "佛子。是故菩薩無生觀。捨三界報變易果。用入中忍無相慧。出有入無 化現無常。自見己身當果諸佛摩頂説法。身心別行不可思議。故名不動地。"(T24.1018a19~22)

079 • [H211a19; T604c25]

問 此, 他已成佛 拜[470], 何爲自未成佛乎.

答 拜他佛之義非無, 而遠緣[471]非近緣[472], 所以者何, 汎諸佛爲衆生說佛德意[473], 爲欲令衆生自亦得彼果, 故令修行[474]. 是故, 衆生證自當來所得之果德, 爲欲得彼故不惜身命修行, 非爲得他佛果故修行. 是故, 正今吾令發心修行佛, 但吾當果已成佛, 非他佛也. 此義不疑怪也. 又有他已成佛, 即是自當果佛. 所以者何, 他成佛時 即得三世佛平等果故. 又吾當果佛, 即是他今成佛. 所以者何, 吾得當佛時, 即得三世佛平等法故. 如是展轉更互, 平等平等無差別果德, 皆化今吾令修行. 其義亦非無故也, 或[475]今吾身全體如來藏佛等, 是也. 今吾即緣吾性佛, 以即是而不知故, 悲怪[476].

---

470 此他已成佛拜: 변격한문. 정격한문이라면 '此(則)拜已成他佛'로 표현할 수 있다.

471 緣: ㊂㊎疎

472 緣: ㊂親, ㊎疎

473 汎諸佛爲衆生說佛德意: 변격한문. 정격한문이라면 '汎諸佛爲衆生說佛德之意'로 표현할 수 있다.

474 爲欲令衆生自亦得彼果, 故令修行: 변격한문. 정격한문이라면 '爲欲令衆生知自亦得彼果而修行'으로 표현할 수 있다.

475 或: ㊂㊎㊓有

476 怪: ㊓怪心

發至心修行, 欲返迷. 是故, 其觀[477][親?][478]化吾佛, 即是吾體佛, 非[479]遠求他佛. 此義, 其正觀行者大要也. 又此吾性佛者, 即於一切法界有情非[480]情中 全全即在[481], 無非一物吾體佛故, 若能拜自體[482]佛者 無物不所拜, 此亦甚[其?][483]大要也. 常可思惟之. 若行者 如是思得[484]者[485], 一切時一切處中, 無一處一時[486]起三毒煩惱之義[意?][487]. 此即入一乘之觀[親?][488]方便, 三世佛 無非此行修成佛者也[489].

---

477 觀: ㊎㊔覩

478 觀[親?]: 저본에는 觀이지만 내용상 親의 오류로 생각된다.

479 非: ㊐化

480 非: ㊐㊎㊔無

481 即於一切法界有情非情中 全全即在: 변격한문. 정격한문이라면 '即皆在於一切法界有情非情中'으로 표현할 수 있다.

482 體: ㊐釋

483 甚[其?]: 저본에는 甚이지만 내용상 其의 오류로 생각된다.

484 得: ㊐없음.

485 如是思得者: 변격한문. 정격한문이라면 '得如是思者'로 표현할 수 있다.

486 時: 時 即於三毒煩惱而

487 義[意?]: 저본에는 義이지만 내용상 意의 오류로 생각된다.

488 觀[親?]: 저본에는 觀이지만 내용상 親의 오류로 생각된다.

489 無非此行修成佛者也: 변격한문. 정격한문이라면 '無不修此行而成佛也'로 표현할 수 있다.

문 이것은 남이 이미 이룬 부처를 예배하는 것이지 어찌 자신의 아직 이루지 못한 부처(를 예배하는 것)이겠습니까?

답 남이 이룬 부처를 예배하는 뜻도 없지는 않지만 그것은 먼 인연이고 가까운 인연이 아니다.[490] 왜냐하면 무릇 여러 부처가 중생을 위하여 부처의 공덕을 이야기하는 의도는 중생 스스로 자신도 그러한 불과佛果를 얻기 위해 수행하게 하는 것이다. 그래서 중생은 자신이 미래에 얻을 과덕을 알고[證] 그것을 얻기 위하여 목숨을 아끼지 않고 수행한다. 남의 불과佛果를 얻기 위하여 수행하는 것이 아니다. 그러므로 바로 지금 내가 발심하여 수행하게 하는 부처는 오직 나의 미래에 얻을[當果] 이미 이룬 부처이지 남이 이룬 부처가 아니다. 이 뜻은 의심하고 이상하게 생각할 것이 아니다. 또한, 남이 이미 이룬 부처가 곧 자신의 미래에 얻을 부처이다. 왜냐하면 남이 부처를 이룰 때 곧바로 (과거·현재·미래) 삼세 부처의 평등한 과보를 얻기 때문이다. 또한, 나의 미래에 얻을 부처가 곧 지금 남이 이룬 부처이다. 왜냐하면 내가 미래의 부처가 될 때 곧바로 삼세 부처의 평등한 법法을 얻기 때문이다. 이처럼 서로 물고 물려[輾轉] 평등하고 평등한 (부처님의) 차별이 없는 과덕이 모두 지금의 나를 교

---

490 그것은 먼 인연이고 가까운 인연이 아니다: ㉭의 내용을 따르면 '멀고 소원한 것이고 가깝고 친근한 것이 아니다'라고 해석될 수 있다.

화하여 수행하게 한다. (그러니) 그 뜻도 없지 않다. 또는 지금 나의 몸 전체가 여래장불如來藏佛이라는 것 등이 이것이다. 지금 나는 곧 나의 본성의 부처[性佛]에 의지하고 있는데 바로 이러하면서도 알지 못해 슬퍼하고 이상하게 여기며 지극한 마음을 내어 수행하여 미혹함을 돌이키려는 것이다. 그러므로 나를 직접 교화하는 부처는 곧 나의 몸의 부처이니 멀리 남의 부처를 구하지 말라. 이 뜻은 바르게 보는[正觀] 수행자의 큰 요체이다. 또한, 내 본성의 부처[性佛]는 곧 일체 법계의 유정과 무정 중생들 모두에 있어 한 존재도 나의 몸의 부처가 아닌 것이 없으므로 만약 자기 몸의 부처[自體佛]에게 예배할 수 있다면 예배하지 않는 어떤 존재도 없다. 이것도 그(= 바르게 보는 수행자)의 큰 요체이다. 항상 생각해야 할 것이다. 만약 수행자가 이렇게 생각할 수 있다면 모든 때와 모든 곳에서 한 곳과 한때도 삼독의 번뇌를 일으키려는 생각[意]이 없을 것이다. 이것이 곧 일승에 들어가는 직접적[親] 방편으로 삼세의 부처로서 이 행을 닦지 않고 부처를 이룬 사람은 없다.

080 • [H211b21; T605a18]

問 第六地中明不住道行勝文，十番十二因緣觀相云何.

答 此觀甚難解，然少少[491]開其門，爲思所趣也.

491 少少: ㊀㊁㊂小小

문 (『화엄경』에서) 제6지의 부주도행不住道行의 뛰어남을 밝힌 글[492](에 나오는) 열 가지 십이인연관十二因緣觀의 모습[相]은 어떠한 것입니까?

답 이 관은 매우 난해하다. 그러나 조금씩 그 문을 열어 나아갈 바를 생각하게 하였다.

---

492 『華嚴經』(佛駄跋陀羅譯) 권25 十地品第二十二之三 “菩薩如是。於六地中。隨順觀十二因緣。又作是念。不如實知第一義故有無明。無明起業是名行。依行有初識。與識共生有四取陰。依止取陰有名色。名色成就有六入。根塵合故有觸。觸因緣生受。貪樂受名爲愛。愛增長名爲取。從取起業名爲有。業報五陰名爲生。五陰變名爲老。五陰壞名爲死。死別離時。貪著心熱名爲悲。發聲啼哭。五識爲苦。意識爲憂。憂苦轉多名爲惱。如是但生大苦積聚。是十二因緣。無我無我所。無作者。無使作者。若有作者。則有作事。若無作者。則無作事。第一義中。無作者。無作事。又作是念。三界虛妄。但是心作。十二緣分。是皆依心。所以者何。隨事生欲心。是心即是識。事是行。行誑心故名無明。識所依處名名色。名色增長名六入。三事和合有觸。觸共生名受。貪著所受名爲愛。愛不捨名爲取。彼和合故名爲有。有所起名爲生。生變名爲老。老壞名爲死。又無明有二種作。一者緣中癡。二者爲行作因。行亦有二種作。一者生未來世果報。二者與識作因。識亦有二種作。一者能受生。二者與名色作因。名色亦有二種作。一者令識起相續。二者與六入作因。六入亦有二種作。一者能緣六塵。二者能與觸作因。觸亦有二種作。一者能觸所緣。二者能與受作因。受亦有二種作。一者覺憎愛事。二者與愛作因。愛亦有二種作。一者於可染中生貪心。二者與取作因。取亦有二種作。一者能增長煩惱。二者與有作因。有亦有二種作。一者能於餘道中生。二者與生作因。生亦有二種作。一者能起五陰。二者與老作因。老亦有二種作。一者令諸根熟。二者與死作因。死亦有二種作。一者壞五陰身。二者以不見知故。而令相續不絕。又無明緣諸行者。無明令行不斷。助成行故。行緣識者。令識不斷助成識故。識緣名色者。令名色不斷助成名色故。乃至生緣老死憂悲。苦惱者。令死不斷助成死故。無明滅故則諸行滅。乃至生滅故老死憂悲苦惱滅。因滅故果亦滅。又無明愛取是三分。不斷煩惱道。行有二分。不斷業道。餘因緣分。不斷苦道。先後際相續故。是三道不斷。是三道離我我所而有生滅。又無明及行是過去事。識名色六入觸受是現在事。愛取有生老死是未來事。於是有三世轉。無明滅故諸行滅。名爲斷。三世相續說。又十二因緣說名三苦。無明行識名色六入名爲行苦。觸受名爲苦苦。愛取有生老死憂悲苦惱名爲壞苦。無明滅故諸行滅。乃至生滅故老死滅。名爲斷三苦相續說。又因無明諸行生。無明滅諸行滅。以諸行性空故。餘亦如是。無明因緣諸行生。以生縛說。無明滅故諸行滅。以滅縛說。餘亦如是。又無明因緣諸行生。是隨順無所有觀說。無明滅諸行滅。是隨順盡觀說。餘亦如是。如是逆順十種觀十二因緣法。所謂因緣分次第。心所攝。自助成法。不相捨離。隨三道行。分別先後際。三苦差別。從因緣起。生滅縛。無所有盡觀”(T09.558b26~559a27)

[H211b23; T605a20]

第一因緣有分次第觀者, 釋名, 因緣有分者, 即十二因緣 三有之因故, 爲因緣有分. 言次第者, 此因緣法, 因緣漸次, 以義爲次第也[493]. 觀者 能見通之義也. 此觀以何爲所治[494], 即以人我執爲所治, 謂外人計十二但我作, 即此[495]身見邪見爲體, 即以三空所治, 無實我, 計爲我故, 此實即空故, 以空門所治. 又緣起體非我生, 計[496]有我生, 以妄生故 即無生門所治, 或以生[成似生?][497]及實法相 更無所願故, 無願門通治彼二執也. 若論觀體者, 即顯[498]因緣理次第生義[499]. 以實空及以[似?][500]并實性等三性爲順觀體, 逆觀即成一緣起無性性觀, 即用緣起次第理爲此觀體也.

첫 번째 인연유분차제관因緣有分次第觀[501]은 이름을 해석하면 인연유분因緣有分은 곧 12인연이 삼유三有[502]의 인因이므로 인연

493 因緣漸次, 以義爲次第也: 변격한문. 정격한문이라면 '因緣漸次之義爲次第也'로 표현할 수 있다.

494 此觀以何爲所治: 변격한문. 정격한문이라면 '此觀所治者 何耶'로 표현할 수 있다.

495 即此身見邪見爲體: 정격한문이라면 '此即身見邪見爲體'로 표현할 수 있다.

496 生計: ㉾性法, ㉾㊎㊔生法

497 或以生[成似生?]: 저본에는 或以生이지만 『搜玄記』에는 成似生으로 되어 있다.

498 顯: ㊔所

499 顯因緣理次第生義: 변격한문. 정격한문이라면 '顯因緣理之次第生義'로 표현할 수 있다.

500 以[似?]: 저본에는 以이지만 『搜玄記』에는 似로 되어 있다.

의 구분이 있게 된다. 차제次第라고 말한 것은 이 인연법의 인연이 점점 이루어지므로 그 뜻을 차제次第라고 한 것이다. 관觀은 잘 뚫어 본다는 뜻이다. 이 관은 인人과 아我에 대한 집착을 다스린다. 즉, 외도는 12인연을 다만 주체[我]가 짓는 것이라고

---

501 이 내용은 『수현기』의 내용에 의거한 것으로 보인다. [cf. 『搜玄記』 卷第三之下 "初因緣分次第者三種分別。一明所治障。二辨觀體。三釋經文。餘皆同此。言治障者治我見執。謂言十二分是我作也。即是身見邪見遍通。若分文別但治人見。此惑通彼三空所治。治相云何。實無有人相見實人相。即空門所治。緣起似我生。不如所取生。計爲似相。即無生所治。所以得知有彼似我。故論云自他差別識從我見薰習生。故得知也。成似生及實法相。即無願門通治前二執。亦可治彼無我空及成八自在見相。所以得知。故論云自體空者有故。此成無性性也。即治惑門。二觀體者即顯因緣理次第生義。以空及似實等三性爲順觀體。逆即成一緣起空無性性觀。即用緣起次第理爲此觀體。即依經辨也。若依論辨但准以思攝。三釋文者。就因緣分者即因分也。次第者漸次也。觀者照達義。就此以題章也。此文有四。相從爲三。要則爲二。總攝爲一。門別四者。一擧彼解惑顯成無我門。二依論愚癡下。依經一切凡夫下。　責情顯理門。三依論無智下。依經常隨邪念下。辨相顯實門。四不知諸諦第一義諦下依實辨相門。相從三者。四門中初一名成。釋成無我中二名答。答顯無我。後一名相。謂依二諦立因緣相。要攝二者前之三門宗顯無我。即因緣性。後一總顯因緣之相。總爲一者總爲第一因緣分次第。就第三辨相顯實中。只由癡愛起諸業行。乃至老死非由於我。於中初順。次逆。後結。順中初言無智有無。經云常隨邪念。是無明支。無智是癡。求是愛。求常名有。求斷曰無也。過去唯癡。實即過去備諸煩惱。癡愛力強。所以偏擧。恒隨下是行。行有六句。前三行過。後三行體。依經行過三句亦是無明支。以闕論中無明支故。以是行下是其識支。初以是行起心種子。乘前起後。由行熏心令心生後。故說爲種。心者是梨耶。二有漏下對後生死顯前種義。有漏是愛。取想是見。依經取心心即通想。所謂業爲地下復生後有。是名色支。生名色等有七句。一業爲地。二識爲種。三無明覆。四愛水潤。五我心漑灌。六種種見網。七名色互生。問如熏習義應業爲種識爲依地。云何今識爲種子。答凡論業種分別有二。一熏習成種時。二引生感果時。若熏習成種時。業爲種子以識爲地。爲識未被熏時未辨有種。今爲熏習始說種生。即與上心能熏義親。與識義疏。故識爲地。種爲能依。即屬業也。二引生感果者。以識爲種。用業爲地。今言業者是臨生。時中陰求生業心爲正業種。猶在本識未發。今此上心求生中陰。是種子用相。此用相既非業體。但能引業感得識支。如地引種令得成果。說業爲地。種在識內。與彼本識同無記性。先造業識上心已謝。今種現與本識俱成。與識義親。與能薰疏。故判從識合爲種子。此有二義。一是即體。二是異體。此義如上料簡中說。問業力無明及諸見等。現今求生用識爲依。應從識爲種。云何別分爲所依地。答理同依識。但有別義不如種子。以種現同識無記性。一體。二相。俱一不分。求生無明雖與識同現變成其色心等別。不如本識體相二義。不可從識爲種子也。餘文可知"(T35.063c12-064b16)]

502 삼유三有: 有情의 삶을 처음 태어나는 찰나의 生有, 태어나 죽을 때까지의 本有, 죽음의 순간의 死有 셋으로 구분한 것.

생각하니 곧 이는 신견身見과 사견邪見의 체體가 되는 것이므로 곧 삼공三空[503]으로 다스린다. 실아實我가 없는데 아我라고 생각하므로, 이 실제가 바로 공空이므로, 공문(空門=三空)으로 다스린다. 또한, 연기의 체는 주체가 낳는 것[我生]이 아닌데 주체가 낳는다고 생각한다. 허망한 생겨남이므로 곧 무생문無生門으로 다스린다. 성사생成似生과 실법상實法相은 다시 바랄 것이 아니므로 무원문無願門으로 두 가지 집착을 모두 다스린다. 만약 이 관의 체體를 이야기하자면 곧 인연의 이치가 차례대로 생겨나는 뜻을 드러내는 것이다. 실공(實空=분별성, 변계소집성) 및 사(似=의타성, 의타기성), 실성(實性=진실성, 圓成實性) 3성三性이 순관順觀의 체體가 되고 역관逆觀은 곧 하나를 이루는 연기의 무성성無性性을 보는 것이다. 곧 연기가 차례대로 일어나는 이치를 이 관의 체로 한다.

---

503 삼공三空: 我空, 法空, 我法俱空

[H211c15; T605b04]

第二依止一心觀者, 釋名者 依止即十二因緣, 此爲能依止, 以梨耶一心爲所依, 故名爲依止一心觀. 觀如前釋也. 若論所治者, 治彼外境自性執, 所謂一切境別治, 然但自性·差別·積聚等三 通治, 可知. 若能治所依觀體, 以空以[似?][504]實等三空門爲順觀體, 即以二種唯識爲順觀體, 謂一梨耶唯識, 即以真識爲體, 二意識唯識, 即以妄識爲體也. 逆觀同前, 成一緣起無性性觀也. 此觀合論[505], 但以十二因緣即一如來藏真識無別法, 爲應. 云云.

두 번째 의지일심관二依止一心觀[506]은 이름을 해석하자면 의지依止는 바로 12인연이다. 이것이 의지하는 주체[能依止]가 되고 리아梨耶와 일심一心이 의지하는 대상[所依]이 된다. 그래서 의지일심관이라고 하였다. 관은 앞의 해석과 같다. 다스림의 대상을 이야기하자면 저 바깥 경계에 자성自性이 있다는 집착을 다스린다. 즉, 일체의 경계를 개별적으로 다스리되[別治] 다만 자성·차별差別·적취積聚 세 가지는 아울러 모두 다스리니[通治] 알 수 있을 것이다. 다스리는 주체가 의지하는 관의 체體는 공

504 以[似?]: 저본에는 以이지만 『搜玄記』에는 似로 되어 있다.

505 此觀合論: 변격한문. 정격한문이라면 '此觀通論' 또는 '(若)通論此觀'으로 표현할 수 있을 것이다.

空·사似·실實 삼공문三空門이 순관의 체가 된다. 즉, 두 가지 유식唯識이 순관의 체이니 하나는 리야유식梨耶唯識으로 곧 진식眞識을 체로 하고 두 번째는 의식유식意識唯識으로 곧 망식妄識을 체로 한다. 역관逆觀은 앞과 마찬가지로 하나의 연기를 이루는 무성성無性性을 보는 것이다. 이 관을 전체적으로 이야기한다면 다만 12인연이 곧 하나의 여래장 진식으로서 서로 다른 존재가 아니라는 것이 마땅할 것이다(운운).

---

506 『搜玄記』卷第三之下 “二依止一心觀者。即十二緣等能依也。心者即梨耶心。就此以題章。以梨耶緣起爲此觀體。三門同上。初所治者治彼外境自性執。謂一切境別治。但以惑自性差別積聚等三通治可知。二能治所依觀體者。還以三空空似實無生性相爲此順觀。故論云阿梨耶識爲大空故。無生似實無願如論思之應知。逆成一觀同初門。唯識者有二種。一梨耶識持生諸法。離識即無。二明意識唯識。生死涅槃染淨等法現在意地離識即無。梨耶唯識始是解境非行所依。意識唯識此終即是正解所依。心終意始。反前可知。觀相云何。如行心見法爲境。若無觀心覺境。染淨等法縱任現前。今知意言所作取謂之心不起。知識作時名用依他遣分別境。問依他與識云何取別。答依他約相。所以知。分別體空相能起識。其識隨緣不守自性。此應成空乃現似相。故知約相。二唯識約體。三界唯心。顚倒分別即空。故得知也。識望無性即似非實。體相相成。故通說耳。問如境依心即是果法。似而非無。云何對識辨境即空。答但從心生非分別境。屬能緣心依他性攝。所以知。當見境時但見實故。故論主以二諦等文作一依止觀也。問後知唯識還是所知。與前謂境有何義別。仍判後境屬依他性。答前見境時。不知緣集說唯識作。作義非性見識作。時分雜謂染。緣集作理違分別性。故知別也。遣實境滅時即得一分空無相性。無相現故。唯識想境並則不生名得無性性。此是行門唯識觀法。若約生解則三性後辨無性性。問唯識想滅爲知無相境遣唯識想。爲識想自滅。答更無別知無相觀心。但唯識想兼知無性。取想則自不現在前。又亦依前勢而得後心不生也。今此文內通二唯識。三界唯心作即本識唯識。如經下偈但從貪心有即意識唯識。此是順觀。此依經辨。三釋文者。經本有四。初句立宗。二十二緣分下引聖教證。三所以者何下責。四隨事生欲心下答。隨者衆多義。事者上心作業。生欲心者心是梨耶心。問既言欲心。即是意識。云何言本心。答欲心有二義。一識現起作用分別。二即此識因緣發起作用義邊即屬其事。能見取邊即屬意識。因緣發起即屬梨耶。爲起時同處不可分別。如行誑心名爲無明。欲心取境即是不了。豈可欲心之後別辨不了。故知即欲名爲不了。但成文故語有前後。事是行者上心分別事即是業行。行誑心名無明者其行現成分別實相。今梨耶識變成不了名爲意識。取其實事故名無明。餘文可知。此依論辨。問此與經本何別。答經通論局也。”(T35.064b16-065a10)

[H212a12; T605b14]

第三自業助成, 論[507]名自因觀, 謂即非他外道自性因等故, 以自四緣等理爲此觀體, 同[以?][508]三性門爲順觀體, 以三空門爲逆觀體.

세 번째 자업조성自業助成[509]은 『(십지경)론』에서는 자인관自因觀이라고 이름하였다.[510] 곧 다른 외도에서 말하는 자성인自性因 등이 아니므로 자신의 4연四緣[511] 등의 이치를 이 관의 체로 한다. 삼성문三性門을 순관順觀의 체로 하고 삼공문三空門을 역관逆觀의 체로 한다.

---

507 論: (谷)(金)(成)謂

508 同[以?]: 저본에는 同이지만 내용상 以의 오류로 생각된다.

509 『搜玄記』 卷第三之下 "三自因觀者。自者揀他異之名。唯揀邪因不揀正因。今此觀內攝四種因。因緣增上緣緣緣次第緣。以四緣理爲此觀體。自此已下至因緣觀。並用三性相爲順觀體。用三空門爲逆觀體。但義別分有此諸觀。於分別性內揀異妄計。三門同上。言所治者治異計因緣執。如修道貪瞋癡實非發業。計具因緣能發生業即戒取見。如自性非因爲因及心煩惱。分同此治。二所依觀門者明此自因具四緣等能生諸法。此具因緣親疏二理名俗諦觀。妄計不生成一分眞也。此經文辨之。三釋文者。今言無明有二種作等者。一親因緣。二是疏緣。一緣中癡是親因也。二與行作因。即疏緣也。此中攝三緣。餘文類可知。又但取疏因。此約論辨。"(T35.065a11~26)

510 『十地經論』(天親造 菩提流支譯) 現前地第六卷之八 "因觀者有二種。一他因觀。二自因觀。… 云何自因觀。無明等自生因觀緣事故。何者是無明等因緣行不斷助成故."(T26.169a29~b23)

511 4연四緣: 因緣, 等無間緣, 所緣緣, 增上緣

80-1 • [H212a16; 大605b17]

問 其相, 云何.

答 遣外執以施設, 所執實即空, 分別性. 從緣似有, 爲依他性. 依他性所宅[512]之實[513], 爲真實性. 如是爲隨情安立[514]三性, 十二因緣法見如此理事, 名爲順觀也. 若以三空門見意所計, 實空·本來空·非適今空, 名爲空門. 既實空·非今方空故, 此空計似我相[515], 非適今似古非似之似, 如是觀爲無相門. 此無相是無生無相, 非無實相無相也. 又此似既非今方似故[516], 此似所依實性, 即非有所願證法[517]故, 如是觀名爲無願門, 此名爲逆觀也.

---

512 宅: ㊅詫

513 實: ㊅一實

514 如是爲隨情安立: 변격한문. 정격한문이라면 '如是隨情安立'으로 표현할 수 있다.

515 此空計似我相: 변격한문. 정격한문이라면 '計此空似我相'으로 표현할 수 있다.

516 故: ㊊教

517 非有所願證法: 변격한문. 정격한문이라면 '非所願證法'으로 표현할 수 있다.

문 그 (순관과 역관의) 모습[相]은 어떠합니까?

답 외집外執을 없애려고 세운 것으로 실제라고 집착하는 대상이 공空한 것이 분별성分別性이고 연을 따라 비슷하게 있는 것이 의타성依他性이고 의타성이 의거하는 실체가 진실성真實性이다. 이렇게 중생들의 생각을 따라 3성三性을 구별[安立]하고 12인연十二因緣의 법을 이러한 이理와 사事로 보는 것을 순관順觀이라고 한다. 만약 삼공문三空門으로 의意가 생각한[計] 것을 보면 실제로는 공空하며 본래 공하며 단지 지금 공한 것이 아님을 공문空門이라고 한다. 이미 실제로 공하고 지금 비로소 공한 것이 아니므로 이 공을 실체[我]와 비슷한 모습이라고 생각하는[計] 것은 단지 지금 비슷하고 옛날에는 비슷하지 않았다고 하는 비슷함이 아니니 이렇게 보는 것이 무상문無相門이다. 이 무상은 생겨남이 없다[無生]는 무상으로 실상實相이 없다는 무상이 아니며 이 비슷함은 지금 비로소 비슷한 것이 아니고 이 비슷함이 의거하는 실성實性은 깨닫길 바라는 법이 아니므로 이렇게 보는 것을 무원문無願門이라고 한다. 이것을 역관逆觀이라고 한다.

[H212b04; 大605b27]

第四不相捨離觀者, 無別時生果義, 治因滅果生執. 因果同時互生理爲此觀體, 謂無明緣[518]行者, 同時互因果 非前後義也. 論[519]云, 子時無明·果時無明者, 以二種義 緣事現示, 謂一因義, 二果義, 以因義取時爲子時無明, 以果義取時爲果時無明, 以無明令[520]行生不[521]斷[522] 名爲子時, 即爾時 以所生行果者[523]爲果時無明, 非別二時, 偈曰, 衆緣所生法 是即不即因, 亦復不異因, 非斷亦非常. 此偈顯[524]因果各非斷常義, 謂行是無明果, 故即不是無明因, 以是果故不異無明因, 因反此可知. 非斷常者, 行因是[525]果 非斷, 此果無力 非常, 即此時中 無明是因 故非斷, 是果因 故非常, 如是同時因果, 顯[526]中道也.

네 번째 불상사리관不相捨離觀[527]은 (원인[因]과) 시간을 달리하여 결과[果]가 생기는 것이 없다는 뜻으로 원인이 없어지고 결과

518 緣: ㉠㉤없음.

519 十地論

520 令: ㉠㉤全, ㉢念

521 不: ㉠없음甲

522 以無明令行生不斷: 변격한문. 정격한문이라면 '以無明之生行不斷'이라고 표현할 수 있다.

523 以所生行果者: 변격한문. 정격한문이라면 '以所生行果'로 표현할 수 있다.

524 顯: ㉢明

525 因是: 내용상 是因의 오류로 생각된다.

526 顯: ㉢明

가 생긴다는 집착을 다스린다. 원인과 결과가 동시에 서로를 낳는다는 이치가 이 관의 체가 된다. 즉, 무명이 행行을 연緣한다는 것은 동시에 서로 인因과 과果가 되는 것이지 앞과 뒤라는 뜻이 아니다. 『(십지경)론』에서 자시무명子時無明과 과시무명果時無明이라고 한 것은 두 가지 뜻을 사事에 연緣하여 보인 것으로[528] 하나는 인因의 뜻이고 다른 하나는 과果의 뜻이다. 인의 뜻을 취했을 때 자시무명이 되고 과의 뜻을 취했을 때 과시무명이 된다. 무명이 끊임없이 행行을 낳는 것을 자시子時라고 하고 이때 생겨난 행行이라는 결과가 과시果時무명으로 서로 다른 두 때가 아니다. (『십지경론』의) 게송에서는 "여러 인연으로 생겨난 존

---

527 『搜玄記』卷第三之下 "第四不相捨離觀者三門同上。不相捨離者無他別時相離生也。三性分同上自因觀。初明所治者因果異時計。謂因滅果後生。此即因不生果失。更有餘失。思之可解。是戒取見。二所依觀門者。以同時生果理爲此觀體。此親疏二因俱同時。此約經文辨。觀相云何。無明有二種。一子時。二果時。彼二種時非是前後。依子取時名曰子時。依果取時名曰果時其義云何。子者令行不斷。果者此子時中所成行果。依此取時名曰果時。問果因同時即別體過。若前後生因不生果過。答我立因果異彼二失。由是同時異第二失。爲是因果異第一失。此非逆觀。去情説也。但顯俗諦理非第一義。所以知同時。故論云有二種義故緣事示現。云何二義。一是因義。二是果義。緣事示現者。依緣二種義示現二種時。如是餘因緣分自生因二種義緣事應知。又論引中論偈。云衆緣所生法是即不即因。亦復不異因。非斷亦非常者。明因果兩義各非斷常行是無明果不即無明因。由是果故不異無明因。因義反前可知。非斷亦非常。行由是果非斷。是果無方非常。即此時中無明是因非斷。是果因故非常。此義論主削去外情作逆觀說。非順緣生俗諦門。所以得知。論主後自屬當經云。自生因緣觀義如前說。故知也。此約論辨"(T35.065a26~b23)

528 『十地經論』"無明有二種。一子時, 二果時。是中子時者 令行不斷。有二種義故。緣事示現。如是餘因緣分自生因二種義緣事應知。自因觀者。不相捨離觀故。離前支無後支觀故。不離無明則成行觀。若不離無明有行者。不應言無明緣行。若離無明有行成者異則不成。是故, 偈言 衆緣所生法 是則不即因 亦復不異因 非斷亦非常。自生因緣觀如前說。無明有二種。一子時二果時。行乃至老死亦如是。先際後際滅中際亦無是故不說"(T26.169c-170a)

재, 이것은 원인[因]과 같지 않고 원인과 다르지도 않으니 끊어짐도 아니고 계속 이어짐도 아니다(衆緣所生法 是即不即因, 亦復不異因, 非斷亦非常)."라고 하였다. 이 게송은 원인과 결과가 각기 끊어짐[斷]과 영원함[常]이 아니라는 뜻을 드러냈다. 즉, 행行은 무명의 결과이므로 곧 무명이라는 원인이 아니고 (무명의) 결과이므로 무명이라는 원인과 다르지 않다. (행의) 원인인 무명도 이와 반대로 생각하면 알 수 있을 것이다. 끊어짐[斷]과 영원함[常]이 아니라는 것은 행은 원인인 (무명의) 결과이므로 끊어짐이 아니고 이 결과는 작용이 없으므로[無力] 영원함이 아니다. 곧 이때 무명은 원인이므로 끊어짐이 아니고 (행이라는) 결과의 원인이므로 영원함이 아니다. 이러한 동시同時의 인과로 중도를 드러낸다.

[H212b20; T605c12]

第五三道攝觀者, 三道者, 煩惱·業·生爲三道, 道通生義, 謂三道互生如束竹[529], 此觀所治即廢事執理執, 如言若因緣生一切法一時生, 名爲理通因執. 廢事別因, 計如一自性等, 一切因執等, 同分此所治. 若因緣, 事理相應齊生, 而事理別故皆不一時生, 以煩惱業等善不善等不同故, 六道差別故也. 三性爲順觀體等, 同上觀也.

다섯 번째는 삼도섭관三道攝觀[530]이다. 삼도三道는 번뇌·업業·생生이다. 도道는 이어서 낳는다는 뜻이니 삼도가 서로를 낳음이 대나무를 묶어 놓은 것 같다.[531] 이 관이 다스리는 바는 곧 현상

529 竹: ㉆竹卽其三道是攝三德故

530 『搜玄記』卷第三之下 “五三道觀者。三者數。道者通生義。以煩惱業報及通生義爲此觀體。三門同上。初所治者。對治因緣廢事計理執。謂計諸法通因緣理。即廢事執理失。故論云若因緣生者一切法俱生。故得知也。問如論文此語屬後三際。云何從前以爲所治。答論主別有異意。科後八門半觀。以爲俗諦明執是過。故從後說。論主用三道爲攝過觀。即體是過 不可別有所治。今依經本。三道是德 故有所治。將在前論。所以知論主別有異意。如前依止一心觀分爲兩門。豈是十番意也。亦有解者。作外人與論主成失若作此釋。義轉難解。所以得知。疑云若因緣生者一切法俱生。論答云。過去業有二種。一未作業。二已作業。只可未作者非一切生。已作者應一切生。爲如是故。今成論主與外成失屬前治也。又一因生諸法如計宿作及自性等。分同此治。是戒取耳。二所依觀門者。對三性分同上自因觀。因緣之道通生諸有。依煩惱道生諸有故。同在有流也。依業生諸有六道不同。善惡有異。依報生諸法相續不斷。故得三有成其事業諸相不同。此理事相應理故法齊生。由事隔故不互相生。若但因緣理不藉事生者即三有不成。此依經本辨。三釋文可知。依論辨之可知。”(T35.065b23~c19)

531 『十地經論』“經曰。是中無明·愛·取三分不斷是煩惱道。行·有二分不斷是業道。餘因緣分不斷是苦道。先際後際相續不斷故。是三道不斷。如是三道離我我所。但有生滅故猶如束竹。”(T26.170a03~06)

[事]을 무시하고 이치[理]에만 매달리는 집착이니 인연으로 생기는 것은 일체 존재가 일시에 생겨난다고 말하는 것과 같은 것으로 이통인집(理通因執: 이치가 모든 것의 원인이라는 집착)이라고 한다. 현상의 각기 다른 원인을 무시하고 하나의 자성[一自性] 같은 것을 생각하는[計] 모든 근본 원인에 대한 집착[因執] 등도 이것으로 다스린다. 인연因緣과 마찬가지로 현상과 이치도 상응하여 같이 생기지만 현상과 이치는 서로 다르므로 모든 것이 한꺼번에 생기지는 않는다. 번뇌와 업 등은 선善과 불선不善 등으로 서로 다르고 (생은) 육도六道의 차별이 있기 때문이다. 삼성三性이 순관順觀의 체가 되는 것 등[532]은 앞의 관들과 같다.

532 등: 三空門이 逆觀의 體가 됨을 가리킨다.

[H212c05; T605c20]

第六三際觀者, 三時因果理事 爲此觀體. 所治, 無因執, 無因生果 即常見, 又無未來老死等執 即斷見, 即三際因果以爲所對治[533]. 三性等觀同上[534].

여섯 번째는 삼제관三際觀이다.[535] (과거·현재·미래) 삼시三時 인과의 이치[理]와 현상[事]이 이 관의 체體이다. 다스리는 대상은 원인이 없다는 집착[無因執]으로 원인 없이 결과가 생긴다는 것은 곧 상견常見이다. 또한, 미래의 노사老死 등이 없다는 집착 즉, 단견斷見(도 다스리는 대상)이다. 곧 (과거·현재·미래) 삼제三際의 인과로 (그것들을) 상대하여 다스린다. 삼성三性 등이 (순)관의 체가 되는 것은 앞과 같다.

533 三際因果以爲所對治: 변격한문. 정격한문이라면 '以三際因果爲所對治'로 표현할 수 있다.

534 三性等觀同上: 『수현기』와 비교할 때 이 구절은 불필요한 衍文으로 보인다. 다음의 '第七三苦觀의 구절이 잘못 배치된 것으로 생각된다.

535 『搜玄記』 卷第三之下 "第六三際觀者。三者數。際者顯無始分齊。即以三時因果理事爲此觀體。三門同上。一所治者。治無因執即常見也。謂執諸法不從因生 復言未來無生老死即斷見也。二能治所依觀門者。無明行等是過去世。治現在世執身常見。愛取有等是未來世。對治外執斷見過也。此依經辨。三釋文者。於是有三世轉者 謂展轉生諸後有也。此明過患耳。餘文可知。此依論辨。"(T35.065c19~28)

[H212c09; T605c24]

第七三苦觀者, 十二因緣皆苦, 苦[所?][536]治淨樂倒[537], 即戒取等見也. 能治觀者, 三性等觀同上. 約實十二因緣通三苦[538], 隨增說無明乃至六入爲行苦, 漸增相顯[539]故, 觸受二爲苦苦, 以對苦具起故, 愛等爲壞苦, 能壞現身相[540]故.

일곱 번째는 삼고관三苦觀이다.[541] 12인연이 모두 고苦라는 것으로 다스리는 대상은 [우리의 몸이] 깨끗하고 즐겁다는 잘못된 생각으로 곧 계취견戒取[542] 등이다. 능치能治인 관觀은 삼성三性 등의 관으로 앞의 관과 같다. 실제로 12인연은 세 가지 고三苦[543] 모두에 해당한다. (그 특성이) 늘어남의 측면에서 이야기하

---

536 苦[所?]: 저본에는 苦이지만 『수현기』에는 所로 되어 있다.

537 倒: 『수현기』에는 執으로 되어 있다.

538 苦: ㉠苦本性苦故

539 顯: ㉢明

540 相: ㉢現

541 『搜玄記』 卷第三之下 "七三苦觀者。三者數。苦是義。三門同上。初所治者謂樂淨執。是因緣身具有三苦。迷者不了謂有樂淨。即見取攝分有戒見。二明所依觀門者。三性同上。理實通論諸因緣分通三苦。今約相分。無明行等以爲行苦。觸受二支名爲苦苦。愛取有等以爲壞苦。行苦漸增治身常住計有樂淨。苦苦治身自在有樂淨執。壞苦治身究竟計有樂淨。此名順俗觀。但以三苦及知苦智爲此觀體。此苦何得通三性。答如經說不生不滅是無常義等。又云是苦是諦是實。又廣如中邊論。准之思之可解。此依經文辨。釋文者。所以五支名爲行者。諸分漸增未對苦具。但行相增。所以觸受爲苦苦者爲此二支對外苦具增。所以愛等名壞苦者是未來世生因緣故違現在身。顯其現在非久住世。愛取有體非是壞相。顯他壞增名爲壞苦。餘文可知。此依論辨。"(T35.065c28~66a17)

542 계취견戒取見: 잘못된 원리를 고집하면서 이를 통해 천상에 태어나거나 해탈을 얻을 수 있다고 생각하는 견해. 戒禁取見이라고도 한다.

543 세 가지 고三苦: 行苦, 苦苦, 壞苦

면 무명無明부터 육입六入까지[544]는 행고行苦[545]이다. 점점 늘어나는 모습이 드러나기 때문이다. 촉觸·수受 둘은 고고苦苦[546]이다. 고苦를 상대하여 함께 일어나기 때문이다. 애愛 등[547]은 괴고壞苦[548]이다. 현재의 상태[現身相]를 무너뜨리기 때문이다.

---

544 무명無明부터 육입六入까지: 無明, 行, 識, 名色, 六入[=六處]

545 행고行苦: 모든 존재가 찰나마다 변해가는 괴로움

546 고고苦苦: 몸으로 겪는 괴로움

547 애愛 등: 愛, 取, 有, 生, 老死

548 괴고壞苦: 애착하는 존재가 변하고 소멸하는 괴로움

[H212c15; T605c29]

第八因緣生觀者, 此即顯[549]因緣有力[550]能故 果法得生義, 爲此觀體. 治但因生果執, 順逆觀同上可知. 此[551]觀等無自生義故空, 雖有此義而俗, 有[552]義增 空義微也.

여덟 번째는 인연생관因緣生觀이다.[553] 이것은 인因과 연緣에 힘

549 顯: ㊍明

550 力: ㊎㊍身

551 此: ㊍없음.

552 有: ㊎㊍없음.

553 『搜玄記』卷第三之下 “八因緣觀者 三門同上。初所治者 謂計單因有力生果。如執自性因能生二十五諦。此身等因緣生。迷者不了謂自性作。即戒取見。二所依觀門者 三性同上。因緣生因有決定用。緣有發果能方得法生。若但因力無緣發果能者。其因六義不現在前。何者爲六義。一念念滅。此滅是空。有力不待外緣所以有力不待緣。爲因體未對緣事自遷動故。二俱有是空有力待緣。所以者爲得外緣唯顯體空俱成力用也。三隨逐至治際是有無力待緣。所以知爲隨他故不可無不能違緣。故無力也。四決定是有有力不待緣。所以知外緣未至性不改自成故。五觀因緣。是空無力待緣。所以知者爲待外緣唯顯親因非有無力能生果也。六如引顯自果。是有有力待緣。所以知得外緣時唯顯自因。得自果故。問此因緣六義分齊云何。答今言賴緣者。但取因事之外增上等三緣不取自因六義互相發。所以者。其六義者同是理法對因事顯。廢生因事六義不能自互發成。但外三緣各有理事故。得對顯因果之義。若爾六義不應總別相成。答六義六相共成者。六相有二義。一順理。二順事。此二義中。順理義顯。順事義微。其四緣事二義同上。但順事義增。順理義微。所以知。因緣生果法起迷義顯。爲此論主別將六相照令入理。故知四緣順事增也。所以知總別順理義增者。爲辨六相令見心入理。問何以得知但總別六義得順理增不取於事。答論主簡事不具六相。唯約義辨。故知也。上二微義思之可解。今因緣內各有六義。故說別有勝用能感於果。問如論說。非他作自因生。非自作緣生故。既言非他。云何但取勝力生果。答此擧不生形取勝力。若不形奪勝力不成。令此奪中偏取一邊勝力屬上論主自因觀。今此通取二力。不能生義分在其中。准上六義思之可解。有一別空。入後觀門至當分別。此即治前獨因感果執。業藉緣造後感果時。不賴緣發。此執何失。答若廢於緣自因勝力並皆不成。此即俗諦觀。即以緣生理事及智爲觀體。此依經辨。三釋文者。因即通親疏四種緣也。故云因緣能生行。故知也。釋名可解。此依論辨。又依小乘六因四緣。若依三乘即十因二十因等。若依一乘即隨法辨因爲一一因緣理事各別與法界等。今六因義唯一乘能窮。此約別教說也。”(T35.066a17~c06)

과 능력이 있어 결과[果法]가 생길 수 있다는 뜻을 드러내는 것을 이 관의 체體로 한다. 단지 인因만으로 결과[果]를 낳게 한다는 집착을 다스린다. 순관과 역관은 위의 관과 같으니 알 수 있을 것이다. 이 관들은 스스로 생겨남이 없다는 뜻[無自生義]이므로 공空이다. 이러한 뜻이 있지만 속제(관)이므로 있음[有]의 뜻은 많고 공空의 뜻은 미약하다.

[H213a03; T606a04]

第九因緣生滅轉[縛?][554]觀者, 此觀以三空門爲順觀體, 成一生轉[縛?]無別觀爲逆觀. 所治者, 因緣有力能生果[555]執[556]等, 即法·我·我所執. 能治觀者, 生滅轉轉順轉[縛?], 謂行果生時[557]中 因緣二法非能生有力故, 即其果自體空故不自在, 不自[558]在故隨因緣生, 隨因緣生故即不生, 此名[559]爲轉[縛?]. 此轉[縛?]果 空義增成平等俗果故, 即以三空所見三無性爲順觀體[560]. 既不當生不生故, 其心無所見處, 即成無分別故, 逆觀成一生轉[縛?]無分別觀也.

아홉 번째는 인연생멸박관因緣生滅縛觀이다.[561] 이 관은 삼공문三空門을 순관順觀의 체體로 삼고 하나를 이룰 때 낳음[生]과 묶임[縛]에 차이가 없음을 보는 것이 역관逆觀(의 체)이다. 다스림의 대상은 인因과 연緣에 힘이 있어서 과果를 낳는다는 집착 등으로 곧 법法·아我·아소我所에 대한 집착이다. (집착을) 다스리는 관觀은 생김과 없어짐이 계속됨[轉轉]이 묶임[縛]을 따름(이

554 轉[縛?]: 저본에는 轉이지만 『화엄경』의 내용에 의거할 때 縛의 오류로 생각된다. 『수현기』와 『탐현기』에도 각기 '因緣生滅縛'과 '因緣縛'으로 되어 있다.

555 果: ㉵果報

556 執: ㉦執生果

557 時: ㉵㉦없음.

558 在不自: ㉵力在不

559 名: ㉵㉶若

560 觀體: ㉶體觀

라고 보는 것)이다. 즉, 행行이라는 과果가 생겨날 때 인과 연의 두 법은 낳을 힘이 있지 않으므로 곧 그 과의 자체自體가 공空이므로 자재自在하지 않다. 자재하지 않으므로 인연을 따라 생긴다. 인연을 따라 생겨나므로 곧 생겨나는 것이 아니다[不生]. 이것을 묶임[縛]이라고 부른다. 이 묶인 과果는 공空의 뜻이 많아 평등한 세속을 이루는 과果이므로 곧 삼공三空으로 보는 삼무성三無性을 순관의 체로 삼는다. 이미 생生과 불생不生에 해당하지 않고 그 마음이 보는 곳이 없어 곧 무분별無分別을 이루기 때문에 역관逆觀은 하나를 이룰 때 낳음[生]과 묶임[縛]에 차이가 없음을 보는 것이다.

---

561 『搜玄記』 卷第三之下 “第九因緣生滅縛觀者。因緣牒成俗諦所依。生者所生果法。滅者即離因緣生力。縛者即順縛。從俗諦依經本闕無。因緣二字三門同上。初所治者。此下二觀但治心惑。通義可解。謂因緣共力能感果執。又言因緣法。各有少力。共成一果。其緣起理通有諸義。若見因緣有力共生。即名迷理事分別執。即法我所見。二所依觀門者。此用三空門爲順觀體。逆成一生縛無分別觀。餘意下更分別。諸緣生法成俗諦相。不屬一緣。但諸已生法隨去一緣果不得立。不簡親疏故。論云。無知者故。作時不住故。若因緣能生不可不住。問若因緣不生而有法者。先因未集亦應生果。又此縛果法因緣生果。二相何別。答因緣生內有二種義。一無自生義故空。二因緣有力故生得果法。此緣縛內亦有二義。一是俗諦緣起。二離緣生力故空。因緣生法。若無生力。果即不成。此緣縛觀。若無空義。果即不成。云何是空相。答因內求疏不可得。又求生力不可得。前因緣生果生義。是增空義。是微爲因緣法順生迷增故。今緣縛法空義。是增生力義微爲緣起法順生無分別智故。故下經云。緣起之法離有無也。此雖無生力以空力成故。離自性生。經云。無住爲本故。問若緣生順迷增者。此義可爾。緣縛順空增。應當眞諦攝。答空有二種。一爲空故得有俗成。二爲空成無分別。今取成俗空故不入眞諦。問若觀生縛當見法時。爲有能縛因力以不。答無能縛者。若有能縛即是他義。縛義不成。此義思之可解。今以俗諦無分別理事爲此觀體。此生縛觀不分因果。此依經文辨。三釋文者。無明因緣諸行生以生縛說者。無明因緣牒俗所依。以生縛說者。正斥觀體。生縛同前釋。所以言說者。爲欲依言得平等俗故。何者以此縛字通目生不生爲縛故。非親生爲縛故。非無俗諦不可以二相取此二義故。以一說縛字印定其義。若廢其說恐別取二義故。觀依說以取義也。理在說中。餘文可解。又經通取空力多有力少。論即不說因也。此依論辨”(T35.066c06~067a18)

[H213a14; T606a14]

第十隨順無所有盡觀者, 此觀, 有無一相, 不相妨礙, 如陽炎水濕乾竝顯[562]. 順觀, 隨順有觀 即以三空門, 逆觀, 隨順無所有盡[563]觀, 無所有即[564]空理, 所隨順, 盡即能順. 俗[565]盡於空, 更無攝法, 全[566]即是空理故爲盡, 此即因緣法盡於自如也. 即俗事離分別之際. 自此去所[567, 568] 即是移衆庶[569] 盡癡顚倒. 即此甚深法, 隨擧一盡攝一切, 無盡自在緣起法, 正十數所顯[570]普法緣起道理也.

열 번째는 수순무소유진관隨順無所有盡觀[571]이다. 이 관은 유有와 무無가 한 모습[一相]으로 서로 장애가 되지 않는 것이 마치 신기루의 강물에 축축함과 건조함이 같이 나타나는 것과 같다. 순관은 유有를 수순隨順하는 관으로 곧 삼공문三空門으로 하고 역관은 무소유無所有를 수순함을 다하는[盡] 관이다. 무소유는 곧

562 顯: ㊢明
563 盡: ㊔蓋
564 即: ㊢없음.
565 俗: ㊎㊢俗即
566 全: ㊢令
567 去所: ㊔所去, ㊢者所
568 自此去所: 변격한문. 정격한문이라면 '自此以去'로 표현할 수 있다.
569 庶: ㊎疾→庶
570 顯: ㊢明

공의 이치[空理]로 따르는[隨順] 바이고 다함[盡]은 곧 따르는 양태[能順]이다. 세속은 공空에서 다 없어지므로[盡] 다시 포섭하는 존재가 없고 온전히 곧 공의 이치이므로 다하게 된다. 이는 곧 인연법因緣法이 진여[自如]에서 다 없어지는 것[盡]으로 곧 세속의 일이 분별을 여의는 때이다. 이후에는 곧 수많은 것을 옮겨 어리석은 전도된 생각을 다 없앤다[盡]. 곧 이 깊고 깊은 법法은 하나를 제시하면 일체를 모두 포섭하는 다함이 없는 자재自在한 연기법으로 바로 완전한 십十의 수로 드러내는 보법普法 연기의 도리이다.

571 『搜玄記』 卷第三之下 "十無所有盡觀。依論名隨順有盡觀。三門同上。初所治者。此局心惑。亦可通諸使。俗諦通攝故。爲執因緣但有應俗相。自體空義不現在前。故是障也。何者。但因緣生法。即自體空理不自住。順成俗諦。成俗諦果時。仍以不同因緣。以此義求有不偏增。若迷謂唯有俗者故是過失。即法我我所見。二所依觀門者。三義同上。生縛意趣有異。後自分別。諸緣生法。不起即已起即雙現。如彼渴鹿見陽焰水。乾濕並彰。又如鏡像染淨雙現。此是正理。問 其所現空。爲是眞諦。爲是俗諦。又此觀法與前緣生及以生縛。云何取別。答 因緣及縛唯成順有。今第十觀空有俱順。又此空有並是俗諦。汎明眞俗此有多義。一體相相對。二空有相對。如此分眞俗。其義非一。若空有分眞俗。有則爲俗。空即爲眞。即證智所知。若體相相對。空有可以相論故。若約此義。俗諦通空有。此空是自體空。非事空也。故[起信]論云。是心眞如相。能示摩訶衍體。故知雖是眞如得名。俗相, 不是體也。此即空有同爲一相。以緣順性理事爲此觀體故。上文云。十二緣生是無爲也。此依經辨。三釋文者。隨順即空。隨順於有盡者, 爲空隨順。即有盡滅也。此順論主後釋。不順經文。若依經 無所有盡觀者。無所有者所順。盡者能順。俗相即空。順於滅理。以俗相求法。即盡其性。此是周盡之盡。亦有解者。以盡字爲逆觀。此不應經文。爲文中別有逆相。又若此盡即是逆者。諸觀並應置其盡字。文云。無明因緣諸行生是隨順無所有盡觀者。因緣無性即相辨空。空故隨順無所有理盡其性也。"(T35.067a18~b20)

十番十二因緣觀略示如是, 廣説如論中三番説(云云).

열 가지 십이인연관을 이렇게 간략히 제시한다. 자세한 내용은 『(십지경)론』의 세 가지 설명[572]과 같다(운운).

572 『十地經論』(天親造 菩提流支譯) 現前地第六卷之八 부분에서 12인연에 대하여 成答相差別, 第一義諦差別, 三世諦差別의 세 가지 觀門으로 살필 것을 이야기한 부분을 가리킨다(T26.168b04~170c03). 앞에서 이야기된 열 가지 십이인연관 중 因緣有分次第觀[有分次第因緣集觀]이 第一義諦差別에 해당하고 나머지 9관은 三世諦差別에 해당한다[『十地經論』(天親造 菩提流支譯) 現前地第六卷之八 "經曰。是菩薩觀世間生滅已。作是念。世間所有受身生處差別皆以貪著我故。若離著我則無世間生處。菩薩復作是念。此諸凡夫愚癡所盲貪著於我。無智闇障常求有無。恒隨邪念妄行邪道。集起妄行罪行福行不動行。以是行故起心種子。有漏有取想故。起未來生老死身復生後有。業爲地無明覆蔽。愛水爲潤我心溉灌。種種見網令得增長。生名色互生已增長。名色增長已成諸根。諸根成已迭互相對生觸。觸相對生受。受後所悕生愛。以有愛故生取。取增長已生有。有成已生五陰身。五陰身增長已。於五道中漸漸衰變名爲老。衰老變滅名爲死。死後生諸熱惱。因熱惱故生一切憂悲苦惱聚。是因緣集。無有集者自然而集。無有滅者自然而滅。是菩薩如是隨順觀因緣集. 論曰。是中世間所有受身生處差別者。五道中所有生死差別是名世間所有差別。<u>此因緣集有三種觀門應知。一成答相差別。二第一義諦差別。三世諦差別</u>。云何成差別。初明唯因緣集釋無我義。成一切世間所有受身生處。皆以貪著我故。若離著我則無世間生處。即無我義成。若第一義中實有我相者。著我之心即是第一義智。不應在世間受身生處生。又復若第一義中實有我相者。若離著我則應常生世間。顯示此義。如經世間所有受身生處差別皆以貪著我故。若離著我則無世間生處故。云何答差別。若實無我云何著我。此中應有是難。即自答言。愚癡所盲貪著於我。此示現如經菩薩復作是念。此諸凡夫愚癡所盲貪著於我故。如是實無有我有。何次第貪著於我。得有生間受身生處。成此示現。如經無智闇障常求有無故。如是答難差別。是中無智有無者悕求常斷。此示無明有愛是二有支根本故。恒隨邪念妄行邪道集起妄行罪行福行不動行。恒隨邪念者。示無明因故。妄行邪道者。示於解脫處不正行故。集起妄行者。示菩薩勝義故。菩薩雖行於有不名妄行。以是行故起心種子。有漏有取想乃至隨順觀因緣集。是中起心種子者。示生老死體性。復生後有者。隨順攝取成就罪福等行。業爲地故。前説無智闇障無明覆蔽故。常求有無。愛水爲潤故。如是往如是生心我是我所我我想是慢我生不生如是等種種見網。自然而滅者性自滅故。非智緣滅。如是答難因緣集釋無我義成已。云何相差別。若因緣無我以何相住因緣集行. 經曰。是菩薩復作是念。不如實知諸諦第一義故名爲無明。無明所作業果是名爲行。依行有初心識。與識共生有四受陰名爲名色。名色增長有六入。根塵識三事和合生有漏觸。觸共生故有受。受染著故名愛。愛增長故名取。從取起有漏業名有。有業有果報名生。生陰增長衰變名爲老。老已陰壞名爲死。死別離時愚人貪著心熱名爲憂 發聲啼哭名爲悲。五根相對名爲苦。意根相對名爲憂。憂苦轉多名爲惱。如是但有苦2樹增長 無有作者。菩薩作是念。若有作者則有作事。若無作者則無作事。第一義中無有作者無有作事. 論曰。是中無明所作業果者。所謂名色 於中

識者彼依止故。名色與識共生故。識名色迭互相依故。若無作者於中分別作事亦無。此説因縁集有分。自體無作事故。是名有分次第因縁集觀。應知云何第一義諦 差別。如是證第一義諦則得解脱彼觀故. 經曰。是菩薩作是念三界虛妄但是一心作. 論曰。但是一心作者。一切三界唯心轉故。云何世諦差別。隨順觀世諦 即入第一義諦。此觀有 六種。一何者是染染依止觀。二因觀。二攝過觀。四護過觀。五不厭厭觀。六深觀。是中染依止觀者。因縁有分依止一心故 經曰… 論曰。此是二諦差別。一心雜染和合因縁集觀。因觀者有二種。一他因觀。二自因觀。云何他因觀 經曰… 論曰。是中壞五陰身以不見知而令相續不絶者。壞五陰能作後生因。以不見知故能作後生因。是名他因觀。云何自因觀。無明等自生因觀縁事故。何者是無明等因縁行不斷助成故 經曰… 論曰。是中無明縁行 無明因縁令行不斷 助成行故者。無明有二種。一子時二果時。是中子時者。令行不斷有二種義故。縁事示現。如是餘因縁分自生因二種義縁事應知。自因觀者。不相捨離觀故。離前支無後支觀故。不離無明則成行觀。若不離無明有行者。不應言無明縁行。若離無明有行成者 異則不成。是故 偈言 衆縁所生法 是則不即因 亦復不異因 非斷亦非常 自生因縁觀如前説。無明有二種。一子時二果時。行乃至老死亦如是。先際後際滅 中際亦無 是故不説。云何攝過觀。所謂三道攝苦因苦果故 經曰… 論曰。云何護過觀。若言因縁生者。分別有三種過。一者一切身一時生過。何以故。無異因故。二者自業無受報過。何以故。無作者故。三者失業過。何以故。未受果業已滅故。此三種過以見過去世等異因答故。受生報等差別故 經曰… 論曰。無明縁行即是見過去世事者。現在生是過去作故。現在果即是當來即是見過去世因義。識乃至受是見現在世事者。過去世中隨所有業彼業得現在識等果報。復能得未來果報。愛取有是見未來世事者。復有生一往定故。於是見有三世轉者。復有後世生轉故。此説何義。有三種義故。過去業不得報。或有未作或已作未得報。或得對治斷故。是中無明縁行是作示現。行縁識乃至觸受。此作已得報示現。愛取有不斷此不得對治示現。若斷愛取雖有作業則無明縁行不能生有。是故諸業有已作未作。有得果未得果。有已斷未斷。若如是則無一切身一時生過。若爾非一切業即當來受。亦非不受亦非一時。若自作業果報不失。非他身受故。若如是則無自業不受報過。他不作故。離彼三事業。定得果不失。若如是則無失業過。是名護三種過示現。云何不厭厭觀。厭種種微苦分別。所有受皆是苦故。及厭種種麁苦故 經曰… 論曰。云何深觀 經曰… 論曰。深觀者有四種。一者有分非他作自因生故。二者非自作縁生故。如經無明因縁行生 因縁能生行餘亦如是。無明滅行滅行無餘亦如是故。三者非二作但隨順生故。無知者故。作時不住故。如經無明因縁行是生縛説 餘亦如是。無明滅行滅是滅縛説 餘亦如是故。四者非無因作隨順有故。如經無明因縁行是隨順有觀説 餘亦如是。無明滅行滅是隨順無所有盡觀説 餘亦如是故。若無因生 生應常生非不生 以無定因故 亦可恒不生。何以故。無因生故。此非佛法所樂。若爾隨順有觀 有因非無因故。若無因不得言隨順有。是名十種因縁集觀 相諦差別觀已説"(T26.168b04~170c03)]

081 • [H213a14; T606a24]

問 三乘緣起·一乘緣起,有何別耶.

答 三乘緣起者,緣集有,緣散即無,一乘緣起即不爾,緣合不有,緣散不無故.

문 삼승의 연기와 일승의 연기는 어떠한 차이가 있습니까?

답 삼승의 연기는 연緣이 모이면 있고 연緣이 흩어지면 없어진다. 일승의 연기는 그러하지 않으니 연緣이 합해져도 있지 않고 연緣이 흩어져도 없어지지 않기 때문이다.

華嚴經問答 下卷[1]

화엄경문답 하권

義相說 智通記[2]

의상義相이 설하고 지통智通이 기록함.

1 下卷: (成)卷下

2 義相說 智通記: (大)(金)(成)沙門法藏撰, (谷)沙門釋法藏撰

001 • [H213c02; T0606b05]

問 十地中配當五乘義, 爲何義耶[3,4].

答 寄三乘教, 爲欲生信解故, 所說位地中, 十地證實法性之處故, 約此, 爲顯普法無盡十地中 具足一切五乘三乘等法, 無不在於此故, 作如是說.

---

3 耶: ㊎㊈없음.

4 爲何義耶: 변격한문. 정격한문이라면 '何爲耶'로 표현할 수 있다.

문 십지十地(의 수행)에 5승五乘을 배당한 뜻은 왜 그런 것입니까?

답 삼승의 가르침[三乘敎]에 의탁하여 [일승에 대한] 신해信解를 내게 하기 위하여 그리고 (불경에서) 이야기하는 (여러) 위계[位地] 중에서 십지十地가 법성法性을 확실히 깨닫는 곳이기 때문에 이에 의거하여 보법(普法, =일승)의 무진십지無盡十地에 모든 오승五乘과 삼승 등의 법이 갖추어져 있어 여기에 없는 것이 없음을 드러내기 위하여 이러한 설을 제시한 것이다.

002 • [H213c07; T606b10]

問 其准相云何.

答 初地准人乘, 二地准欲界天, 三地[5]准上二界天, 此三地中 爲世間行配[6]. 所以者何, 初地等中 行檀地, 同輪王修施似故, 二地戒[7] 三地定等, 同諸天似故, 相同世間故 相配之. 四地道品 五地四諦等, 相同聲聞所行似故, 此二地[8]相同聲聞. 第六地十二因緣觀, 同緣覺所行因緣相似故, 相同[9]緣覺. 第七地中 所行願行等十方便, 不與二乘相似故, 爲三乘大乘. 唯[10]第八地以上三地中, 無功用心, 隨法流水淳熟, 根行成故, 配一乘位. 若約此門者 一切人天世間因果 皆有初三地[11], 一切二乘所修之因果行法, 皆在[12]四五六三地, 一切三乘大乘所

5 地: ㊎㊎地以

6 此三地中 爲世間行配: 변격한문. 정격한문이라면 '此三地配世間行'으로 표현할 수 있다.

7 戒: ㊇惑

8 地: ㊎地地

9 同: ㊅同相

10 唯: ㊎准, 金唯→准

11 皆有初三地: 변격한문. 정격한문이라면 '皆在初三地'로 표현할 수 있다.

12 在: ㊎有

修之因果行法, 皆在[13]第七地, 一切一乘所修之因果行法, 皆在[14]八地以上三地. 若以此門者, 不相參, 當自位也.

13 在: ㉾有

14 在: ㉾有, ㊎㊒有在

문 그 (십지와 오승이 서로) 대응되는 모습은 어떻게 됩니까?

답 초지初地는 인승人乘[15]에 대응되고 제2지는 욕계천欲界天[16]에 대응되고 제3지는 그 위의 (색계[17]와 무색계[18]) 두 천계天界에 대응되니 이 세 지地(의 수행)은 세간의 수행에 배당된다. 왜냐하면 초지 등은 보시[檀]를 행하는 지로서 전륜성왕이 (인간세계에서) 보시를 닦는 것과 비슷하고 제2지의 지계[戒], 제3지의 선정[定] 등은 여러 천상세계의 수행과 비슷하여 (세 지의 수행) 모습[相]이 세간과 같으므로 그렇게 배당하였다. 제4지四地의 도품道品과 제5지의 사제四諦 등의 수행은 그 모습이 성문의 수행하는 것과 비슷하므로 이 두 지의 모습은 성문과 같다. 제6지의 십이인연관十二因緣觀은 연각緣覺이 수행하는 인연(의 수행) 모습과 비슷하므로 모습이 연각과 같다. 제7지에서 수행하는 원행願行 등의 열 가지 방편은 이승二乘과 비슷하지 않으므로 삼승 중의 대승이 된다. 오직 제8지 이상의 세 지에서는 힘쓰는 마음[功用心] 없이 법의 흐름에 따라 익숙해져 근기와 수행이 이루

---

15 인승人乘: 인간세계에 태어나게 하는 가르침

16 욕계천欲界天: 欲界는 중생이 존재하는 삼계(三界; 欲界·色界·無色界) 중 가장 아래 세계로 여기에 거주하는 존재는 감정과 욕망이 있다. 욕계에는 지옥·아귀·축생·아수라·인간세계·천상세계 六道로 구성되어 있으며 이중 가장 상층의 천상세계를 욕계천이라고 한다.

17 색계色界: 三界 중 欲界 위의 세계로 천상세계로만 이루어져 있다. 이곳의 중생들은 욕망은 없지만 여전히 청정한 물질[色]의 제약 속에 존재하고 있다.

18 무색계無色界: 色界 위의 세계로 천상세계로만 이루어져 있다. 이곳의 중생들은 욕망은 물론 물질의 제약으로부터도 자유로워 신체는 없고 心識만 존재한다.

어지므로 일승의 위位에 배당한다. 만약 이러한 법문에 의거한다면 모든 인간세계와 천상세계의 인과는 다 처음의 세 지에 있고 모든 이승이 닦는 인과의 행법行法은 다 제4지·제5지·제6지의 세 지에 있고 모든 삼승 중의 대승이 수행하는 인과의 행법은 모두 다 제7지에 있고 모든 일승이 수행하는 인과의 행법은 모두 다 (제)8지 이상의 세 지에 있게 된다. 만약 이 문에 의한다면 (오승 각각은) 서로 섞이지 않고 자신의 위계에 해당한다.

003 • [H214a1; T606b26]

問 初地菩薩行法甚深廣大，已證二無我理，具自利利他諸德謂四果等事，如經所明，何得爲與人相似. 乃至六地因緣理亦爾，其不相關，云何得[19]與緣覺相似乎.

答 實爾，不相似. 然而旣此十地中，一切法皆攝盡矣，人所行施法 及天所行禪定等，何地中有乎[20]. 卽有初地[21, 22]，初地檀地故，人所行施此有[23]，乃至 三地禪行地故，天所行定卽此有[24]，乃至 第六地亦爾，緣覺所修[25]十二因緣法，何地有乎[26]，卽在[27]第六地. 第六地，修因緣觀地故.

---

19 得: ㊎行

20 何地中有乎: 변격한문. 정격한문이라면 '何地中在乎' 또는 '在何地乎'로 표현할 수 있다.

21 地: ㊎㊎地檀

22 卽有初地: 변격한문. 정격한문이라면 '卽在初地'로 표현할 수 있다.

23 人所行施此有: 변격한문. 정격한문이라면 '人所行施在此'로 표현할 수 있다.

24 天所行定卽此有: 변격한문. 정격한문이라면 '天所行定卽在此'로 표현할 수 있다.

25 修: ㊅修明, ㊇行

26 何地有乎: 변격한문. 정격한문이라면 '何地在乎'로 표현할 수 있다.

27 在: ㊅㊇有

문 초지初地 보살의 행법行法은 매우 깊고 넓어 이미 (인무아·법무아) 두 가지 무아無我의 이치를 깨닫고 자리自利와 이타利他의 여러 덕성, 즉 4과四果 등의 일을 모두 갖추었음이 경전에 밝혀진 것과 같은데 어떻게 인간세계와 비슷하다고 할 수 있습니까? 그리고 제6지에서 수행하는 12인연의 이치도 그리하여서 (연각의 수행과는) 관계없는 것인데 어째서 연각과 비슷하다고 말할 수 있습니까?

답 실제로는 그러하다. 서로 비슷하지 않다. 하지만 이미 이 십지(의 수행)에 모든 법이 다 남김없이 포함되는데 인간세계에서 수행하는 보시의 법과 천상세계에서 수행하는 선정 등의 법이 어느 지에 있어야 하겠는가. (보시는) 곧 초지에 있어야 한다. 초지는 보시[檀]의 지이므로 인간세계에서 수행하는 보시가 여기에 있다. 그리고 제3지는 선정을 수행하는 지이므로 천상세계에서 수행하는 선정[定]이 곧 여기에 있다. 그리고 제6지도 그러하니 연각이 닦는 12인연의 법이 어느 지에 있어야 하겠는가. 곧 제6지에 있어야 한다. 제6지는 인연관을 닦는 지이기 때문이다.

004 • [H214a22; T606c07]

問 若其人所行法 在[28]其地者, 斯即其初地人, 乃至六地緣覺, 何故相同人, 及相同緣覺乎.

答 若約有其法者, 即可是. 然十地是菩薩修行方起[29], 准十地 菩薩行說耳[30]. 若菩薩所修法, 約能化所化者[31], 初地菩薩能修施行, 故能化人[32]令修施, 乃至 六地菩薩修因緣行, 故能化緣覺人 令修因緣法. 如是隨自修得行, 能[33]化他令修故, 所化人等 隨能化人地攝故, 亦得言相同也.

---

28 在: ㊅㊈有

29 起: ㊉㊎地, ㊈起→地

30 菩薩行說耳: 변격한문. 정격한문이라면 '說菩薩行耳'로 표현할 수 있다.

31 若菩薩所修法, 約能化所化者: 변격한문. 정격한문이라면 '若約能化所化而配菩薩所修法(者)'로 표현할 수 있다.

32 化人: ㊎없음, ㊈化聲聞人→化人

33 能: ㊉없음.

문 만약 그 사람이 수행하는 법이 그 지地에 있는 것이라면 이는 곧 그 초지가 인간세계이고 나아가 제6지가 연각인 것인데 왜 그 모습이 인간세계와 같다거나 그 모습이 연각과 같다는 것입니까?

답 만약 그 법이 있는 것에 의거한다면 그럴 수 있다. 그러나 십지는 보살의 수행이 비로소 일어나는 곳이므로 십지에 준하여 보살의 수행을 말하였을 뿐이다. 만약 보살이 수행하는 법을 교화를 행하는 주체[能化]와 교화를 받는 대상[所化]의 측면에서 대응시킨다면 초지의 보살은 보시의 행을 닦을 수 있으므로 인간세계의 사람을 교화하여 보시를 닦게 할 수 있고 나아가 제6지의 보살은 인연행을 닦으므로 연각의 사람을 교화하여 인연법을 닦게 할 수 있다. 이처럼 스스로 닦아 얻은 행을 따라 남을 교화하여 닦게 할 수 있고 교화되는 사람들은 교화하는 사람을 따라 그 지地에 포섭되므로 그 모습이 같다고 할 수 있다.

005 • [H214b08; T606c16]

問 若爾,佛所化之衆生,即在佛地.

答 亦得爾也.是故,以佛者,一切法皆無非佛也.餘義可思.

문 그렇다면 부처가 교화하는 중생은 곧 불지佛地에 있는 것입니까?

답 또한, 그렇다고 할 수 있다. 그러므로 부처의 입장에서는 모든 존재가 다 부처가 아닌 것이 없다. 나머지 뜻은 미루어 생각할 수 있을 것이다.

006 • [H214b11; T606c19]

問 三乘中, 菩薩十地漸漸, 至佛地方究竟. 一乘中, 初發心見聞, 至普賢方究竟. 云何得言 三乘因果 皆在第七地, 一乘因果 唯在八地以[34]上也.

答 實爾, 然而其門不同, 斯但約十地准五乘之義故, 作如是說.

34 以: ㊔없음.

문 삼승에서는 보살이 십지十地를 차례차례 나아가 불지佛地에 이르러 비로소 궁극의 경지가 되고 일승에서는 처음 발심하여 견문한 후 보현의 경지에 이르러 비로소 궁극의 경지가 됩니다. 어떻게 삼승의 인과는 모두 제7지에 있고 일승의 인과는 오직 (제)8지 이상에 있다고 말할 수 있습니까?

답 실제로는 그러하다. 그러나 그 문門이 같지 않다. 이것은 다만 십지를 오승에 배당하는 뜻이므로 이렇게 말한 것이다.

007 • [H214b17; T606c24]

問 約十地配五乘者, 爲欲現示一切法 皆在自證體者. 何故但五乘乃配, 非三途等配當乎.

答 約實 皆在十地. 然而且擧有行處以配耳.

문 십지를 오승에 배당하는 것은 일체의 존재[法]가 다 자증自證의 체體에 있음을 드러내려고 한 것인데 어째서 단지 오승에만 배당하고 (축생·아귀·지옥) 삼도三途 등에는 배당하지 않습니까?

답 실제로는 (삼도 등도) 다 십지에 있다. 그러나 우선 수행이 있는 곳만 들어 배당한 것일 뿐이다.

008 • [H214b17; T606c28]

問 若爾者 何地有乎[35].

答 文顯無[36]. 約義實者, 初地乃至十地中 皆同有也. 若別, 下初地中有[37] 亦得.

35 何地有乎: 변격한문. 정격한문이라면 '何地在乎' 또는 '在何地乎'로 표현할 수 있다.

36 文顯無: 변격한문. 정격한문이라면 '文無顯' 또는 '無文顯'으로 표현할 수 있다.

37 下初地中有: 변격한문. 정격한문이라면 '在下初地(中)'으로 표현할 수 있다.

문 그렇다면 (삼도 등은) 어느 지에 있습니까?

답 글에 드러난 것은 없다. (배당하는) 뜻의 본질에 의거한다면 초지에서 십지까지에 다 같이 있다. 만약 구별한다면 아래의 초지에 있다고 해도 된다.

009 • [H214b24; T606c28607a02]

問 若爾者, 人天等 何故但有初三地乎[38].

答 約實 皆諸地中有[39], 何處中非有乎[40], 然而 隨菩薩所行之行現處 配當耳[41].

38 但有初三地乎: 변격한문. 정격한문이라면 '唯初三地有乎' 또는 '唯在初三地乎'로 표현할 수 있다.

39 皆諸地中有: 변격한문. 정격한문이라면 '諸地(中)皆有'로 표현할 수 있다.

40 何處中非有乎: 변격한문. 정격한문이라면 '何處非有乎'로 표현할 수 있다.

41 隨菩薩所行之行現處 配當耳: 변격한문. 정격한문이라면 '依菩薩所行之行現處而配當耳'로 표현할 수 있다.

문 그렇다면 인간세계와 천상세계 등은 어째서 처음의 세 지에만 있습니까?

답 실제로는 (인간세계와 천상세계) 모두 여러 지에 있다. 어느 곳에 있지 않겠는가. 그러나 보살이 닦는 수행이 드러난 곳을 따라 배당한 것일 뿐이다.

010 • [H214c03; T607a05]

問 前說 隨能化 所化相當攝者, 當下[42]初地菩薩化人 非餘人化[43, 44], 乃至 八地以上菩薩 但化一乘衆生, 不得化三乘人天.

答 此隨相配位行, 故作如是說, 豈其但爾乎. 約實, 隨所得法門, 隨未所得人, 皆能化度也.

42 當下: ㉭없음, ㊎當, ㉶下

43 餘人化: ㉭化餘人

44 下初地菩薩化人 非餘人化: 변격한문. 정격한문이라면 '下初地菩薩但化人 非化餘人'으로 표현할 수 있다.

문 앞에서 교화하는 주체[能化]를 따라 교화되는 대상[所化]이 그에 해당하는 (지에) 포섭된다고 이야기하였는데 (그렇다면) 응당 아래의 초지보살은 인간세계만 교화하고 나머지 사람들은 교화할 수 없고 나아가 (제)8지 이상의 보살은 일승의 중생만 교화하고 삼승과 인간세계와 천상세계 중생들은 교화할 수 없어야 할 것입니다.

답 이것은 모습에 따라 위계[位]와 수행[行]을 배당하여 이렇게 말한 것이다. 어찌 그렇기만 하겠는가. 실제로는 얻은 법문에 따라 (그 법문을) 얻지 못한 사람들을 다 교화하여 제도할 수 있다.

011 • [H214c09; T607a10]

問 第七地文云, 第七地至[45], 方過二乘人, 解脫月菩薩 得初[46]地已過二乘, 何故此方過也[47], 金剛藏答曰, 初地過 緣大法故過, 非自智行, 實行此方過. 譬如王太[48]子始生王家時, 即過大臣[49], 以種姓尊貴故, 然而諸事非皆過, 學[50]方過. 此[51]等義, 約何等義說乎[52].

答 此有深意, 謂既言緣大法故勝過, 非自智行, 是即約十信初心即是初地之義說, 非約實行 位 列初地說.

---

45 第七地至: 변격한문. 정격한문이라면 '至第七地'로 표현할 수 있다.

46 得初: ㊅㊇㊈初

47 也: ㊇耶

48 太: ㊎大

49 臣: ㊇等, ㊎臣等, ㊈等義

50 學: ㊅覺

51 此: ㊅問此

52 約何等義說乎: 변격한문. 정격한문이라면 '約何等義而說乎'로 표현할 수 있다.

문 (『화엄경』의) 제7지 문장에서 제7지에 이르러 비로소 이승의 사람을 넘어선다고 함에 해탈월보살이 '초지를 얻으면 이미 이승을 넘어서는데 어째서 여기서 비로소 넘어서는가?'라고 하자 금강장보살은 "초지가 (이승을) 넘어선 것은 대법大法에 힘입어 넘어선 것이지 자신의 지혜와 수행이 (이승을 넘어선 것이) 아니다. 실제 수행은 여기서 비로소 넘어선다. 비유컨대 왕태자가 처음 왕가에서 태어났을 때 곧바로 대신들을 넘어서는 것은 종성이 존귀하기 때문이다. 그러나 모든 일에서 (대신들을) 다 넘어서는 것은 아니다. 배운 후에 비로소 넘어선다."라고 답하였습니다.[53] 이것은 어떤 뜻으로 이야기한 것입니까?

답 여기에는 깊은 뜻이 있다. 즉, 이미 대법大法에 힘입어 넘어선 것이지 자신의 지혜와 수행이 (이승을 넘어선 것이) 아니라고 하였는데 이것은 바로 십신十信의 초심初心이 곧 초지初地라는 뜻에 의거하여 말한 것이고 실제 수행에서 (십신 초심의) 위계가 초지에 해당한다고 말한 것이 아니다.

---

53 『화엄경』의 다음 내용을 요약한 것이다. [『華嚴經』(佛馱跋陀羅譯) 권25 十地品第二十二之三 "深得大悲力故, 名爲過聲聞辟支佛地趣佛智地, 是菩薩住是地, 無量身業無相行, 無量口意業無相行, 是菩薩清淨行故, 得無生法忍, 照明諸法. 解脱月菩薩言, 佛子, 菩薩住初地, 有無量身業, 無量口意業, 已能過聲聞辟支佛地. 金剛藏菩薩言, 緣大法故過, 非實行力, 第七地實行力故, 一切聲聞辟支佛所不能壞, 譬如生在王家, 即勝一切, 何以故, 地尊貴故, 其身長大, 智慧成就, 爾乃眞實, 勝於一切, 菩薩亦如是, 初發心時, 勝於二乘, 以發大願深心清淨故, 今住此地, 以智慧力, 勝於聲聞及辟支佛, 佛子, 菩薩住七地, 得甚深遠離無行."(T09.0562a28~b12)]

012 • [H215a04; T607a19]

問 云何十信初心即初地乎.

答 既約初地說[54]中, 立十入以六相示[55], 即可知 初地即信初發心. 但生信解門中, 信[56]解行回向十地佛地立[57], 若聞此教修行人, 行頭[須?][58]竝修行, 謂修信時 無解何信, 復無行何信, 無回向何所向信, 亦無證體何所信, 故得行頭[須?]竝[59]. 既行竝[60]者 信[61]滿即解滿, 是故, 位位每 滿位成佛現示[62]. 若約此門者, 第七地至[63] 方實行[64]過二乘地[65]者[66], 即是十信十解十行十回向十地中, 第七地至之義, 此約功用無功用位際說, 非實行之極處. 若極處者, 約列位 至佛果

54 說: ㊅㊇㊎證
55 示: ㊌爾
56 信: ㊇立信
57 立: ㊇없음.
58 頭[須?]: 저본에는 頭이지만 내용상 須의 오류로 생각된다.
59 竝: ㊎位
60 竝: ㊎位
61 既行並者 信: ㊇者位
62 位位每 滿位成佛現示: 변격한문. 정격한문이라면 '每位中位 現示位滿成佛'로 표현할 수 있다.
63 第七地至: 변격한문. 정격한문이라면 '至第七地'로 표현할 수 있다.
64 實行: ㊅㊌行實
65 地: ㊇㊎㊌없음.
66 方實行過二乘地者: 변격한문. 정격한문이라면 '實行方過二乘地者'로 표현할 수 있다.

方極, 約證位 初地中極, 約得法門 解初極, 約行滿 信終極, 約普法實行 位位每極[67], 法門法門[68]每極[69]. 如善財所行[70], 初文殊[71], 中聞解證, 乃至普賢位, 逕無量劫, 值[72]微塵數知識, 得微塵[73]數法門, 而非過第二七日一時. 如是義可思也[74].

67 位位每極: 변격한문. 정격한문이라면 '每位極'으로 표현할 수 있다.

68 法門法門: ㊅㊂㊎法門

69 法門法門每極: 변격한문. 정격한문이라면 '每法門極'으로 표현할 수 있다.

70 行: ㊂㊎以

71 殊: ㊅珠(底)

72 值: ㊎仕休→值

73 微塵: ㊅㊎㊉塵

74 也: ㊎之

문 어째서 십신의 초심이 곧 초지입니까?

답 이미 (『십지경론』의) 초지에 대하여 이야기하는 곳에서 십입十入을 세워 육상六相을 보였으므로[75] 곧 초지가 (십)신의 처음에 낸 마음[初發心]임을 알 수 있다.[76] 다만, 신해信解를 낳는 문門에서 신信·해解·행行·회향回向·십지十地·불지佛地를 세웠으니 이 가르침을 듣고 수행하는 사람이라면 마땅히 (이들을) 아울러 수행해야 한다. 즉, 믿음[信]을 닦을 때 해解가 없으면 어떻게 믿을 수 있겠는가. 또한, 행行이 없이 어떻게 믿으며 회향回向이 없이 무엇을 믿으며 또한, 체體를 증득함이 없으면 무엇을 믿겠는가. 그러므로 수행은 마땅히 (이들을) 아울러 닦아야 한다. 이미 수행을 아우르면 신의 완성[信滿]이 곧 해의 완성[解滿]이 된다. 그래서 위계위계[位位]마다 위계를 만족하여 성불成佛함을 보인다. 만

---

75 『十地經論』(天親造, 菩提流支譯) 권1, 初地 "此修多羅中説依根本入有九種入。一者攝入。聞慧中攝一切善根故。如經攝一切善根故。二者思議入。思慧於一切道品中智方便故。如經善分別選擇一切佛法故。三者法相入。彼彼義中無量種種知故。如經廣知諸法故。四者教化入。隨所思義名字具足善説法故。如經善決定説諸法故。五者證入。於一切法平等智見道時中善清淨故。如經無分別智清淨不雜故。菩薩教化衆生即是自成佛法。是故利他亦名自利。六者不放逸入。於修道時中遠離一切煩惱障故。如經一切魔法不能染故。七者地地轉入。出世間道品無貪等善根淨故。如經出世間法善根清淨故。復有善根能爲出世間道品因故。八者菩薩盡入。於第十地中入一切如來祕密智故。如經得不可思議智境界故。九者佛盡入。於一切智入智故。如經乃至得一切智人智境界故。是諸入爲校量智義差別次第轉勝。非根本入。一切所説十句中。皆有六種差別相門。此言説解釋應知除事。事者謂陰界入等。六種相者。謂總相別相。同相異相。成相壞相。總者是根本入。別相者餘九入。別依止本滿彼本故。同相者入故。異相者增相故。成相者略説故。壞相者廣説故"(T26.124c1~125a05)

76 十入의 첫 번째인 根本入을 十信의 初發心으로 본 것이다.

약 이 문門에 의거한다면 제7지에 이르러 비로소 실제 수행이 이승의 단계를 넘어선다고 한 것은 곧 십신·십해·십행·십회향·십지(의 단계) 중 제7지에 이른다는 뜻으로 이는 공용功用과 무공용無功用 위계[77]의 경계를 이야기한 것으로 실제 수행의 지극한 곳(을 말한 것)이 아니다. 지극한 곳은 위계를 나열함에는 불과佛果에 이르러 비로소 지극하고 깨달음의 단계에서는 초지에서 지극하고 법문法門을 이해하는 것은 해解의 처음에서 지극하고 수행의 완성[行滿]은 신信의 마지막 단계에서 지극하고 보법普法의 실행實行은 위계 위계마다 지극하고 법문 법문마다 지극하다. 마치 선재동자가 행한 것처럼 처음에 문수보살을 만나고 중간에 문聞·해解·증證을 하고 나아가 보현에 이르기까지 무량한 겁을 지나면서 티끌처럼 많은 수의 선지식을 만나 티끌처럼 많은 수의 법문을 얻어도 두 번째 7일의 한때를 지나지 않는다. 이러한 뜻을 잘 생각해야 할 것이다.

77 공용功用과 무공용無功用 위계: 十地 단계의 보살은 이미 진여를 깨달았지만 初地부터 제7지까지의 보살은 아직 加行의 노력이 필요하므로 (有)功用地라고 하고 제8지 이상의 보살은 加行이 필요하지 않으므로 無功用地라고 한다.

013 • [H215a23; T607b06]

問 此十地等處, 如是不解說[78]意[如是(等)解說意?][79], 何爲.

答 三乘依位行者, 欲爲熟根欲入一乘普法故[80], 作如是說.

78 說: ㉭㊎脫

79 如是不解說意[如是(等)解說意?]: 저본에는 如是不解說意이지만 전후 맥락으로 볼 때 부정의 질문은 적절하지 않다. '不'은 잘못 첨가된 글자이거나 等의 약자인 朩을 잘못 읽은 것으로 생각된다.

80 欲爲熟根欲入一乘普法故: 변격한문. 정격한문이라면 '欲爲熟根而入一乘普法故'로 표현할 수 있다.

문 이 십지 등에 대하여 이렇게 해설한 의도는 무엇 때문입니까?

답 삼승의 위계에 의거하여 수행하는 사람들을 근기를 성숙시켜 일승의 보법에 들어가게 하려고 이렇게 말한 것이다.

014 • [H215b02; T607b09]

問 見聞等三位, 普法正位耶, 不耶.

答 不也. 但從三乘位 作如是說耳. 若普法正位, 即無位[81]無不位[82], 一切六道三界一切法界法門 皆無不普法位, 又一位一切位, 一切位一位. 如位法門, 一切行教義等法門 皆爾, 可思.

81 位: ㊃住

82 位: ㊃住

문 견문見聞 등의 세 단계[83]는 보법의 바른 위계입니까, 아닙니까?

답 아니다. 다만, 삼승의 위계를 따라 이렇게 말하였을 뿐이다. 보법의 바른 위계는 곧 위계가 없지만 위계 아님이 없는 것이다. 일체의 육도六道와 삼계三界의 모든 법계의 법문이 다 보법의 위계가 아닌 것이 없다. 또한, 한 위계가 모든 위계이고 모든 위계가 하나의 위계이다. 위계의 법문과 마찬가지로 모든 행行·교教·의義 등의 법문도 다 그러하다. 생각하면 알 수 있을 것이다.

---

83 견문見聞 등의 세 단계: 대승 불교에서 말하는 見聞, 解行, 證入 수행의 세 가지 단계를 가리킨다.

015 • [H215b08; T607b14]

問 若爾者,普法中 以何爲始乎.

答 得一法門 以爲始. 此始 即與終無差別始也.

문 그렇다면 보법에서는 어느 단계를 (수행의) 시작으로 삼습니까?

답 하나의 법문을 얻는 것을 시작으로 한다. 이 시작은 곧 마지막과 차이가 없는 시작이다.

016 • [H215b11; T607b16]

問 受位分中所明 授[84]職之義, 爲三乘行者實行耶, 爲一乘行者實行受位相耶不.

答 非即三乘行者實行, 亦非一乘行者實行. 是但依三乘位相, 以現示一乘無盡十地頂受位之義, 斯即同教相攝也.

84 授: ㊄受

문 (『화엄경』「십지품」 제10지의) 수위분受位分[85]에서 설명하는 수직授職[86]의 뜻은 삼승 수행자의 실행實行입니까, 아니면 일승 수행자가 실행하여 위계를 받는 모습입니까?

답 삼승 수행자의 실행이 아닐 뿐만 아니라 일승 수행자의 실행도 아니다. 이것은 삼승 위계의 모습에 의거하여 일승의 무진십지無盡十地의 꼭대기에서 위계를 받는 뜻을 드러내 보여준 것이다. 이는 곧 동교同教의 모습에 포함된다.

---

85 수위분受位分: 제10지의 내용을 분류한 여덟 단락 중 세 번째 단락. [『十地經論』 法雲地 第十卷之十二 "論曰。菩薩於九地中已作淨佛國土及化衆生。第十地中修行令智覺滿足。此是勝故。此地中有八分差別。一方便作滿足地分。二得三昧滿足分。三得受位分。四入大盡分。五地釋名分。六神通力無上有上分。七地影像分。八地利益分" T1522_.26.0193c06~11]

86 수직授職: 수행을 마치고 깨달음에 이르는 것을 가리킨다. 『화엄경』「십지품」에서 보살이 제9지에서 제10지에 오를 때 여러 부처가 지혜의 물[智水]을 정수리에 부어 法王의 자리를 맡게 되었음을 증명한다고 하였다.

017 • [H215b17; T607b21]

問 既云依三乘位地者，豈非所依之三乘行相乎[87].

答 既云依三乘位，現示一乘義，故即非三乘自宗行相，所以知者[88]，三乘受職 唯是阿含受，不具教義理事受故. 此處所[89]現者，具足教義理事[90]等法門故.

87 豈非所依之三乘行相乎: 변격한문. 정격한문이라면 '何非所依之三乘行相耶'로 표현할 수 있다.

88 者: ㊅㊎㊏없음.

89 所: ㊎所止

90 理事: ㊗㊎事理

문 이미 삼승의 위계에 의거한다고 하였는데 어째서 그 의거하는 바인 삼승의 행상行相이 아닙니까?

답 이미 삼승의 위계에 의거하여 일승의 뜻을 드러내 보인다고 하였으므로 곧 삼승 자종自宗의 행상이 아니다. 그것을 알 수 있는 것은 삼승의 수직受職은 다만 아함수阿含受로서 교敎와 의義, 이理와 사事를 갖추어 받지 않는데 여기에 보여준 것은 교와 의, 이와 사 등을 갖춘 법문이기 때문이다.

018 • [H215b23; T607b26]

問 若爾, 可一乘正受職, 何故 亦非一乘實行乎.

答 一乘實行, 十佛前普賢菩薩, 位言無不位, 行言無不行, 虛空法界一切法門中 如法[91]成矣. 何但此處 如所[92]現之分齊耳[93]. 是故, 下文 以菩薩神力對佛神力校量中, 大地·塊土, 四天下·少[94]土等, 其爲表十地無盡際故, 作如是校量, 即知非一乘實行 此如所示[95]. 然而其[96]無際處 不可示說故, 依此分齊以現示彼[97]無盡十地頂之相耳.

---

91 法: ㊈法法

92 所: ㊀㊎없음.

93 何但此處 如所現之分齊耳: 변격한문. 정격한문이라면 '何但如此處所現之分齊耳'로 표현할 수 있다.

94 少: ㊀㊎沙

95 此如所示: 변격한문. 정격한문이라면 '如此所示'로 표현할 수 있다.

96 其: ㊅없음.

97 彼: ㊀故

문 그렇다면 일승의 바른 수직受職이라고 할 수 있는데 어째서 일승의 실행實行이 아닙니까?

답 일승의 실행은 십불十佛 앞의 보현보살[의 경지]로 위계[位]로 말하면 위계가 아닌 것이 없고 실천[行]으로 말하면 실천이 아닌 것이 없어서 허공 법계의 모든 법문에서 법대로 이루는 것이다. 어찌 여기서 보여준 분제分齊와 같을 뿐이겠는가. 그래서 (『화엄경』의) 뒷부분의 보살의 신력神力을 부처의 신력에 상대하여 비교하는 곳에서의 대지大地와 한 덩어리의 흙[塊土]을 비교하고 사천하四天下와 그 일부의 땅을 비교한 것 등은 십지의 다함이 없음을 보이기 위하여 이렇게 비교한 것으로[98] 곧 일승의 실행을 이렇게 보여준 것이 아님을 알 수 있다. 하지만 그 끝이 없는 곳은 보여서 말할 수 없으므로 이 분제分齊에 의지하여 그 다함이 없는 십지의 꼭대기 모습을 드러내 보인 것일 뿐이다.

---

98 『華嚴經』(佛馱跋陀羅譯) 권27 十地品第二十二之五 "解脫月言。佛子。若菩薩行處力神通力如是者。佛行處力神通力復云何。答言。佛子。譬如有人見一塊土。而作是言。無邊世界地性爲多此耶。汝所問者。我謂如是。如來無量智慧。云何以菩薩智慧而欲測量。佛子。如人取四天下地性少分餘者極多。菩薩法雲地。於無量劫但可說耳。何況如來地。我今當說令汝知之。佛現爲證。如十方無量無邊世界微塵等諸佛世界。十地菩薩。皆滿其中。是諸菩薩有無量無邊業。修習菩薩功德智慧禪定。於如來功德智慧力百分不及一。百千萬億分不及一。乃至算數譬諭所不能及"(T09.0574b03~16)

019 • [H215c09; T607c06]

問 無盡十地滿相云何.

答 如下普賢知識中所現, 十方世界一切微塵微塵每, 有諸佛大會[99], 其中諸佛 皆將諸大衆說法, 其諸佛前每, 普賢菩薩在[100], 受各諸佛所放光明等事. 一微塵一微塵[101]每 如是等事[102], 是無盡十地滿足相, 廣大如法界, 量如虛空界, 十世九世中無不所至. 今此處中, 爲欲現彼相故, 依離垢三昧, 現大蓮華具眷屬華等, 十處中放光明等事現示, 若以此現之相 校量[103]彼相, 如十方世界大地·一塊土等 不可[104]校量, 以非分法校量 顯[105]勝也. 又即[106]此校量之事可知[107]非三乘教所明 等覺妙覺之相. 所以知者, 三乘教所

---

99 十方世界一切微塵微塵每, 有諸佛大會: 변격한문. 정격한문이라면 '十方世界一切微塵中 有諸佛大會'로 표현할 수 있다.

100 其諸佛前每, 普賢菩薩在: 변격한문. 정격한문이라면 '其諸佛之前 有普賢菩薩'로 표현할 수 있다.

101 一微塵一微塵: ㊎一微塵微塵

102 一微塵一微塵每 如是等事: 변격한문. 정격한문이라면 '一一微塵中 有如是等事'로 표현할 수 있다.

103 量: ㊎㊎㊎없음.

104 可: ㊎㊎㊎所

105 顯: ㊎顯緣

106 即: ㊎有

107 知: ㊎以

明等覺[108]與妙覺 俱所照所斷等一切事 皆同一等, 但明昧自在不自在[109]別耳. 豈如是以大地土等爲校量乎, 教別如是, 可思也.

108 覺: ㊂覺 妙覺之相 所以知者三乘教所明等覺(1行 중복됨)

109 不自在: ㊅없음.

문 무진십지無盡十地의 완성된 모습은 어떠합니까?

답 (『화엄경』의) 뒷부분의 보현지식普賢知識에 관한 부분[110]에서 밝히고 있듯이 시방세계의 모든 작은 티끌마다 여러 부처님의 큰 모임이 있고 그 속에서 여러 부처님이 각기 대중을 거느리고 설법하고 있으며 그 여러 부처님 앞마다 보현보살이 있어서 각각의 부처님이 발산하는 광명을 받는 등의 일이 있다. 하나의 작은 티끌마다 이러한 일이 있으니 이것이 무진십지無盡十地의 완성된 모습으로 그 크기는 법계와 같고 그 숫자는 허공계와 같으며 10세世와 9세世(의 모든 시간)에 미치지 않음이 없다. 지금 (『화엄경』의) 이곳(=「십지품」의 제10지)에서는 그 모습을 보여주기 위하여 이구삼매離垢三昧에 의지하여 권속의 꽃을 갖춘 큰 연꽃 등을 드러내 열 곳에서 광명을 발산하는 일을 보여주고 있다.[111] 만약 여기서 보여준 모습을 앞의 (보현지식 부분에서 밝힌) 모습과 비교하면 시방세계 대지大地와 한 덩어리의 흙(의 차이 등)과 같아

---

110 『화엄경』「입법계품」의 마지막에서 선재동자가 金剛藏道場의 보현보살을 찾아간 부분을 가리킨다.

111 『華嚴經』(佛駄跋陀羅譯) 권27 十地品第二十二之五 "菩薩摩訶薩。行如是智。近佛位地。則得菩薩離垢三昧而現在前。又入法界差別三 昧。莊嚴道場三昧。雨一切世間華光三昧。海藏三昧。海印三昧。虛空廣三昧。觀察一切法性三昧。隨一切衆生心行三昧。如實知一切法三昧。得如來12智信三昧。如是等百萬阿僧祇三昧皆現在前。是菩薩悉入此三昧。善知其中功用差別。最後三昧名益一切智位。是三昧現在前。即時大寶蓮華王出。周圓如百萬三千大千世界。一切衆寶間錯莊嚴。過於一切人天所有。出世間善根所生。知一切法。如幻如化。空慧所成。光明能照一切世界。瑠璃爲莖。栴檀王爲臺。碼瑙爲鬚。閻浮檀金爲葉。無量光明。一切妙寶。皆在其內。寶網覆上。十三千大千世界。微塵數蓮華。以爲眷屬"(T09.0571c09~24)

비교할 수 없으니 나누어지지 않은 것을 (부분과) 비교하여 뛰어남을 드러낸 것이다. 또한, 곧 이처럼 비교하는 것이 삼승교에서 설명하는 등각과 묘각의 모습의 차이가 아니라는 것도 알 수 있다. 왜냐하면 삼승교에서 설명하는 등각과 묘각은 둘 다 비추고 끊음 등의 모든 일은 다 같지만 밝음과 어두움, 자재함과 자재하지 않음의 차이가 있을 뿐이기 때문이다. 어떻게 이렇게 대지와 (한 덩어리) 흙 등으로 비교할 수 있겠는가. 가르침[教]의 차이가 이와 같다. 생각하면 알 수 있을 것이다.

020 • [H216a12; T607c21]

問 五地中明 不住行勝文中 十種四諦, 其義云何.

答 此十種四諦者 即是五地菩薩, 知法[112]界一切法[113]盡[114], 然不得 隨所知之法 別現故[115], 總擧四諦染淨因果性相, 以現示菩薩所知法. 故論云 所知法中[116]智清淨勝也. 其義云何, 謂初[+敎?][117]四聖諦 即實法分別, 謂即四諦實法. 無作四諦, 約終教義[118], 即如來性中 清[119]淨因果性實之法是[120]. 若一乘中, 無障礙緣起法性中 四諦諦[之?][121]理實義 爲四聖諦, 即無盡四諦, 如是無盡四諦, 而總依滿數 顯現[122]十諦, 爲欲現無量故.

---

112 法: ㊅一法

113 法: ㊅法界

114 知法界一切法盡: 변격한문. 정격한문이라면 '盡知法界一切法'

115 不得 隨所知之法 別現故: 변격한문. 정격한문이라면 '隨所知之法 不得別現故'로 표현할 수 있다.

116 中: ㊎㊎㊎없음.

117 初[+敎?]: 저본에는 初이지만 내용상 初敎의 오류로 생각된다.

118 義: ㊎義云

119 清: ㊎㊎染

120 即如來性中 清淨因果性實之法是: 변격한문. 정격한문이라면 '即是如來性中 清淨因果性實之法'으로 표현할 수 있다.

121 諦[之?]: 저본에는 諦이지만 내용상 之의 오류로 생각된다. 본래 '之'였던 것을 위와 같은 자를 나타내는 기호로 오독했을 가능성이 있다.

122 顯現: ㊎㊎現, ㊎없음.

此中十諦者, 一者世諦, 謂即四諦之法, 一切差[123]別義爲世諦也. 二者第一義諦者, 即以四諦空理 爲第一義. 三者相諦者, 前二諦以有無爲二諦, 計人即爲二法故[124], 即以非有無之中道自相 爲相諦. 四者差別諦者, 以非有無中道爲相諦, 計人但爲一法故, 即以有無差別法不壞[125] 爲中道, 非謂捨[126]有無二法 方爲中道故, 不壞有無之差別諦, 五者說成諦者, 以有無差別法爲差別諦, 又計人不知此有無法緣集義故, 以陰入界等諸[127]因緣 假施設有非實有 以爲說諦, 六者事諦, 謂通迷四諦成苦事 以爲事諦, 七者生諦, 謂通迷四諦作集 以爲生諦, 八者無生諦, 謂通解四諦入寂滅, 以爲無生諦, 以苦集本不生故, 九者入道諦者, 通解四諦趣入滅諦之行, 以爲入道諦. 此四諦非有四諦, 即是事諦也. 第十菩薩地及如來地諦者, 即前四諦緣起實相大乘因果是[之?][128]義, 以爲第十諦.

此十諦 現菩薩自所知法, 而自以現難故, 依所化緣以顯示. 此中, 前九爲小乘可化衆生, 後一爲大乘可化衆生. 此

123 差: ㊉義

124 故: ㊉없음.

125 壞: ㊎離壞

126 捨: ㊇攝

127 諸: ㊇謂諸

128 是[之?]: 저본에는 是이지만 내용상 之의 오류로 생각된다.

言小乘者, 非但愚法小乘, 設[129]大乘中, 隨教行者等 爲小乘, 謂地前敎修行等, 已論云, 爲根未熟衆生 故説世諦, 謂如愚法小乘及十信以前衆生等, 不解諦理故, 隨計情 以爲説事法等, 爲欲熟其[130]根欲故也. 爲化已根熟衆生 説第一義諦, 以得聞諸法空理故. 爲解[131]深[132]法衆生故 説相諦, 謂聞前俗眞有空諦, 又有不[133]解者, 眞俗爲別法耶, 爲一法耶, 即迷有即無無即有 有無無二之深理, 故説非有無中道自相之四諦, 令入中道深理也. 爲謬解衆生故, 説差別諦, 謂聞前説非有無中道自相之諦, 即計實道爲一法, 故爲説有無差別示深理, 令入[134]無邊[135]有無中, 謂無即是有, 有即無, 有即[136]無[137]故非無, 無即有故非有, 非有[138]故即是無, 非無故即是有, 不壞非有無, 而不壞有無法, 故常有無, 而有無不別, 不別而非一, 是故, 能入無邊有無 以爲差別

---

129 設: ㊈彼

130 其: ㊈具

131 解: 『십지경론』과 비교하면 疑惑 또는 不解의 오류로 생각된다.

132 深: ㊈染

133 不: ㊇不斷

134 入: ㊅㊈人

135 邊: ㊅遍

136 有卽: ㊅卽

137 無: ㊎無無

138 非有: ㊅有

諦, 此差別 即無別之別也. 爲化離正念[139]衆生故, 說說成諦理, 又有衆生, 不知諸法因緣集成之義者, 爲說陰界處等諸因緣互資集之義等. 爲正見衆生故, 次四諦說[140, 141] 入四諦之[142]因果之理故. 爲大乘可化衆生故 說後一諦, 即是令入緣起無分別因果理事 成大乘因果, 因果即菩薩及佛也, 如是理法差別 隨所化衆生 說十諦也. 如是十種四諦, 一乘·三乘·小乘共行也, 廣如論說也.

---

139 正念: ㊅念

140 四諦說: ㉾說四諦

141 次四諦說: 변격한문. 정격한문이라면 '說次四諦'로 표현할 수 있다.

142 之: ㉾없음.

문 (『화엄경』의) 제5지五地에서 밝힌 '부주행승不住行勝'에 관한 글 중에 열 가지 사제四諦가 있는데[143] 그 뜻은 무엇입니까?

답 이 열 가지 사제四諦는 곧 제5지 보살이 법계의 모든 법을 남김없이 알지만 아는 법들을 따로따로 드러낼 수 없으므로 사제의 염정染淨·인과因果·성상性相을 전체적으로 제시하여 보살이 알아야 할 법을 보여준 것이다. 그래서 『(십지경)론』에서는 '아는 법의 지혜의 청정함이 뛰어나다'[144]고 하였다. 그 뜻을 말하자면 초(교)는 사성제를 바로 실법實法이라고 분별하니 곧 사제를 실법이라고 한다. 무작사제無作四諦는 종교에 의거한 뜻으로 곧 여래성如來性 중의 청정한 인과의 참된 법이다. 일승에서는 막힘 없는 연기법성緣起法性에서 사제四諦의 이실理實한 뜻을 사성제라고 하니 곧 무진사제無盡四諦이다. 이러한 무진사제를 전체적으로 완전한 수[滿數][145]에 의거하여 십제로 제시하였으니 무량함을 드러내려고 하였기 때문이다.

---

143 『大方廣佛華嚴經』(佛馱跋陀羅譯) 권25, 十地品第二十二之三 "是菩薩善知世諦。善知第一義諦。善知相諦。善知差別諦。善知説諦。善知事諦。善知生起諦。善知盡無生諦。善知入道諦。善知一切菩薩次第成就諸地起如來智諦。菩薩隨衆生意令歡喜故。知世諦。究竟一乘故。知第一義諦。分別諸法自相故。知相諦。諸法各異故。知差別諦。分別陰界入故。知説諦。以身心苦惱故。知苦諦。諸趣生相續故。知集諦。畢竟滅一切惱故。知滅諦。至不二法故。知道諦。以一切種智知一切法次第成一切菩薩地故。知如來智諦。以信解力故。知非得無盡諦智。菩薩如是以此諸諦智。如實知一切有爲法。虚僞誑詐。假住須臾。誑惑凡人"(T09.0555c23~556a07)

144 『十地經論』難勝地第五 卷之七 "不住道行勝有二種觀。一所知法中智清淨勝。二利益衆生勤方便勝。以是二法故。不住世間不住涅槃"(T26.163c05~07)

145 완전한 수[滿數]: 화엄교학에서의 완전한 수인 10[十]을 의미한다.

여기서 십제는 첫째, 세제世諦로서 곧 사제의 법들이 모두 다르다는 뜻을 세제라고 하였다. 둘째는 제일의제第一義諦로서 곧 사제가 (모두) 공空하다는 이치를 제일의(제)라고 하였다. 셋째는 상제相諦로서 앞의 두 제諦는 유와 무(=空)를 이제二諦로 한 것인데 분별적으로 인식하는 사람[計人]이 (이를) 두 개의 법으로 생각하므로 유와 무가 아닌 중도中道의 자상自相을 상제相諦로 하였다. 넷째의 차별제差別諦는 유와 무가 아닌 중도를 상제相諦로 하면 분별적으로 인식하는 사람[計人]이 (이를) 하나의 법法으로 생각하므로 곧 유와 무의 차별이 있는 법을 깨뜨리지 않는 것이 중도이고 유와 무의 두 법法을 버려야 비로소 중도가 되는 것은 아님을 제시하기 위하여 유와 무를 깨뜨리지 않는 차별제를 이야기하였다. 다섯째의 설성제說成諦는 유와 무의 차별이 있는 법을 차별제로 하면 다시 분별적으로 인식하는 사람[計人]은 이 유와 무의 법이 연에 의해 모였다[緣集]는 뜻을 알지 못하므로 음陰·입入·계界 등 여러 인연이 임시로 만들어낸 유有로서 실체로서의 유가 아님을 설제說諦라고 하였다. 여섯째는 사제事諦로서 사제四諦를 전혀 알지 못하여 괴로운 일[苦事]을 만드는 것을 사제事諦라고 하였다. 일곱째는 생제生諦로서 사제四諦를 전혀 알지 못하여 (사제 중의) 괴로움의 원인[集]을 짓는 것을 생제生諦라고 하였다. 여덟째

무생제無生諦는 사제四諦를 다 이해하여 열반[寂滅]에 들어가는 것이다. 괴로움과 괴로움의 원인이 본래 생겨남이 없기 때문이다. 아홉째 입도제入道諦는 사제四諦를 다 이해하여 멸제로 들어가는 행위다. (여섯 번째부터 아홉 번째까지) 이 네 가지 제諦는 존재[有]의 사제가 아니라 일의 사제[事諦]이다. 열 번째 보살지급여래지제菩薩地及如來地諦는 앞의 네 가지 제가 연기실상緣起實相인 대승의 인因·과果라는 뜻을 제諦로 한 것이다.

이 열 가지 제는 보살이 스스로 아는 법을 드러낸 것이지만 스스로 드러내기 어려우므로 교화하는 인연에 의지하여 드러내 보였다. 이 중에서 앞의 아홉 가지는 소승으로 교화할 수 있는 중생을 위한 것이고 마지막 한 가지는 대승으로 교화할 수 있는 중생을 위한 것이다. 여기서 소승은 우법愚法의 소승뿐만 아니라 설령 대승이더라도 가르침[教]을 따라 행하는 사람들을 가리킨다. 즉, (십)지 이전 가르침의 수행들이다. 이미 『(십지경)론』에서 "근기가 아직 성숙되지 않은 중생들을 위해 세제世諦를 설한다. 즉, 우법愚法 소승과 십신十信 이전의 중생들이 (사)제의 이치를 이해하지 못하므로 (그들의) 분별적 인식[計情]에 맞추어 그들을 위해 사법事法 등을 설하여 그 근기를 성숙시키려고 한 것이다. 이미 근기가 성숙된 중생들을 위하여 제일의제를 설한다. 제법諸法이 공空한 이치를 들을 수 있기 때문이다. 깊은 법을 이해하지 못한 중생을 위하여 상제相諦를 설한다. 앞에서 속제와 진제의 유有와 공空의 제諦를 들었지만 이해하지 못하여 진과 속이 다른 법인가 아니면 같은 법인가 하여 유가 곧 무이고 무가 곧 유여서 유와 무가 둘이 아닌 깊은 이치를 알지 못하므로 유와 무가 아닌 중도자상中道自相의 사제를 설하여 중도의 깊은 이치에 들어가게 하려고 하였다. 잘못 이해한 중생을 위하여 차별제를 설하였다. 앞에서 설한 유와 무가 아닌 중도자상中道自相의 (사)제를 듣고 곧 (유와 무가) 실제로는 하나의 법이라고 말하였다고 착각하므로 그들을 위해 유와 무의 차별을 설해 깊은 이치를 보여 치우침이 없는 유와 무에 들어가게 하려고 하였다. 무가 곧 유이고 유가 곧 무인데 유가 곧 무이므로 무가 아니며 무가 곧 유이므로 유가 아니다. 유가 아니므로 곧 무이고 무가 아니므로 곧 유이다. 유有·무無가 아님을 깨뜨리지 않으면서 유·무의 법을 깨뜨리지 않으므로 항상 유·무이면서 유와 무가 다르지 않고 다르지 않으면서 하나가 아니다. 그래서 치우침이 없는 유와 무에 들어갈 수 있는 것을 차별제라고 한다. 이 차별은 곧 다름이 없는 다름이다. 바른 생각[正念]을 여윈 중생을 위하여 설성제說成諦의 이치를 설하였다. 다시 제법이 인연이 모여 이루어진다는 뜻을 모르는 중생이 있으므로 그들을 위해 음·계·처 등의 여러 인연이 서로 의지하고 모이는 뜻 등을 설하였다. 정견正見을 가진 중생을 위하여 다음의 (사제·생제·무생제·입도제) 네 가지 제諦를 설하였다. 사제四諦의 인과에 들어가는 이치이기 때문이다. 대승으로 교화할 중생을 위하여 마지막 한 가지 제諦를 설하니 연기의 차별 없는 인과의 이치[理]와 일[事]에 들어가게 하여 대승의 인因·과果를 이루게 하려고 한 것이다. (대승의) 인因·과果는 바로 보살과 부처이다. 이렇게 이법理法의 차이가 있으므로 교화할 중생을 따라 십제十諦를 설하였다. 이러한 열 가지 사제는 일승과 삼승, 소승이 함께 행하는 것이다."[146]라고 이야기하고 있다. 자세한 것은 『(십지경)론』에서 이야기한 것과 같다.

---

146 이상의 내용은 『십지경론』에 의거하였지만 구체적인 내용은 차이가 있다. [『十地經論』 難勝地第五 卷之七 "彼所知法中智清淨勝有二種。一實法分別如實知四諦。如經是菩薩如實知苦聖諦乃至如實知至滅苦道聖諦故。二化衆生方便差別十諦差別方便智。如經是菩薩善知世諦乃至及善知集如來智諦故。是中實法分別者。有佛無佛苦集二諦果因差別 體是妄想染故。滅道二諦果因差別體是淨法故。化衆生方便差別者。所化衆生差別故。方便差別應知。所化衆生有七種。小乘可化有六種。一爲根未熟衆生故。知世諦方便。二爲根熟衆生故。知第一義諦方便。三爲疑惑深法衆生故。知相諦方便。四爲謬解迷惑深法衆生故。知差別諦方便。五爲離正念衆生故。知說成諦方便。六爲正見衆生義故。知事諦方便。知生諦方便。知盡無生智諦方便。知令入道智諦方便。事諦等四諦苦諦等所攝。七爲大乘可化衆生故。善知一切菩薩地次第成就諦方便及善知集如來智諦方便。如經是菩薩隨衆生意令歡喜故。善知世諦乃至非得一切究竟智知故。是中菩薩地次第者。地地中間如自地次第入。應知一切生處身心受苦惱故。知事諦苦者。所有受者皆是苦事故。起不二行者一行故。正覺一切相者。五明論處善巧知故。信解力故。知者鏡像觀智力。非成就觀智力故。如是所知法中智清淨勝已說"(T26.163c-164a21)]

021 • [H217a15; T608b18]

十忍者, 十地中, 內會理用爲忍, 何等爲十, 一隨順音聲忍, 二順忍, 三無生忍, 此三 法說忍, 四如幻忍, 五如炎忍, 六如夢忍, 七如響[147]忍, 八如電忍, 九如化忍, 十如空忍, 後七 喩說忍. 此十中, 約位者, 隨順音聲者 初三地, 順忍 四五六地, 無生忍 七八地, 後七忍 九地以上, 約三智者, 音[148]聲·順二忍 加行智, 無生忍 正體智, 後七 後得智. 此十忍 約行實, 地地皆有也.

---

147 響: ㊎嚮. 이하도 같음.

148 音: ㊍없음.

십인十忍[149]은 십지에서 마음이 이치의 작용과 일치하는 것을 인忍이라고 한다. 그 열 가지는 다음과 같다. 첫째, 수순음성인隨順音聲忍[150], 둘째, 순인順忍[151], 셋째, 무생인無生忍[152]으로 이 세 가지는 법설인法說忍이다. 넷째는 여환인如幻忍[153], 다섯째는 여염인如炎忍[154], 여섯째는 여몽인如夢忍[155], 일곱째는 여향인如響忍[156], 여덟째는 여전인如電忍[157], 아홉째는 여화인如化忍[158], 열 번째는 여공인如空忍[159]인데 이 뒤의 일곱 가지는 유설인喻說忍이다. 이 열 가지를 위계[位]에 대응하면 수순음성인은 처음의 세 지地에 해당하고 순인順忍은 제4·제5·제6지, 무생인無生忍은 제7과 제8지, 뒤의 일곱 가지 인은 제9지 이상에 해당한다. 세 가

149 十忍: 보살이 무명번뇌를 끊고 諸法의 本來寂然함을 깨달았을 때 얻는 열 가지 安住心. [『華嚴經』(佛陀跋陀羅譯) 권28 十忍品第二十四 "爾時普賢菩薩摩訶薩。復告諸菩薩言。佛子。菩薩摩訶薩成就十種忍。能得一切無礙忍地。又得一切諸佛無盡無礙之法。何等爲十。所謂隨順音聲忍。順忍。無生法忍。如幻忍。如焰忍。如夢忍。如響忍。如電忍。如化忍。如虛空忍"(T09.580c05~10)]

150 수순음성인隨順音聲忍: 일체의 진리를 들었을 때 두렵지 않고 곧바로 이해하게 되는 마음

151 순인順忍: 일체의 존재를 관찰하였을 때 거슬리지 않고 그대로 편안하게 받아들이는 마음

152 무생인無生忍: 일체의 존재가 태어남과 사라짐이 없이 평등하고 고요함을 알게 되는 마음

153 여환인如幻忍: 일체의 존재가 다른 것들로 인해 만들어진 허깨비 같은 존재임을 알게 되는 마음

154 여염인如炎忍: 일체의 존재가 불에서 나오는 열기와 같이 실체가 없음을 알게 되는 마음

155 여몽인如夢忍: 일체의 일이 꿈에서 본 것 같이 있는 것도 아니고 없는 것도 아님을 알게 되는 마음

156 여향인如響忍: 일체의 존재가 메아리와 같이 인연을 따라 생긴 것임을 알게 되는 마음

157 여전인如電忍: 번개와 같이 일체의 존재의 모습을 곧바로 모두 비춰 알게 되는 마음

158 여화인如化忍: 일체의 존재가 가상으로 만들어진 것임을 알게 되는 마음

159 여공인如空忍: 일체의 존재가 허공과 같이 고요하고 청정하고 평등하고 무차별함을 알게 되는 마음

지 지혜[三智]로 구분하면 (수순)음성인과 순인의 두 가지는 가행지加行智[160]이고 무생인無生忍은 정체지正體智[161]이며 뒤의 일곱 가지는 후득지後得智[162]에 해당한다. 이 십인은 행의 실제[行實]에 의거하면 모든 지地에 다 있다.[163]

---

160 가행지加行智: 깨달음을 얻기 위한 준비 단계의 지혜

161 정체지正體智: 모든 분별이 사라진 사물의 본질을 깨닫는 지혜. 根本智 또는 如理智라고도 한다.

162 후득지後得智: 正體智에 의하여 사물의 본질을 깨달은 이후 다시 얻는 현상세계의 차별상에 대한 지혜. 如量智라고도 한다.

163 『搜玄記』 卷第四之上 "此十忍前二加行攝。次無生忍正體攝。後七後知攝。約位即順音聲三地已還順忍即四五六地。無生忍即七地已上。後七忍九地已上。若通時即齊等也。此忍前三心境得名。後七從喩受稱."(T35.0074c2428); 『探玄記』권15 "五別釋十忍。於中初三約法。後七就喩。法中初一約資糧位。次一約加行位。後一約正證位。寄相如此。若通則遍在十地可知"(T35.0383a14~17)

問 此十忍 行相云何.

答 聞甚深法而無驚怖, 至心信隨[164], 爲隨順[165]音聲忍. 能順眞實無生理[166], 生決定印可, 而未已時 爲順忍. 已證會無不所及時 爲無生忍. 後七忍 轉遣[167]疑心立, 謂疑云, 一切無生者 何現見是有乎[168], 爲答此疑 故如幻, 幻法都無生, 實法不可[169]得, 而現耳[見?][170]有[171, 172], 如是諸法可知. 又疑云, 幻法不得生耳[取?][173]識, 世法云何知乎, 爲答此疑云如炎, 炎都無水而能生渴愛心, 諸法亦爾. 又疑云, 炎法不得受用物, 世法能受用物, 云何無乎, 爲答此疑 如夢, 夢法都無, 而夢中皆能受用, 世時[法?][174]亦爾, 實無而妄想夢故爲受用耳. 又疑云, 夢法覺都無, 世法不爾, 覺時得有, 云何無乎. 爲答此疑故 如響, 響法都無得物, 而猶現可聞, 世法亦爾, 都不得而因緣現有. 又疑云, 響法都無前人益[175],

164 至心信隨: ㊅心至信, ㊎心至信隨

165 順: ㊎없음.

166 理: ㊅理生

167 遣: ㊎還

168 何現見是有乎: 변격한문. 정격한문이라면 '何有現見乎'로 표현할 수 있다.

169 可: ㊒없음.

170 耳[見?]: 저본에는 耳이지만 내용상 見의 오류로 생각된다.

171 耳有: ㊔有耳

172 而現耳[見?]有: 변격한문. 정격한문이라면 '而有現耳[見?]'으로 표현할 수 있다.

173 耳[取?]: 저본에는 耳이지만 『수현기』와 비교할 때 取의 오자이다.

174 時[法?]: 저본에는 時이지만 내용상 法의 오류로 생각된다.

175 益: ㊅無益, ㊎前

世法不[176]爾, 人實得益, 云何如響乎. 爲答此疑故 如電光, 電光不得物, 而能照物 令人得益, 世法亦爾, 無得而能益. 又疑云, 電有照用, 即[177]是實法耶. 爲答此疑故 如化, 化法有用而非實, 世法亦爾, 豈有實乎. 又疑云, 一切法無作者, 誰能作是也. 爲答此疑故 如虛空, 能化一切色法, 而其空體不可得, 一切法亦爾, 實體空不可得, 而無所不爲 如虛空耳.[178] 菩薩如[179]是 得無生忍等, 故其身如幻, 乃至如空, 非有非無, 而[180]常住[181]中道實相, 以無緣慈悲故, 不捨生死, 不住寂滅, 恒修佛法, 利益衆生也. 是即說十地菩薩 爲心之德用也.

---

176 不: ㊎亦
177 即: ㊂即心
178 耳: ㊂耶
179 如: ㊅㊂㊇知
180 而: ㊅㊂㊇없음.
181 住: ㊂㊎住在

문 이 십인의 행상行相은 어떠합니까?

답 깊은 법을 듣고 놀라거나 두려워하지 않고 지극한 마음으로 믿고 따르는 것이 수순음성인隨順音聲忍이다. 진실한 생겨남이 없는 생겨남[無生生]의 이치를 이해하여 확실한 인가印可를 냈지만 아직 마치지 않은 때가 순인順忍이다. 이미 깨달아 미치지 못하는 바가 없는 때가 무생인無生忍이다. 뒤의 일곱 가지 인은 차례대로 의심을 없애면서 세운다. 즉, '일체가 생겨남이 없다면 어떻게 현재 보는 것이 있는가'라고 의심하므로 이 의심에 대하여 '환幻과 같기 때문'이라고 한다. 환법幻法은 전혀 생겨남이 없고 실법實法은 불가득不可得이지만 현재의 봄이 있다. 이렇게 여러 존재가 환과 같다는 것을 알 수 있다. 다시 의심하여 '환법은 식識을 낼 수 없는데 세상의 존재(가 환법이라면) 어떻게 지각할 수 있는가?'라고 하므로 이 의심에 답하기 위하여 '신기루와 같다'고 한다. 신기루는 물기가 전혀 없지만 물을 마시고 싶은 마음이 생기게 할 수 있다. 제법도 이러하다. 다시 의심하여 '신기루는 느낄 수 없지만 세상의 존재는 느낄 수 있다. 어째서 (세상의 존재가) 없다고 하는가?'라고 하면 이 의심에 답하기 위하여 "꿈과 같다."라고 한다. 꿈속 존재는 전혀 없는 것이지만 꿈속에서 모두 느낄 수 있다. 세상의 존재도 이와 같아 실제로는 없지만 망상의 꿈이어서 느길 수 있다. 다시 의심하여 '꿈은 깨어 있을 때는 전혀 없지만 세상의 존재는 그렇지 않아 깨어 있을 때도 있다. 어째서 없다고 하는가?'라고 하므로 이 의심에 답하기 위하여 '메아리와 같다'고 한다. 메아리는 잡을 수는 없지만 현실에서 들을 수는 있다. 세상의 존재도 이와 같아 전혀 잡을 수 없지만 인연을 따라 현실에 존재한다. 다시 의심하여 '메아리는 앞에 있는 사람에게 아무 이익이 없지만 세상의 존재는 그렇지 않아 사람에게 실제로 이익이 된다. 어떻게 메아리와 같다고 할 수 있는가?'라고 하므로 이 의심에 답하기 위하여 '번갯불과 같다'고 한다. 번갯불은 잡을 수 없지만 사물을 비춰 사람들이 이익을 얻게 한다. 세상의 존재도 이와 같아 잡을 수 없지만 이익을 줄 수 있다. 다시 의심하여 '번개는 비추는 작용이 있으니 실법이 아닌가?'라고 하므로 이 의심에 답하기 위하여 '만들어낸 것[化]과 같다'고 한다. 만들어진 존재[化法]는 작용이 있지만 실제가 아니다. 세상의 존재도 이와 같으니 어찌 실법이겠는가. 다시 의심하여 '일체의 존재는 만든 사람이 없는데 누가 이렇게 만들었는가?'라고 하므로 이 의심에 답하여 '허공과 같다'고 한다. (허공은) 모든 색법色法을 만들지만[化] 그 허공의 체[體]는 불가득不可得인데 일체의 존재도 이와 같아 실체가 공空하여 불가득不可得이지만 하지 않는 것이 없어 허공과 같다.[182] 보살은 이렇게 하여 무생인 등을 얻으므로 그 몸은 환幻과 같고 허공과 같으며 유도 아니고 무도 아니며 항상 중도실상中道實相에 머문다. 인연이 없는 사람에게까지 자비를 베풀므로 생사生死를 버리지 않으면서 적멸寂滅에도 머물지 않고 항상 불법을 닦으면서 중생에게 이익이 되게 한다. 이것은 곧 십지보살이 마음을 쓰는 덕용德用을 말한 것이다.

---

182 뒤의 일곱 가지 인에 대한 설명은 『수현기』의 내용과 유사하다. [『搜玄記』 卷第四之上 "後七忍相生次第如論。此義云何。疑者云。若法無, 云何現 經如幻也。疑云幻法不生取識。世法不爾。云何同也。故經如焰亦生渴心。疑云其焰不得受用。世法不爾。云何同。答如夢。疑云夢則覺者不聞彼聲。世法聖凡共得。此云何同。答如響雖共而非實也。疑云響即前得無益。世法不爾。此何也。答如電光無有作者而觸照有用。疑云電若有用即是實法。答如化益生豈是實也。疑云若一切是無誰能作化。答如空成諸色。豈是有也"(T35.0075a02~12)]

022 • [H217c11; T608c25]

問 三乘緣起 · 一乘緣起, 有何別耶.

答 三乘緣起者, 緣集有, 緣散即無. 一乘緣起 即不爾, 緣合不有, 緣散不無.

문 삼승의 연기와 일승의 연기는 어떠한 차이가 있습니까?

답 삼승의 연기는 연緣이 모이면 있고 연緣이 흩어지면 없어진다. 일승의 연기는 그러하지 않으니 연緣이 모여도 있지 않고 연緣이 흩어져도 없지 않다.

023 • [H218a01; 大608c28]

問 一乘緣起法, 若緣集不有, 緣散不無者, 何用爲緣合及散乎[183].

答 雖法無增減 而隨順處以說, 故非無益空言. 不知緣合之人中[184], 即言爲緣集有言[185, 186], 不知緣散之人中[187], 即言爲緣[188]散[189]. 散門以[190]生解人中[191], 即[192]言散而非方散, 以昔無非散時故. 於合門以[193]生解人中[194, 195], 即言合而非方合, 以昔無非合時故.

183 何用爲緣合及散乎: 변격한문. 정격한문이라면 '何用言緣合及散乎'로 표현할 수 있다.

184 不知緣合之人中: 변격한문. 정격한문이라면 '爲不知緣合之人' 또는 '於不知緣合之人'으로 표현할 수 있다.

185 有言: ㊍有, ㊎없음.

186 即言爲緣集有言: 변격한문. 정격한문이라면 '即言緣集而有' 또는 '即言緣集故有'로 표현할 수 있다.

187 不知緣散之人中: 변격한문. 정격한문이라면 '爲不知緣散之人' 또는 '於不知緣散之人'으로 표현할 수 있다.

188 緣: ㊍㊎㊏없음.

189 即言爲緣散: 변격한문. 정격한문이라면 '即言緣散(而無)' 또는 '即言緣散(故無)'로 표현할 수 있다.

190 以: ㊍㊎㊏없음.

191 散門以生解人中: 변격한문. 정격한문이라면 '爲(聽)散門以生解人' 또는 '於(聽)散門以生解人'으로 표현할 수 있다.

192 即: ㊍㊎㊏없음.

193 以: ㊍㊎㊏없음.

194 中: ㊍㊎㊏없음.

195 於合門以生解人中: 변격한문. 정격한문이라면 '於(聽)合門以生解人'으로 표현할 수 있다.

문 일승연기의 법은 연緣이 모여도 있지 않고 연緣이 흩어져도 없지 않다고 한다면 무엇 때문에 연이 모이고 흩어진다는 것입니까?

답 법法은 늘어나거나 줄어들지 않지만 상황[處]에 따라 말하는 것이므로 무익한 헛된 말은 아니다. 연이 모이는 것을 모르는 사람에게는 연이 모여 있다고 말하고 연緣이 흩어지는 것을 모르는 사람에게는 연이 흩어져 없어진다고 말한다. 흩어진다는 가르침[散門]으로 이해할 수 있는 사람에게는 곧 "흩어지지만 지금 비로소 흩어지는 것은 아니다. 옛날부터 흩어지지 않는 때가 없었기 때문이다."라고 말하고 모인다는 가르침[合門]으로 이해할 수 있는 사람에게는 곧 "모이지만 지금 비로소 모이는 것이 아니다. 옛날부터 모이지 않는 때가 없었기 때문이다."라고 말한다.

024 • [H218a09; T609a06]

問 若爾, 法古[196]定爲無合散耶[197].

答 不爾. 若定無合散者, 何亦言方爲合散乎[198].

196 古: ㉠㉡昔

197 法古定爲無合散耶: 변격한문. 정격한문이라면 '自古法定無合散耶'로 표현할 수 있다.

198 何亦言方爲合散乎: 변격한문. 정격한문이라면 '何亦言方合散乎'로 표현할 수 있다.

문 그렇다면 법法은 옛날부터 반드시 모이고 흩어짐이 없었습니까?

답 그렇지 않다. 반드시 모이고 흩어짐이 없다면 어떻게 (지금) 비로소 모이고 흩어진다고 말할 수 있겠는가.

025 • [H218a11; T609a08]

問 若爾,法亦可緣合有 緣散無耶.

答 亦得隨緣有無. 雖言有無 而既言隨緣故, 即可知非定有無. 非定有無[199]故, 即知非非定有無. 以非有無[200]故, 隨緣時非增減, 以非非定有無故, 隨緣時即非有無. 如是諸義能隨緣言, 無不當, 亦無所當. 無所當故即無自處, 無自處故無是非處. 一乘緣起之法, 非計情所及, 雖非計[201]情所及而不遠求,返情即是也.

199 非定有無非定有無: ㊅非有定有非無定無
200 非有無: 내용상 非定有無의 오류로 생각된다.
201 計: ㊀㊎㊐없음.

문 그렇다면 법은 연이 모이면 있고 연이 흩어지면 없는 것입니까?

답 또한 연緣을 따라 있고 없다고 할 수 있다. (그런데) 있고 없다고 말하지만 이미 연에 따른다고 하였으므로 곧 정해진 있음과 없음이 아님을 알 수 있다. 정해진 있음과 없음이 아니므로 곧 정해진 있음과 없음이 아닌 것이 아님도 알 수 있다.[202] (정해진) 있음과 없음이 아니므로 연을 따를 때 늘어나거나 줄어들지 않고 정해진 있음과 없음이 아닌 것이 아니므로 연을 따를 때 곧 있음과 없음이 아니다. 이러한 여러 가지 뜻은 연을 따라 말할 수 있으므로 해당하지 않음도 없고 해당하는 것도 없다. 해당하는 것이 없으므로 곧 스스로 머무는 곳[自處]이 없고 스스로 머무는 곳이 없으므로 (머물지) 않는 곳도 없다. 일승연기의 법은 분별적 인식[計情]이 미칠 바가 아니다. 분별적 인식[計情]이 미칠 바가 아니지만 멀리서 구할 필요는 없다. 분별적 인식을 돌이키면 곧 그것이다.

---

202 ㊅(即可知) 非有定有非無定無(即知非非定有無)를 따르면 "있음이 반드시 있음이 아니고 없음이 반드시 없음이 아님을 알 수 있으므로 정해진 유무가 아님이 아님을 알 수 있다."라고 번역할 수 있다.

026 • [H218a21; T609a16]

問 言返情者, 不知其方便, 云何.

答 雖方便無量, 而其要言之, 隨所見處[203] 即不著[204]心爲是, 隨所聞之法 不取如聞, 即能解其所由, 又即解法實性也.

203 處: ㊎處明
204 著: ㊍善, ㊎惡

문 분별적 인식[情]을 돌이킨다고 하였는데 그 방편을 알 수 없습니다. 어떠한 것입니까?

답 방편이 헤아릴 수 없이 많지만 그 핵심을 말한다면 보는 곳에 대하여 마음을 집착하지 않는 것이다. 들은 법法에 대하여 들은 내용에만 매달리지 않으면 곧 그것이 말미암은 바를 알 수 있고 곧바로 그 법의 실성實性을 이해할 수 있다.

027 • [H218b01; T609a20]

問 雖有此言 而不知所以.

答 汎[205]聖教之言起[206, 207] 皆有[208]於機緣之所由[209], 謂教是藥, 能治衆生病故. 若以生而治 即以生, 若以不生治者 即以不生. 若法空是生不生者[210], 以生爲是, 以不生爲非, 以非[211]生爲是, 以生即非是也, 其法非有於不生生[212]故, 即能以生不生治病 無障.

---

205 汎: ㉢凡

206 起: ㉯㉢趣

207 汎聖教之言起: 변격한문. 정격한문이라면 '夫聖教之起'로 표현할 수 있다.

208 有: ㉾從

209 皆有於機緣之所由: 변격한문. 정격한문이라면 '皆由於機緣'으로 표현할 수 있다.

210 若法空是生不生者: 변격한문. 정격한문이라면 '若法是空, 生不生者'로 표현할 수 있다.

211 非: ㉢없음.

212 其法非有於不生生: 변격한문. 정격한문이라면 '其法不定於不生生'으로 표현할 수 있다.

문 이렇게 말씀해주셨지만 그 까닭을 모르겠습니다.

답 무릇 성인의 가르침의 말씀이 일어남에는 다 (특정한) 근기와 인연의 말미암은 바[所由]가 있다. 즉, 가르침은 약으로서 중생의 병을 낫게 하는 것이기 때문이다. 만약 생겨남이라는 가르침으로 낫게 할 수 있으면 생겨남으로 하고 만약 생겨나지 않음이라는 가르침으로 낫게 할 수 있으면 생겨나지 않음으로 한다. 만약 법이 공空하여 생겨남이고 생겨나지 않음이기도 하면 생겨남을 옳다고 하고 생겨나지 않음을 그르다고 하거나 생겨나지 않음을 옳다고 하고 생겨남을 그르다고 하기도 한다. 그 법法에는 생겨나지 않음이나 생겨남이라는 특정한 성격이 있지 않기 때문에 생겨남과 생겨나지 않음으로 병을 낫게 하여 막힘이 없다.

028 • [H218b08; T609a26]

問 其法爲有不當生不生法耶不.

答 不也. 若有不當生不生法者, 云何能以生不生治病乎, 非有不當生不生法故, 乃能以生不生治病也.

문 그 법法은 (그러면) 생겨남과 생겨나지 않음 (모두에) 해당하지 않는 법이 있는 것입니까, 아닙니까?

답 아니다. 만약 생겨남과 생겨나지 않음 (모두에) 해당하지 않는 법이 있다면 어떻게 생겨남과 생겨나지 않음으로 병을 낫게 할 수 있겠는가. 생겨남과 생겨나지 않음 (모두에) 해당하지 않는 것이 있지 않으므로 곧 생겨남과 생겨나지 않음으로 병을 낫게 할 수 있다.

029 • [H218b12; T609b01]

問 不知其所治之處爲即衆生不解不生病耶, 不知此病離處耶.

答 當不解之病 不得治, 以已是病故, 又非[213]已離解處, 以已無病故, 但此不解心 令[214]生解之處以, 名爲治病所由[215], 以此治病所由故 聖教藥起. 是故, 但言教有於機緣所由[216], 不有於法.

213 非: ㉵㊎以, ㊒以

214 令: ㊎合

215 但此不解心 令生解之處以, 名爲治病所由: 변격한문. 정격한문이라면 '但以此不解心 令生解之處 名爲治病所由'라고 표현할 수 있다.

216 言教有於機緣所由: 변격한문. 정격한문이라면 '言教由於機緣'으로 표현할 수 있다.

문 그 다스리는 곳(=대상)이 바로 중생들이 생겨나지 않음을 이해하지 못하는 병임을 모르는 것입니까, 아니면 이 병을 벗어난 곳을 모르는 것입니까?

답 마땅히 이해하지 못하는 병은 다스릴 수 없다. (이해하지 못하는 것 자체가) 이미 병이기 때문이다. 또한, 이미 벗어난 곳도 아니다. 이미 병이 없기 때문이다. 다만, 이해하지 못하는 이 마음이 이해를 내게 하는 곳을 병을 다스림이 말미암은 바[所由]라고 한다. 이러한 병을 다스림이 말미암은 바 때문에 성인의 가르침의 약이 일어난(=생겨난) 것이다. 그러므로 가르침은 근기와 인연이 말미암은 바[所由]에 있는 것이지 그 (가르침의) 법 (자체)에 있는 것이 아니다.

030 • [H218b19; T609b07]

問 其法爲所[217]者 何乎[218].

答 此即諸法實性, 無住本道. 無住本故 即無可約法, 無可約法故 即無分別相, 無分別相故 即非心所行處, 但證者境界 非未證者知. 是名爲法實相, 一切法而無不爾, 此處十佛普賢境界.

217 其法爲所: ㉠爲其法, ㊎㊔其法爲

218 其法爲所者 何乎: 변격한문. 정격한문이라면 '其法者 何爲乎'로 표현할 수 있다.

문 (그렇다면) 그 법이 하는 바는 무엇입니까?

답 이것은 곧 모든 법[諸法]의 실성實性으로 머무름이 없는 근본의 도[無住本道]이다. 머무름이 없는 근본이므로 곧 의거할 법이 없다. 의거할 법이 없으므로 곧 분별의 모습[分別相]이 없다. 분별의 모습이 없으므로 곧 마음이 갈 수 있는 곳이 아니다. 다만, 깨달은 사람의 경계이고 아직 깨닫지 못한 사람이 아는 것이 아니다. 이것을 법의 참모습[實相]이라고 이름한다. 일체의 법이 그렇지 않음이 없다. 이곳은 십불十佛과 보현普賢의 경계이다.

031 • [H218c01; T609b12]

問 既普賢境界者,普賢即臨機門 無於機[219]所[220]殘[221]現[222].若爾,亦可諸法實[223]相即餘人境界也[224].

答 亦得.普賢如自所得法,無於機緣[225]殘現[226]故.經云,正義中 置隨義語[227],正說中 置隨語義,謂其義也.

---

219 無於機: ㉠於機無

220 所: ㊎㊒處. 내용상 緣의 오류로 생각된다.

221 殘: ㉠殘而

222 無於機所殘現: 변격한문. 정격한문이라면 '無遺現於機緣' 또는 '全現於機緣'으로 표현할 수 있다.

223 實: ㉠㊎寂

224 也: ㉠耶

225 無於機緣: ㉠於機緣無

226 無於機緣殘現: 변격한문. 정격한문이라면 '無遺現於機緣' 또는 '全現於機緣'으로 표현할 수 있다.

227 語: ㉠㊎言

문 이미 보현 경계라고 하였는데 보현은 곧 임기문(臨機門, 근기에 맞추는 가르침)이므로 (가르침의 대상이 되는) 근기에게 빠뜨리고 보여주지 않는 것이 없습니다. 그렇다면 모든 법의 참모습[諸法實相]은 곧 나머지 사람들의 경계이기도 할 것입니다.

답 그럴 수도 있다. 보현은 스스로 얻은 법 그대로를 (가르침의 대상이 되는) 근기와 인연에게 빠뜨리고 보여주지 않는 것이 없기 때문이다. 『경經』에서 "바른 뜻[正義]에는 뜻에 따르는 말을 두고 바른 말[正說]에는 말에 따르는 뜻을 둔다."[228]라고 한 것이 그러한 뜻이다.

228 『成實論』에 인용된 『大因緣經』의 내용에 이러한 구절이 보인다. [『成實論』 권6 苦諦聚中想陰品第七十七 "如大因緣經說。若義入修多羅。不違法相隨順比尼。是義應取。又說。於正義中置隨義語。於正語中置隨語義"(T32.0281b10~13); 『成實論』 권1 法寶論初三善品第六 "佛聽。於正義中置隨義語。於正語中置隨語義。不如外道隨經而取。又佛法中依法不依人。法亦分別。依了義經不依不了義經。是名淨法"(T32.0243c13~16)].

032 • [H218c07; T609b17]

問 不知其義云何.

答 言正義者 爲一乘義, 正說者, 三乘義. 三乘義中 隨情安立故, 其義但在言中耳. 以言攝義故, 義即有於言. 一乘中, 語即是義語故, 無語而不義語, 義即是語義故, 無義而不語義.[229] 語即[230]義故 義[231]而無言不及, 義[×?][232]義即語故語而無義[233]不及. 義語語義, 無礙自在 圓融無礙故, 故其緣起無住, 令在[住?][234]顯說, 終日說非有說, 非有說[235]故與不說無分別說. 說旣爾, 能聞者亦爾, 一聞即一切聞. 可知思[236]也.

---

229 義即是語義故, 無義而不語義: ㉠㊎㊔없음

230 即: ㊔即是

231 義: ㊔없음.

232 義[×?]: 내용상 義는 연문으로 생각된다.

233 義: ㊅㊎㊔없음.

234 在[住?]: 저본에는 在인데 내용상 住의 오류로 생각된다.

235 說: ㊅㊎有

236 知思: ㉠思知

문 그 뜻이 어떠한지 잘 모르겠습니다.

답 바른 뜻[正義]이라고 한 것은 일승一乘의 뜻이고 바른 말[正說]은 삼승의 뜻이다. 삼승의 뜻은 분별적 인식[情]을 따라 구별[安立]하였으므로 그 뜻은 말 속에만 있다. 말이 뜻을 포섭하므로 뜻이 곧 말에 있다. 일승에서 말은 곧 뜻의 말이므로 어떤 말이나 뜻의 말이 아닌 것이 없고 뜻은 곧 말의 뜻이므로 어떤 뜻이나 말의 뜻이 아닌 것이 없다. 말이 곧 뜻이므로 뜻으로서 말에 미치지 못함이 없고 뜻이 곧 말이므로 말로서 뜻에 미치지 못함이 없다. 말의 뜻[語義]이고 뜻의 말[義語]이어서 막힘 없이 자재自在하고 원융하고 막힘이 없으므로 그 연기는 머무름이 없는데 만약 머물게 하여 드러내 말하면 온종일 말해도 말한 것이 없고 말한 것이 없으므로 말하지 않은 것과 다르지 않은 말함이다. 말하는 것이 이미 이러하며 듣는 것[能聞]도 그러하니 하나를 들으면 모든 것을 듣는다. 생각하면 알 수 있을 것이다.

033 • [H219ac07; T609b27]

問 可於相當[237]如是聞者[238], 一聞一切聞 一切聞一聞. 若三乘法 但有語故, 即無所詮之義耶.

答 非無所詮之[239]義, 然而其義 但有言分齊, 一相法門. 謂[240]有者, 但有中盡 非不有, 不有者 即不有中盡 非有義, 如是一相法門也. 雖有無二諦 相即相融, 而非即其事法相圓融自在故, 故語義能詮所詮分齊不[241]參也. 一乘正義中 即不如是, 隨擧一法 盡攝一切故, 即中中自在故, 可思也.

---

237 相當: ㊅當相

238 可於相當如是聞者: 변격한문. 정격한문이라면 '可以相當於如是聞者'로 표현할 수 있다.

239 詮之: ㊎詮

240 謂: ㊅㊎語

241 不: ㊀不不

문 이처럼 듣는 것에 상당相當하는 것은 하나를 들음이 모든 것을 들음이고 모든 것을 들음에 하나를 들음일 것입니다. 삼승의 법에서는 말만 있으므로 (그 말이) 나타내는 뜻이 없는 것입니까?

답 나타내는 뜻이 없는 것이 아니다. 다만, 그 뜻은 말의 분제分齊에만 해당하는 한 가지 모습[一相]의 법문이다. 즉, 있다는 것은 있음에서 끝나고 있지 않음이 아니며 있지 않음은 있지 않음에서 끝나고 있음의 뜻이 아니다. 이처럼 한 가지 모습의 법문이다. 있음과 없음의 두 가르침[諦]이 상즉相卽하고 상융相融하지만 그 구체적 일[事法]이 서로 원융하고 자재自在하지 않으므로 말과 뜻, 능전能詮과 소전所詮의 분제分齊가 섞이지 못한다. 일승의 바른 뜻[正義]에서라면 이렇지 않다. 하나의 법法을 들면 모든 법을 다 아우르므로 상즉[卽]과 상입[中]에서 자재自在하기 때문이다. 생각하면 알 수 있을 것이다.

034 • [H219a18; 609c07]

問 若爾, 一乘法 但語說盡[242]. 何故 言緣起之[243]際不可說, 但證者乃知乎.

答 是汝見耳. 但汝見法 語中盡故[244], 起如是問耳. 其法無留處, 豈但有語聞[245]. 聞處令有於聞, 不得聞之處中令有於不聞耳. 語中無殘, 法無盡, 故令證者知耳.

242 但語說盡: 변격한문. 정격한문이라면 '但以語盡說'로 표현할 수 있다.

243 之: ㉠없음.

244 語中盡故: 변격한문. 정격한문이라면 '以語可盡故'로 표현할 수 있다.

245 豈但有語聞: 변격한문. 정격한문이라면 '豈但以語聞'으로 표현할 수 있다.

문 그렇다면 일승의 법은 말만으로도 다 설명할 수 있는데 왜 연기의 끝은 이야기할 수 없고 깨달은 사람만 알 수 있다고 말씀하셨습니까?

답 그것은 너의 견해일 뿐이다. 네가 법을 말로 다 (표현)할 수 있다고 보기 때문에 이러한 질문을 하는 것이다. 그 법이 머무는 곳이 없는데 어찌 말로 들음만 있겠는가. 듣는 곳에서는 들음이 있게 하고 들을 수 없는 곳에서는 듣지 않음이 있게 하는 것이다. 말에 빠뜨림이 없고 법에 다함이 없으므로 깨달은 사람만 알게 하는 것이다.

035 • [H219a24; T609c13]

問 此經, 以名號品至小相光明品 明緣修因果[246], 自普賢·性起二品 明性起因果, 不知 云何爲緣修[247]因果, 云何爲性起因果耶.

答 從聞熏習等三慧方便緣, 以修行所生[248]顯之義 名爲緣修因果. 卽此緣修因果, 法順[249]自不住實性故, 雖隨緣生顯而從本不生, 不生故 生卽不生. 不生, 相不可得之義等 名爲性起因果. 譬如 無我報心, 以睡眠因緣故 成虎之義, 爲緣修因果. 卽其虎 無我報心作故, 雖作虎而無[250]其心之量過之義[251], 名爲性起因果也.

---

246 果: ㊎緣
247 修: ㊎明
248 生: ㊍生離
249 順: ㊍修
250 無: ㊏量
251 無其心之量過之義: 변격한문. 정격한문이라면 '無過其心量之義'로 표현할 수 있다.

문 이 (화엄)경의 명호품名號品부터 소상광명품小相光明品까지는 연수緣修의 인과를 밝히고 보현품과 성기품性起品의 두 품에서 성기性起의 인과를 밝히는데 어느 것이 연수의 인과이고 어느 것이 성기의 인과인지 모르겠습니다.

답 문훈습聞熏習 등 삼혜三慧[252] 방편의 연을 따라 수행으로 생겨 나타나게 한 것이라는 뜻을 연수의 인과라고 하니 곧 이 연수의 인과에서는 존재[法]가 자신의 머무름이 없는 실성實性을 따르므로 연을 따라 생겨 나타나지만 본래 생겨남이 없다. 생겨남이 없으므로 생겨남이 곧 생겨나지 않음이다. 생겨나지 않고 모습[相]을 파악할 수 없다는 뜻 등을 성기의 인과라고 한다. 비유하자면 아보我報가 없는 마음[無我報心][253]이 잠이라는 인연으로 (꿈에) 호랑이를 만

---

252 삼혜三慧: 事理를 분석하는 세 가지 정신작용으로 聞慧·思慧·修慧이다.

253 아보我報가 없는 마음[無我報心]: 均如의 『釋旨歸章圓通鈔』에서도 이 용어가 보인다. [『釋旨歸章圓通鈔』 권2 "一乘中, 以時與法既不相離故, 如時之別, 法亦別也. 道申章云, 一夜夢 已過父及未生子各三有九, 覺時見之, 但在一念心中. 非此心中 片分爲父, 片分爲我, 片分爲子, 九人摠在一心, 隨擧卽攝, 九人無所相知, 而非絕無九人之別. 非一念外, 立三爲有 立六爲無. 有無同處一念 而非無有無之別.<已上> 故我之無我報心 全爲父 全爲我 全爲子, 故如九世別, 法亦別也. 若約同相, 則是九世成摠一念之力齊義也. 若九世中, 或有或無, 何得成力之齊也. 是故爾也."(ABC, K1508 v47, p.127b02-b09)]. 한편, 『법계도기총수록』에도 『旨歸圓通鈔』라는 이름으로 같은 내용이 인용되고 있는데 표현에 약간의 차이가 있다. [『法界圖記叢髓錄』 卷上之一 "(旨歸圓通鈔云, …)。一乘中, 以時與法不相離故 時亦是實也. 是故, 如時之別, 法亦別也. 道身章云, 如一夜中夢, 已過父及未生子各三有九, 覺時見之, 但在一念心中. 非此心中 片分爲父, 片分爲我, 片分爲子, 摠在一心, 隨擧卽攝, 九人旡所相知, 而非絕旡九人之別. 又非一念之外, 立三爲有 立六爲旡。有旡同處一念而非有旡之別.<已上> 是故, 但其旡我報心 全爲父 全爲我 全爲子, 故如九世別, 法亦別也."(ABC, K1502 v45, p.156a20-b06)].

드는 뜻이 연수의 인과이다. 그런데 그 호랑이는 아보我報가 없는 마음이 지은 것이므로 비록 호랑이를 지었지만 그 마음의 크기[量]를 벗어남이 없다는 뜻을 성기의 인과라고 한다.

036 • [H219b12; T609c23]

問 若爾者, 其虎即無睡眠[254]緣即無, 從本以來不自有. 云何性起 與[255]修生因果別耶[256].

答 實爾, 其無緣修 即無性起, 無性起 即不成緣修. 然即其緣修, 是離相順體 故爲性起. 性起即是隨緣 故爲緣修. 雖無二體, 二義不相是也.

254 睡眠: ㊅㊉㊎眠
255 與: ㊅爲
256 耶: ㊉㊎乎

문 그렇다면 그 호랑이는 잠이라는 연이 없다면 없는 것으로 원래부터 스스로 있던 것이 아닙니다. 성기의 인과가 어째서 수생(修生=緣修)의 인과와 다릅니까?

답 실제로 그렇다. 연수의 인과가 없으면 성기의 인과가 없고 성기의 인과가 없으면 연수의 인과를 이루지 못한다. 그러므로 그 연수는 모습[相]을 여의고 체體를 따르므로 성기가 되고 성기는 곧 연을 따르므로 연수가 된다. 두 개의 몸[體]이 아니지만 두 뜻이 완전히 일치하는[相是] 것도 아니다.

037 • [H219b17; T609c28]

問 其緣修德即離性相, 故與體無差別, 與性起離相 有何別耶.

答 雖二俱離性相, 而緣修離緣[257]不成, 性起離緣不損, 故有別也.

257 緣: ㉾性

문 그 연수의 덕德은 성性과 상相을 여의었으므로 체體와 차이가 없는데 성기가 상相을 여읜 것과 어떻게 다릅니까?

답 둘 다 성性과 상相을 떠났지만 연수는 연緣을 떠나면 이루어지지 않고 성기는 연을 떠나도 훼손되지 않는다. 그러므로 다름이 있다.

038 • [H219b22; T610a02]

問 若性起離緣不損者,非待緣修可成耶.

答 言不損者,緣集時中不增,自無我量故,緣散時亦不損,自無我性故,云不損.非謂無緣自體有也.

문 성기는 연을 여의어도 훼손되지 않는다고 하면 연수가 없어도 이루어질 수 있습니까?

답 훼손되지 않는다고 한 것은 본래 자체의 크기[我量]가 없어 연이 모일 때도 늘어나지 않고 본래 자체의 본질[我性]이 없어 연이 흩어질 때도 줄어들지 않기 때문에 줄어들지 않는다고 한 것이지 연이 없이 저절로[自體] 있음을 말한 것이 아니다.

039 • [H219c02; T610a06]

問 若爾者 即非緣修無性起, 非性起無緣修, 非性起[258]無緣修故 修生由無[259]不本有[260], 非緣修無本有故 本有非修生無由. 既其力齊, 何故 其有本末義.

答 如是緣起無分別法中, 其能隨順解者, 隨先擧爲本, 無礙之[261]. 何有定[262]本末之義乎. 可思解也.

---

258 非性起: ㉾없음甲

259 由無: ㊗無由

260 修生由無不本有: 변격한문 또는 착간으로 생각된다. 뒤의 '本有非修生無由'와 대구를 이루려면 '修生非本有無由'가 자연스럽다.

261 之: ㉾之法

262 定: ㉾建

문 그렇다면 연수가 아니면 성기가 없고 성기가 아니면 연수가 없는 것인데 성기가 아니면 연수가 없으므로 수생(修生=緣修)의 생겨남은 본유가 아닌 것이 없고 연수가 아니면 본유(本有=性起)가 없으므로 본유는 수생이 아니면 생겨날 수 없습니다. 이처럼 이미 그 힘이 같은데 어떻게 하나는 본本이고 다른 하나는 말末인 뜻이 있을 수 있습니까?

답 이처럼 연기의 분별이 없는 법에서 잘 따라 이해하는 사람은 먼저 든 것을 본으로 하여 막힘이 없다. 어찌 정해진 본과 말의 뜻이 있겠는가. 생각하면 알 수 있을 것이다.

040 • [H219c09; T610a12]

問 本有修生等四句中, 有修生本有·本有修生二句, 其即緣起法故[263], 非本有無修生 非修生無本有, 此二句 因緣法可解. 唯本有·但修生此二句, 何爲因緣法乎. 若非由修生而有本有者, 與習種以前 有本有之義, 有何別乎.

答 聖者能見機益 故四句此[264]善說[265]. 若有機緣衆生 以性種爲前習種爲後利益, 即說本有前有修生後有[266]. 若有衆生以修生爲前本有爲後利益, 即說性種爲後習種爲前. 但隨機處中說耳, 勿見法定有[267]前後, 以其法無前後故, 即善當於先後耳. 是故, 諸聖教之說 前後不定. 然而如言取者, 定本[x?][268]有前有法[後?][269], 故失因緣旨違聖意, 故與彼人不同耳. 餘一切法門 皆爾, 須解教所由, 又解法實性也[270].

---

263 其即緣起法故: 변격한문. 정격한문이라면 '此即緣起法故' 또는 '是即緣起法故'로 표현할 수 있다.

264 此: ㊔皆

265 此善說: 변격한문. 정격한문이라면 '善說如此'로 표현할 수 있다.

266 有: ㊒㊎㊔없음.

267 有: ㊅本有

268 本[×?]: 저본에는 本이지만 내용상 衍字로 생각된다.

269 法[後?]: 저본에는 法이지만 내용상 後의 오자로 생각된다.

270 耳 餘一切法門 皆爾 須解教所由 又解法實性也: ㊅없음.

문 (깨달음에 대한) 본유本有와 수생修生의 4구四句[271] 중에 수생본유修生本有[272]와 본유수생本有修生[273]의 2구二句가 있는데 그것은 곧 연기법이므로 본유가 아니면 수생이 없고 수생이 아니면 본유가 없다는 것입니다. 이 2구가 인연법이라는 것은 이해할 수 있습니다. (그러나) 오직 본유[唯本有][274]와 수생[但修生][275]의 이 2구는 어떻게 인연법이 되는 것입니까? 만약 수생에 말미암지 않고 (다만) 본유가 있다면 습종성習種性[276] 이전에 본유의 성종성이 있다는 뜻과 어떤 차이가 있습니까?

답 성인은 (중생의) 근기에 따른 이익[機益]을 잘 볼 수 있어 4구를 이렇게 잘 말씀하셨다. 만약 성종성性種性을 앞에 두고 습종성習種을 뒤에 두는 것이 이익이 되는 기연機緣의 중생에게는 곧 먼저 본유가 있고 뒤에 수생修生이 있다고 말하였다. 수생을 앞에 두고 본유를 뒤에 두는 것이 이익이

---

271 본유本有와 수생修生 등의 4구四句: 본유本有, 본유수생本有修生, 수생修生, 수생본유修生本有

272 수생본유修生本有: 수행을 통한 드러냄[修生]으로써 본래 가지고 있던[本有] 깨달음이 비로소 드러난다.

273 본유수생本有修生: 본래 깨달음을 가지고 있었으므로[本有] 수행을 통해 드러난다[修生].

274 오직 본유[唯本有]: 깨달음은 본래 가지고 있으므로 반드시 드러난다.

275 다만 수생[但修生]: 깨달음은 오직 수행을 통해서만 얻을 수 있다.

276 습종성習種性: 후천적 수행과 훈습을 통해 생겨난 種性. 선천적인 本有의 性種性과 상대된다.

되는 중생에게는 곧 성종성이 뒤이고 습종성이 앞이라고 말하였다. 다만, 근기의 장소[機處]를 따라 말할 뿐이니 존재[法]에 정해진 앞과 뒤가 있다고 보지 말라. 그 존재[法]에 앞과 뒤가 없어서 앞과 뒤에 잘 해당시키는 것이다. 그러므로 여러 경전[聖敎]의 가르침은 앞과 뒤의 순서가 일정하지 않다. 그런데도 그 말을 글자대로만 받아들이는 사람은 정해진 앞과 뒤가 있다고 생각하여[277] 인연의 의미를 잃고 성인의 뜻에 어긋나게 된다. 그러므로 그 사람과 같지 않아야 한다. 나머지 일체의 법문도 모두 그러하다. 모름지기 가르침이 말미암은 바와 법의 실성實性도 이해해야 한다.

277 정해진 앞과 뒤가 있다고 생각하여: 원문[定本有前有法]을 수정하지 않고 해석하면 "반드시 본유 앞에 존재가 있다고 생각하여"로 해석할 수 있다. 다만, 이 경우에는 문장의 의미가 잘 이해되지 않는다.

041 • [H220a08; 大610a25]

問 潛用資成門中, 經云, 如來性起光明益邪[278]見衆生, 如日光益生盲衆生. 不知, 其邪[279]見衆生大違理, 云何得益乎, 爲益[280]當時, 爲後時耶.

答 二時得益.

---

278 邪: ㊎耶

279 邪: ㊎耶

280 益: ㊍㊎㊌約

문 몰래 도움이 되는 문[潛用資成門]에 대하여 『(화엄)경』에서는 "여래성기의 광명이 사견邪見 중생에게 이익이 되는 것은 햇빛이 타고난 보이지 않는 중생에게 이익이 되는 것과 같다."[281]라고 하였습니다. 그 사견 중생은 이치에 크게 어긋나는데 어떻게 (그에게) 이익이 되는지 잘 모르겠습니다. 그 (사견 중생이던) 당시에 이익이 되는 것입니까, 아니면 (사견에서 벗어난) 나중에 이익이 되는 것입니까?

답 두 때에 이익이 된다.

---

281 『大方廣佛華嚴經』(佛馱跋陀羅譯) 권34 寶王如來性起品第三十二之二 "復次佛子。譬如日出世間。生盲衆生未曾覩見。何以故。無肉眼故。佛子。此生盲衆生雖不見日。亦爲日光之所饒益。因日光故。而得飮食資生衆具。消除冷濕令體輕軟。風寒痰瘕諸患悉除安隱快樂。如來慧日出現世間。亦復如是。一切邪見犯戒無智邪命生盲衆生。未曾覩佛智慧日光。何以故。無信心眼故。佛子。生盲衆生。雖不見如來智慧日光。然此衆生。亦爲如來智慧日光之所饒益。除滅四大一切諸苦。身體安樂。斷一切煩惱毒痛根本"(T09.0616c01~11)

042 • [H220a12; T610a29]

問 其後時益 可知, 當時[282]益 何也.

答 雖其邪[283]見之性 違理衆生, 即其蒙[284]性起慈故, 得受身心果報. 其果報 非性起慈, 即無果報, 故是即深慈, 一切衆生所不可知之慈也.

---

282 時: ㊎없음.

283 邪: ㊎耶

284 蒙: ㊎發

문 그 나중에 이익이 되는 것은 알겠습니다만 그 (사견 중생) 당시에 이익이 되는 것은 왜 그렇습니까?

답 그 사견邪見의 성품으로 이치에 어긋나는 중생이지만 곧 그도 성기의 은혜[慈]를 입어 몸과 마음의 과보를 받을 수 있었다. 그 (몸과 마음의) 과보는 성기의 은혜가 없으면 그러한 과보가 없는 것이다. 그러므로 이것은 깊은 은혜이며 일체중생들이 알 수 없는 은혜이다.

043 • [H220a17; T610b04]

問 衆生苦果 以衆生自惡心業所感[285, 286], 云何佛慈故所得乎.

答 衆生諸苦[287] 但以如來藏佛作, 無餘法能作衆生苦[288]報故, 經云, 法種衆苦也.

285 感: ㊎惑

286 以衆生自惡心業所感: 변격한문. 정격한문이라면 '卽衆生自惡心業所感'으로 표현할 수 있다.

287 苦: ㊊在苦

288 苦: ㊊在苦

문 중생의 고과苦果는 중생인 자신의 나쁜 마음의 업이 불러온 것입니다. 어떻게 부처님의 은혜로 얻은 것입니까?

답 중생의 모든 고통은 여래장불如來藏佛만 만들고 나머지 법은 중생의 고보苦報를 만들 수 없기 때문이다. 『(승만)경』에서는 "(여래장)법이 많은 괴로움을 심었다."[289]라고 하였다.

---

289 『勝鬘經』 自性清淨章第十三 중의 내용에 의거한 것이다. "世尊。若無如來藏者。不得厭苦樂求涅槃。何以故。於此六識及心法智。此七法刹那不住。不種衆苦。不得厭苦樂求涅槃。世尊。如來藏者。無前際不起不滅法。種諸苦得厭苦樂求涅槃。"(T12.0222b14~19). 吉藏의 『法華義疏』에서 '法種衆苦樂求涅槃'을 『승만경』의 구절로 인용하고 있다(T34.608b05).

044 • [H220a20; T610b08]

問 此, 但一切衆生如來藏作, 何爲慈乎.

答 既擧體如來藏作故, 以其如來藏熏習[290]故, 方離苦得樂果故[291]. 其慈甚深 莫過於此.

290 習: ㉾㊎資

291 故: ㉾又卽苦見樂故

문 이것은 일체중생의 여래장이 만든 것인데 어떻게 은혜가 됩니까?

답 이미 전체의 여래장이 짓고 그 여래장이 훈습하여 비로소 고통을 떠나 즐거움을 얻을 수 있기 때문이니 그 은혜의 깊음이 이보다 더할 수 없다.

045 • [H220b01; 大610b11]

問 益義可爾, 然而其衆生受苦者[292], 何佛慈乎.

答 若佛令不受苦者[293], 其衆生 不得厭苦求樂, 要令受苦 方得生厭苦心. 以[294]此義故, 得其衆生苦 即佛慈故令受也[295]. 此言如來藏等[296], 且約終教等言之. 若一乘義[297]者, 即性起之法作[298]也.

292 者: ㊀없음.

293 若佛令不受苦者: 변격한문. 정격한문이라면 '若佛不令受苦者'로 표현할 수 있다.

294 以: ㊀없음.

295 得其衆生苦 即佛慈故令受也: 변격한문. 정격한문이라면 '其衆生得苦 即佛慈之令受也'로 표현할 수 있다.

296 此言如來藏等: 변격한문. 정격한문이라면 '此所謂如來藏等'으로 표현할 수 있다.

297 義: ㊅없음.

298 作: ㊀作 以煩惱苦 當相即道現 五熱衆輫 一王形虐等 皆其義

문 이익이 되는 뜻은 그럴 수 있겠습니다. 그런데 그 중생이 고통을 받는 것이 어떻게 부처님의 은혜가 됩니까?

답 만약 부처가 고통을 받지 않게 한다면 그 중생은 고통을 싫어하고 즐거움을 구할 수 없을 것이다. 고통을 받게 하였으므로 비로소 고통을 싫어하는 마음을 얻게 된다. 이러한 뜻으로 그 중생이 고통을 받은 것은 곧 부처님이 은혜로 받게 한 것이다. 여기서 말하는 여래장 등은 우선 종교終教 등에 의거하여 말하는 것이다. 만약 일승의 뜻이라면 곧 성기의 법이 짓는 것이다.

046 • [H220b07; T610b17]

問 性起及緣起[299], 此二言[300] 有何別[301]耶.

答 性起者 即[302]自是言[303, 304] 不從緣[305]言[306]. 緣起者, 此中入之近方便[307], 謂法從緣而起[308], 無自性故[309], 即其法[310]不起中 令入解之[311]. 其性起者, 即其法性[312], 即無[313]起[314]以爲性故, 即其[315]以不起爲起.

---

299 性起及緣起: 변격한문. 정격한문이라면 '性起與緣起'로 표현할 수 있다.

300 此二言: 변격한문. 정격한문이라면 '此二語'로 표현할 수 있다.

301 別: ㊎없음.

302 即: ㊌則

303 自是言: ㊍本具性

304 即自是言: 변격한문. 정격한문이라면 '即言自是'로 표현할 수 있다.

305 緣: ㊍緣有

306 不從緣言: 변격한문. 정격한문이라면 '言不從緣'으로 표현할 수 있다. 또는 '即自是言 不從緣言' 전체를 '即言自是而不從緣'으로 표현할 수 있다.

307 此中入之近方便: 변격한문. 정격한문이라면 '入此之近方便'으로 표현할 수 있다.

308 起: ㊍起緣起

309 故: ㊍故 起本具性

310 法: ㊍本法性

311 即其法不起中 令入解之: 변격한문. 정격한문이라면 '即令入其法不起而解之'로 표현할 수 있다.

312 性: ㊍性 一切法性

313 無: ㊍其無

314 起: ㊎性

315 其: ㊍其法性皆

문 성기性起와 연기緣起, 이 두 말은 어떻게 다릅니까?

답 성기는 곧 자신을 말한 것이고 연緣을 따르지 않음을 말한 것이다. 연기는 여기(=성기)에 들어가는 가까운 방편이다. 즉, 존재[法]가 연을 따라 일어나고 자성自性이 없으므로 곧 그 법이 일어나지 않는 곳에 들어가 이해하게 한다. 성기는 곧 그 존재[法]의 본성[性]이 바로 일어남이 없는 것을 본성[性]으로 하므로 그것(=성기)은 일어나지 않음을 일어남이라고 한다.

047 • [H220b13; T610b22]

問 若爾者 卽[316]不起, 何故言爲起耶[317].

答 言起者, 卽其法性 離分別 菩提心中現前在[318], 故云[319]爲起, 是卽以不起爲起, 如其法本[320]性 故名起耳, 非有起相之起.

---

316 卽: ㉠旣卽

317 何故言爲起耶: 변격한문. 정격한문이라면 '何故言起耶'로 표현할 수 있다.

318 菩提心中現前在: 변격한문. 정격한문이라면 '菩提心中現前' 또는 '現前於菩提心'으로 표현할 수 있다.

319 云: ㉠以

320 本: ㉠本具

문 그렇다면 곧 일어나지 않는 것인데 왜 일어남[起]이라고 말합니까?

답 일어난다고 말한 것은 그 존재[法]의 본성[性]이 분별을 떠나 깨달음 마음[菩提心]에 드러나 앞에 있었기 때문이다. 이것은 일어나지 않음을 일어남이라고 한 것으로 그 존재[法]의 본성과 같이 되므로 일어남이라고 한 것일 뿐이고 일어나는 모습이 있는 일어남이 아니다.

048 • [H220b018; T610b26]

問 若爾, 要待離分[321]別心 方起者, 與[322]本不起別[323]. 何[324]即之[云?][325]以本不起爲起乎.

答 雖待無分別心 方[326]起, 與本不起非[327]別相. 性全現前[328]起與不起 同無異故, 無增減故[329]. 是故, 經中 以虛空中鳥[330]所行不所行 俱無別空[331], 爲喩說.

---

321 分: ㊢無分
322 與: ㊅爲
323 別: ㊍是別
324 何: ㊍何故
325 之[云?]: 저본에는 之이지만 내용상 云의 오자로 생각된다.
326 方: ㊍分
327 非: ㊍全非
328 性全現前: ㊅㊎㊢없음.
329 故: ㊎㊢없음.
330 鳥: ㊍飛鳥
331 空: ㊍空而

문 그렇다면 분별을 떠난 마음을 기다려 비로소 일어나는 것이니 본래 일어나지 않는 것과는 다릅니다. 본래 일어나지 않은 것을 일어남이라고 어떻게 곧바로 말합니까?

답 분별이 없는 마음을 기다려 비로소 일어나는 것이지만 본래 일어나지 않음과 다른 모습이 아니다. 본성이 온전히 눈앞에 드러날 때 일어남과 일어나지 않음은 같으므로 다르지 않고 늘어나고 줄어듦이 없기 때문이다. 그래서 경전에서는 허공에서 새가 지난 곳과 지나지 않은 곳이 모두 다르지 않은 허공에 비유하여 말하였다.

049 • [H220b24; T610c02]

問 雖虛空無異 而行不行不同, 何爲無異乎. 若無異者 不[332]行處亦云行, 行處亦不行耶[333].

答 但以見鳥緣爲別耳, 若不見其鳥緣 即冥無別. 如是但見其菩提心緣爲別耳. 然而其論[334]法[335], 何有別也[336]. 全性成法 法法稱性 其[337]性起法其[338]爾[339], 可思也.

---

332 不: ㊀名不

333 耶: ㊀乎

334 論: ㊈謂

335 法: ㊀法性

336 也: ㊀耶

337 全性成法 法法稱性 其: ㊀㊎㊈없음

338 其: ㊀法

339 爾: ㊀爾炳然

문 비록 허공의 다름은 없지만 지나간 곳과 지나가지 않은 곳은 같지 않습니다. 어떻게 다르지 않다고 할 수 있습니까? 만약 다르지 않다면 지나가지 않은 곳도 지나갔다고 할 수 있고 지나간 곳도 지나가지 않았다고 할 수 있습니까?

답 새의 연緣을 보는 것이 다를 뿐이다. 만약 새의 연을 보지 않는다면 전혀 차이가 없다. 이처럼 그 보리심의 연緣을 보기 때문에 차이가 있다. 그러나 그 존재[法]를 논함에 어찌 차이가 있겠는가. 온 본성[性]이 존재[法]를 이루고 존재들이 본성에 일치하니 그 성기性起의 법이 그러하다. 생각하면 알 수 있을 것이다.

050 • [H221a01; T610c07]

問 若不見緣者, 何須其法中 爲起不起耶.

答 實爾. 不見其緣 即[340]不論起不起. 然而[341] 即其緣中 即[342]約離緣性[343]論爲性起. 皆斯隨機緣說, 勿見其法中 有如是起不起[344]等相.

340 卽: ㊀卽雖
341 而: ㊀而不妨
342 卽: ㊀없음
343 緣性: ㊀約緣
344 不起: ㊀없음

문 만약 연緣을 보지 않는다면 어떻게 그 법에서 일어남과 일어나지 않음을 구분할 필요가 있습니까?

답 실제로 그러하다. 그 연을 보지 않으면 일어남과 일어나지 않음을 논하지 않는다. 그러나 그 연에서 연을 떠난 본성에 입각하여 논하는 것이 성기性起이다. 모두 이처럼 근기와 인연에 따라 설하였지만 그 법에서 이러한 일어남과 일어나지 않음 등의 모습[相]을 보지 말라.

051 • [H221a06; T610c11]

問 若待[345]無分別心, 方與本同無異起 說者[346]. 何故 經中以微塵經卷爲喩, 顯示於衆生無明心中 有自然智·無師智等性起智乎.

答 聖人能見衆生性起法, 故[347]如是說, 有何妨也.

---

345 待: ㉺侍

346 若待無分別心, 方與本同無異起 說者: 변격한문. 정격한문이라면 '若說待無分別心, 方與本同無異起 者'로 표현할 수 있다.

347 故: ㉾故作

문 만약 무분별심無分別心을 기다려 비로소 근본[本]과 다르지 않게 일어난다고 말한다면 어째서 경전에서는 작은 티끌 속에 경전이 들어 있다는 비유로 중생의 무명심無明心 속에 자연지自然智, 무사지無師智 등의 성기性起의 지혜가 있음을 드러냈습니까?

답 부처님께서는 중생의 성기법을 잘 볼 수 있기 때문에 그렇게 말씀하신 것이다. 무슨 문제가 있겠는가.

052 • [H221a11; T610c15]

問 若衆生未得自性起智時中, 先說有性起智者, 此性起智 即非緣起法耶.

答 聖者即能見 其衆生後起時 即知本有故. 其衆生雖不知, 自成時 而得其法, 即緣起法也.

문 만약 중생이 아직 자신의 성기지를 얻지 못했을 때 미리 성기의 지혜가 있다고 말한다면 이 성기의 지혜는 연기의 법이 아닌 것입니까?

답 부처님은 중생이 나중에 (성기의 지혜를) 일으킬 때 본래 (가지고) 있었음을 볼 수 있기 때문이다. 중생은 알지 못하지만 스스로 (성기의 지혜를) 이룰 때 그 법을 얻게 되니 곧 연기법이다.

053 • [H221a16; T610c19]

問 經云, 雪山樹芽[348]等生時, 閻浮提一切樹等, 皆同時芽[349]等生, 如是佛菩提[350]樹芽[351]等生, 一切菩薩芽[352]等生者, 其義云何.

答 此義顯示 本有新生不異, 謂但一心中有故[353], 新生菩提心等發時, 定由本有菩提心等[354]. 無不由本有行德 而有新生行德也.

---

348 芽: (金)(成)牙

349 芽: (金)(成)牙

350 提: (大)(谷)薩

351 芽: (金)(成)牙

352 芽: (金)(成)牙

353 但一心中有故: 변격한문. 정격한문이라면 '但在一心故'로 표현할 수 있다.

354 新生菩提心等發時, 定由本有菩提心等: 변격한문. 정격한문이라면 '新生菩提心等, 定由本有菩提心等發'로 표현할 수 있다.

문 『(화엄)경』에서 "설산雪山에서 나무의 싹 등이 날 때 염부제의 일체 나무들이 모두 동시에 싹 등이 나니 이처럼 부처의 깨달음의 나무의 싹 등이 날 때 모든 보살의 싹 등이 난다."[355]라고 하였는데 그 뜻은 무엇입니까?

답 이 뜻은 본유本有와 신생新生이 다르지 않음을 드러내 보인 것이다. 다만, 하나의 마음에 있으므로 새로 생겨나는 보리심 등이 일어날 때는 반드시 본래 가지고 있던 보리심 등에 말미암는다. 본래 가지고 있던 행덕行德에 말미암지 않고 새로 생겨나는 행덕은 없다.

---

355 『화엄경』「성기품」에 나오는 내용을 축약한 것이다. [『華嚴經』(佛馱跋陀羅譯) 권35 寶王如來性起品第三十二之三 "譬如雪山頂有藥王樹。名非從根生非不從生。彼藥王樹。從六百八十萬由旬下極金剛地水輪際生。佛子。此藥王樹。若生根時。閻浮提樹一切根生。若生莖時。閻浮提樹皆悉生莖。若生枝葉華果時。閻浮提樹一切悉生枝葉華果。此藥王樹根能生莖。莖能生根。是故名曰不從根生非不從根。佛子。此藥王樹。一切諸處皆悉生長。唯除二處。所謂地獄深阬及水輪中不得生長。而大藥王樹亦不捨生性。如來智慧大藥王樹亦復如是。從一切如來種姓中生。於過去世。修習大慈悲等無量無邊功德。堅固正住不可傾動。三世無量善根智慧。皆悉普覆一切世間。除滅一切惡道衆難。巧方便莖。淨法界枝。諸禪三昧解脫之葉。七覺意華。無上解脫果。陀羅尼持初無增減。佛子。如來智慧大藥王樹。復有異名。名根堅固不壞。何以故。不捨不斷菩薩衆行。是故其根名曰不壞。彼如來智慧大藥王樹。初生根時。一切菩薩。悉生大慈悲根。未曾捨離一切衆生。初生莖時。一切菩薩。皆悉生長堅固精進正直心莖。初生枝時。一切菩薩。生長一切波羅蜜枝。初生葉時。一切菩薩。生長一切淨戒威儀頭陀功德之葉。初生華時。一切菩薩。善根莊嚴相好華敷。初生果時。一切菩薩。得無生忍受佛記果"(T09.0623a29~b25)]

054 • [H221a23; T611a01]

問 此樹, 以何爲樹.

答 以大緣起大[356]樹.

356 大: ㊍爲?

문 이 나무는 무엇을 나무라고 한 것입니까?

답 대연기를 큰 나무라고 한 것이다.

055 • [H221a24; T611a02]

問 先以大緣起樹者[357], 即一切衆生界盡攝[358]. 若爾, 亦得一衆生發心時, 一切衆生發心等耶.

答 既緣起樹, 豈不一切衆生即一衆生[359] 一衆生即一切衆生. 衆生既爾, 起行豈不爾[360]. 然而此處中文顯者[361], 但示本有·新生 同時並起義, 本即佛 新即菩薩等.

---

357 者: ㊅없음.

358 攝: ㊅抄

359 豈不一切衆生即一衆生: 변격한문. 정격한문이라면 '豈非一切衆生即一衆生'으로 표현할 수 있다.

360 起行豈不爾: 정격한문이라면 '豈起行不爾'로 표현할 수 있다.

361 此處中文顯者: 변격한문. 정격한문이라면 '此處文中顯者'로 표현할 수 있다.

문 앞에서 대연기의 나무라고 하였으니 일체의 중생계를 남김 없이 다 포함할 것입니다. 그렇다면 하나의 중생이 발심하였을 때 일체의 중생이 발심하는 것도 가능합니까?

답 이미 연기의 나무인데 어찌 일체의 중생이 곧 하나의 중생이고 하나의 중생이 곧 일체의 중생이지 않겠는가. 중생이 이미 그러한데 행위를 일으키는 것이 어찌 그러하지 않겠는가. 그러나 여기의 글이 드러내는 것은 본유와 신생이 동시에 함께 일어난다는 뜻을 보여준 것이다. 본유는 부처이고 신생은 보살 등이다.

056 • [H221b07; T611a08]

問 若大緣起樹者, 而六道中通有, 何故 地獄二乘涅槃等中不生乎.

答 約本[362]皆有[363], 然約行用 故簡別也.

---

362 本: ㉾實, ㊎然, ㉻體

363 有: ㉾有無不生芽

문 대연기의 나무라면 육도六道에 모두 있어야 하는데 어째서 지옥과 이승열반 등에는 나지 않습니까?

답 근본에 의거하면 (육도에) 다 있다. 그러나 행위와 작용[行用]에 의거하였으므로 제외하였다.

057 • [H221b10; T611a11]

問 若約行用者,二乘等有行用,何故不生乎[364].

答 約行中 有向·背,故曰生不生.其樹中 有何所爲也.

364 乎: ㊎牙

문 만약 행위와 작용[行用]에 의거한다면 이승 등에도 행위와 작용[行用]이 있는데 어째서 나지 않습니까?

답 행위에 있어서 일치함[向]과 어긋남[背]이 있기 때문에 나기도 하고 나지 않기도 한다. 그 나무에 어떠한 의도하는 바가 있겠는가.

058 • [H221b13; T611a14]

問 云何向·背耶.

答 若能自[365]知自性起法[366], 名爲向, 不知自性起菩提, 名爲背. 若約此義者, 但發無上菩提心 乃[367]名爲芽[368]生[369], 不發無上菩提心者 爲背, 不名芽[370]生. 地獄二乘涅槃等, 永不知自性起法, 故不生芽[371]. 若人天等中, 能如是知者爲[372]順, 名生芽[373]等, 若不知者, 不生芽[374]. 又自[375]雖不知, 而有果藥等, 爲二乘人等, 不入時中, 行德等 可迴[376]心也[377].

---

365 自: ㊣㊎㊈없음.

366 若能自知自性起法: 변격한문. 정격한문이라면 '若自能知自性起法'으로 표현할 수 있다.

367 乃: 谷乃至

368 芽: 金牙

369 生: 成없음.

370 芽: 金牙

371 芽: 金牙

372 爲: 谷金名爲

373 芽: 金牙

374 芽: 金牙

375 自: 金有

376 迴: 谷金成用

377 爲二乘人等, 不入時中, 行德等 可迴心也: 변격한문. 정격한문이라면 '二乘人等, 於不入時, 以行德等 可迴心也'로 표현할 수 있다.

문 무엇이 일치함과 어긋남입니까?

답 스스로 자신의 성기법을 알 수 있는 것을 일치함[向]이라고 하고 자신의 성기의 깨달음을 모르는 것을 어긋남[背]이라고 한다. 이 뜻에 의거한다면 무상無上 보리심을 내기만 하면 곧 싹이 난다고 하고 무상 보리심을 내지 않으면 어긋나 싹이 난다고 하지 않는다. 지옥과 이승열반 등은 자신의 성기법을 영원히 알지 못하므로 싹이 나지 않는다. 인간세계와 천상세계 등에서는 이렇게 알면 이를 따르니 싹 등이 난다고 하고 알지 못하면 싹이 나지 않는다고 한다. 또한, 스스로 알지 못하더라도 (성기의) 열매[果]와 약[藥] 등이 있어 이승인들이 (열반에) 들어가지 않은 때 행덕行德 등으로 (일승으로) 마음을 돌릴 수도 있다.

059 • [H221b23; T611a22]

問 云何不迴, 而得爲性起果藥耶[378].

答 雖自以不迴[379], 而約其法不無性起之起[380], 故得也.

378 得爲性起果藥耶: 변격한문. 정격한문이라면 '得性起果藥耶'로 표현할 수 있다.

379 雖自以不迴: 변격한문. 정격한문이라면 '自雖不迴'로 표현할 수 있다.

380 之起: ㊍없음, ㊎之心起

문 (일승으로) 마음을 돌리지 않았는데 어떻게 성기의 열매와 약을 얻을 수 있습니까?

답 스스로는 (마음을) 돌리지 않았지만 그 존재가 성기의 일어남이 아님이 없음에 의거하므로 얻을 수 있다.

060 • [H221c02; T611a24]

問 若爾, 一切惡業等 及地獄等果 皆爾, 何故 地獄等中無果也[381].

答 約實, 一切逆順[382]法 無不從[383]性起法[384]. 然而 約善行相顯處故, 作如是說[385], 地獄等中 不[386]顯行相故也.

381 也: ㉠耶

382 逆順: ㉠逆順染淨

383 從: ㉠全

384 一切逆順法 無不從性起法: 변격한문. 정격한문이라면 '一切逆順法 無不從性起'로 표현할 수 있다.

385 說: ㉥論

386 不: ㉠不有

문 그렇다면 일체의 악업들과 지옥 등의 과果도 다 그러한데 어째서 지옥 등에는 과果가 없습니까?

답 실제로는 일체의 좋고 나쁜 법들이 성기에서 비롯되지 않는 법이 없다. 그러나 좋은 행의 모습[行相]을 드러내는 곳에 의거하였기 때문에 이렇게 말한 것이다. 지옥 등에서는 (좋은) 행의 모습을 드러내지 않기 때문이다.

061 • [H221c07; T611a28]

問 小相品文云，菩薩小相光明 照地獄衆生，被光衆生 從地獄出 以生兜率天 得十眼等，乃至廣說，疏云，此文難解，謂釋迦菩薩光 益一衆生，其一衆生 亦益一切衆生，如是益盡窮後際等．其義云何．

答 是顯菩薩光明力大故，至未來雖益[387, 388]．且擧所化生展轉益[389]，以顯本光明力大義．所以者何[390]，其光即稱法光明故，如其法作不思議利益．是即一時至三世，望一一衆生每[391] 各各差別益，亦能利他，如是作不思議利益事也．此事不思議也．

---

387 至未來雖益: 변격한문. 정격한문이라면 '雖至未來亦益' 또는 '雖至未來不盡益'으로 표현할 수 있다.

388 益: ㊉益一切

389 益: ㊉復益

390 何: ㊉없음.

391 望一一衆生每: 변격한문. 정격한문이라면 '望見諸衆生'으로 표현할 수 있다.

문 「소상품小相品」의 문장에서 보살의 작은[小相] 광명이 지옥의 중생들을 비추니 빛을 입은 중생들이 지옥에서 나와 도솔천에 태어나 십안十眼 등을 얻는 등을 자세히 이야기하였고 (이에 대하여) 『소』(=『수현기』)에서는 "이 문장은 난해하다. 즉, 석가보살의 빛이 한 중생을 이롭게 하고 그 한 중생이 다시 일체의 중생을 이롭게 하여 이처럼 먼 미래까지 다 이롭게 한다."[392]라고 하였는데 그 뜻은 무엇입니까?

답 이것은 보살의 광명의 힘이 커 미래까지라도 이익이 됨을[393] 드러낸 것이다. 또한, 교화되는 중생이 (다른 중생들을) 다시 번갈아 이롭게 함을 들어 본래 광명의 힘이 크다는 뜻을 드러낸 것이다. 왜냐하면 그 빛은 법과 일치하는 광명이므로 그 법과 같이 불가사의한 이익을 짓기 때문이다. 이것은 곧 한때로부터 (과거·현재·미래) 삼세三世에 이르도록 바라보는[望] 하나하나의 중생마다 서로 다른 이익을 얻고 남을 이롭게 하니 이렇게 불가사의한 이익이 되는 일을 짓는 것이다. 이 일은 불가사의하다.

---

392 『大方廣佛華嚴經搜玄分齊通智方軌』 권四下 佛小相光明功德品第三十 "此文難。須思之。且釋迦佛爲菩薩時。有一相益於一生益一衆生。其一衆生展轉利益一切衆生。並一生至離垢三昧。如是一切衆生復利一切衆生。如是盡窮後際。下至遍傍。化作如意珠亦利益盡窮後際。菩薩一相既如是用。當知佛相德用不可說。佛一小相德既如是。佛大相海准之可識。文意如此。餘相可知."(T35.078b29~c07)

393 이익이 됨을: ㉭의 '益一切'을 따르면 "모두에게 이익이 됨을"로 번역될 수 있다.

062 • [H222a07; T611b09]

問 此但菩薩光明, 何故現佛智德乎.

答 舉菩薩劣光明, 校顯佛小相身勝, 舉小相 顯大相勝耳.

문 이것은 단지 보살의 광명인데 어째서 부처님의 지혜와 덕을 드러냅니까?

답 보살의 보잘것없는 광명을 들어 부처님의 작은 몸의 뛰어남을 비교하여 드러내고 (부처님의) 작은 모습을 들어 큰 모습의 뛰어남을 드러낸 것이다.

063 • [H222a10; T611b12]

問 離世間品中諸行法, 皆前諸位所行者, 何故重說乎.

答 約行實無異. 然而前但說依位顯示普法, 而未說其所顯示普法行者 行何等道品行, 故今更寄起行之始會普光處, 一乘菩薩所行 二千道品行說也.

문 「이세간품離世間品」의 여러 행법行法은 모두 앞의 여러 위계位에서 행한 것들인데[394] 왜 다시 이야기하는 것입니까?

답 행行에 의거하면 실제로 다르지 않다. 그러나 앞에서는 단지 위계位에 의거하여 보법(普法, =일승)을 드러내 보이는 것만 이야기하고 그 드러내 보인 보법의 수행자가 어떠한 수행 과정[道品][395]을 행하는지는 말하지 않았다. 그래서 지금 행行을 일으키는 첫 번째 회會인 보광법당[普光處][396](에서의 가르침)에 부쳐 다시 일승의 보살이 행하는 2천 가지 구체적인 수행 과정을 이야기한 것이다.

---

394 「離世間品」에서는 普慧보살이 보살의 수행에 대하여 200가지 질문을 하고 보현보살이 각각의 질문에 대하여 각기 10가지 수행법을 이야기하고 있는데 후대 화엄교학에서는 이 「이세간품」에 대하여 앞의 품들에서 이야기된 각 위계에서 행하는 수행법을 구체적으로 이야기한 것이라고 하여 '托法進修成行分'이라고 하고 제시된 수행법들을 앞에서부터 각기 十信·十住·十行·十回向·十地 및 究竟位의 보살이 행하는 수행법이라고 설명하였다.

395 수행 과정[道品]: 道品은 道, 즉 열반에 이르는 다양한 수행 과정을 의미한다.

396 보광법당[普光處]: 離世間品은 晉譯에서는 普光法堂重會, 周譯에서는 普光法堂三會에 해당한다. 그리고 이세간품은 뒤의 入法界品과 함께 화엄의 수행법을 구체적으로 이야기하는 품으로 알려져 있다.

064 • [H222a16; T611b17]

問 前已說 諸位地因果方便及性起道理, 有何不及故更說.

答 前來示現 方便修成因果 及此因果行德, 何[397]成以何來, 然而未說 得此行以修行者, 如是行修之[398]儀則[399], 故今方說, 爲信解知法人 修行如是如是行也[400, 401].

---

397 何: ㊎以何

398 之: ㊎修, ㊎ 〃

399 如是行修之儀則: 변격한문. 정격한문이라면 '修如是行之儀則'으로 표현할 수 있다.

400 也: ㊀㊎㊇耶

401 故今方說, 爲信解知法人 修行如是如是行也: 변격한문. 정격한문이라면 '故今方爲信解知法人 說修行如是如是行也'로 표현할 수 있다.

문 앞에서 이미 여러 위계[位地]의 인과因果 방편 및 성기性起의 도리를 이야기하였는데 무엇이 부족하여 (「이세간품」에서) 다시 이야기하는 것입니까?

답 앞에서는 방편을 닦아 이루는 인과 및 이 인과의 행덕行德을 어떻게 이루고 그다음에 무엇이 오는지를 제시하였다. 그러나 이 행법을 얻어 수행하는 사람이 이러한 행법을 닦는 의칙儀則은 아직 말하지 않았다. 그래서 지금 비로소 믿고 이해하여 법을 알게 된 사람들에게 이러한 행들을 수행하도록 이야기한 것이다.

065 • [H222a22; T611b22]

問 離世間中 已說修因得果行相, 何故祇林中 更說得法門相乎.

答 離世間中 依所信行之法 進修相說[402], 然而未示 依人修行 得如是法之義, 是故, 入法界品中, 更示現 依善知識人修得行相, 以爲後人軌則也.

402 依所信行之法 進修相說: 변격한문. 정격한문이라면 '說依所信行之法進修相'으로 표현할 수 있다.

문 「이세간품」에서 이미 인因을 닦아 과果를 얻는 행의 모습[行相]을 이야기하였는데 왜 「입법계품」[祇林][403]에서 다시 법문을 얻는 모습을 이야기하는 것입니까?

답 「이세간품」에서는 믿고 행하는 법에 의거하여 수행을 전진시키는 모습을 이야기하였다. 그러나 사람에 의지하여 수행하여 이러한 법을 얻는 뜻은 보이지 못하였다. 이 때문에 「입법계품」에서 다시 선지식善知識에 의지하여 수행하여 얻는 행의 모습[行相]을 드러내 보여 뒷사람의 모범으로 삼은 것이다.

---

403 「입법계품」(祇林): 祇林은 「입법계품」의 무대인 祇樹給孤獨園을 가리키며 여기서는 기수급고독원에서 설해진 「입법계품」을 의미한다.

066 • [H222b04; T611b27]

問 此祇林, 佛成道第八年[404]中所造, 又[405]身子等諸弟子等, 成道以後 異[406]國中出家入道人等. 云何 即此第二七日一時述例[列?][407]乎.

答 此皆依如來解脫無障礙九世十世等時, 一切處一處·一切時一時中說在事[408], 述列[409, 410]. 不可說[411] 現漸教相列耶[412, 413].

---

404 年: ㉾季[秊?]

405 又: ㊎人

406 異: ㊎異相

407 例[列?]: 저본에는 例이지만 내용상 列의 오자로 생각된다.

408 說在事: 변격한문. 정격한문이라면 '說(之)事'로 표현할 수 있다. 여기서 在는 과거시제를 표현하는 이두와 상통하는 점이 주목된다.

409 列: ㉾㊎㊈例

410 此皆依 如來解脫無障礙九世十世等時, 一切處一處·一切時一時中說在事, 述列: 변격한문. 정격한문이라면 '此皆依如來解脫無障礙九世十世等時, 一切處一處·一切時一時中所說之事, 而述列也'로 표현할 수 있다.

411 說: ㉾㊈없음.

412 列耶: ㉾引也, ㊎引耶

413 不可說 現漸教相列耶: 변격한문. 정격한문이라면 '不可以爲現漸教相列也'로 표현할 수 있다.

문 이 기수급고독원[祇林]은 부처님께서 성도成道하시고 나서 여덟 번째 해에 만든 것이고 사리불[身子] 등의 여러 제자는 (부처님께서) 성도하신 후 다른 나라에서 출가하여 입도入道한 사람들인데 어떻게 이 (성도 이후) 두 번째 7일의 한때에 나열하였습니까?

답 이것은 다 여래께서 9세九世·10세十世 등을 해탈하여 막힘 없게 되신 때 일체의 장소가 한 장소이고 일체의 때가 한때인 곳에서 설하신 일에 의거하여 나열한 것이다. 점교漸敎의 모습을 드러내 나열한 것이라고 이야기할 수 없다.[414]

414 「입법계품」의 내용은 하나의 시간[一時]과 모든 시간[一切時]이 상즉하고 하나의 공간[一處]이 모든 공간[一切處]과 상즉하는 時空의 관점에서 이야기한 것으로 과거·현재·미래가 구별되고 이곳과 저곳이 구별되는 일상적 時空의 관점과 다른 차원에서 이야기된 것이라는 의미이다.

067 • [H222b11; T611c04]

問 漸教相中，舍利弗等 法華會至[415] 方一乘入[416, 417]，所入一乘 即是華嚴別教. 既入別教者，何故，此文中同在祇林 而如盲聾，不見聞佛菩薩所現之事.

答 爲欲顯教義深故，順前未入時及愚法 説[418]不分. 約根欲熟有分故，同在會後[419]聞法，此即迴入一乘相.

415 法華會至: ㉻至法華會

416 一乘入: ㉻入一乘

417 法華會至 方一乘入: 변격한문. 정격한문이라면 '至法華會 方入一乘'으로 표현할 수 있다.

418 說: ㉷時

419 後: ㉷復

문 점교漸教의 모습[相]에서는 사리불 등이 법화회法華會에 이르러 비로소 일승에 들어갔는데 들어간 일승이 곧 화엄華嚴 별교別教입니다. 이미 별교에 들어갔는데 왜 이 (「입법계품」) 글에서는 함께 기수급고독원[祇林]에 있으면서 보지 못하는 사람이나 듣지 못하는 사람처럼 부처와 보살이 드러내는 일을 듣고 보지 못하였습니까?

답 (일승의) 교의教義가 깊은 것을 드러내기 위하여 (사리불이) 이전에 (불교에) 들어오지 않았거나 소승[愚法]이었을 때는 (부처님의) 말씀을 이해하지 못하였음을 보인 것이다. 근기가 익어가자 조금 이해하였으므로 (다른 사람들과) 함께 회會의 뒤에서 법을 들었으니 이것은 곧 일승으로 전향하여 들어오는 모습이다.

068 • [H222b18; T611c10]

問 此處入一乘聲聞等, 但愚法也[420], 爲有三乘中聲聞等耶[421].

答 通有二教二乘. 若入一乘機熟[422], 如來一代中 皆在此[423]會[424].

---

420 也: ㉆耶

421 但愚法也, 爲有三乘中聲聞等耶: 변격한문. 정격한문이라면 '但愚法耶, 亦有三乘中聲聞等耶'로 표현할 수 있다.

422 熟: ㊎就

423 此: ㉆此分(甲)

424 若入一乘機熟, 如來一代中 皆在此會: 변격한문. 정격한문이라면 '如來一代中 入一乘機熟者 皆在此會'로 표현할 수 있다.

문 여기서 일승에 들어가는 성문들은 소승[愚法]의 성문들뿐입니까, 삼승 중의 성문들도 있습니까?

답 (소승과 삼승) 두 교教의 이승二乘이 모두 있다. 만약 일승에 들어가는 근기가 익었다면 여래 일대一代의 가르침의 대상이 모두 이 회[此會][425]에 있다.

425 이 회[此會]: 입법계품이 설해진 『화엄경』의 마지막 회인 重閣講堂會를 가리킨다.

069 • [H222b22; T611c13]

問 何故, 前餘[426]會不在乎[427].

答 約相, 前諸會, 唯菩薩依位地說菩薩因果故, 爲顯不共相, 不在. 今此會 爲顯入法界之心及入法界之人廣大無限故, 得法成德之處故, 通始終迴也.

426 餘: ㊀諸

427 前餘會不在乎: 변격한문. 정격한문이라면 '不在前餘會乎'로 표현할 수 있다.

문 어째서 (성문들이) 앞의 다른 회들에는 없었습니까?

답 모습[相]에 입각하면 앞의 여러 회會는 오직 보살이 위계[位地]에 따라 보살의 인과因果를 설하였으므로 (성문들이) 구별되는 모습[不共相]을 드러내기 위하여 없었다. 지금의 이 회는 법계에 들어가는 마음과 법계에 들어가는 사람이 크고 무한함을 드러내기 위하여 (그리고) 법을 얻고 덕을 이루는 곳이므로 처음에 회심하는 사람과 마지막에 회심하는 사람들이 모두 참여하였다.

070 • [H222c03; T611c18]

問 此顯不共中, 但二乘乃不共耶, 三乘大乘菩薩等爲不共耶.

答 若約未入一乘之義者, 皆得爲不共, 且[428]從下 說二乘耳.

428 且: ㉾㊎但, ㊢旦

문 여기서 보인 구별되는[不共] (모습)은 이승이어서 구별되는 것입니까, 아니면 삼승의 대승보살 등도 구별되는 것입니까?

답 만약 일승에 들어가지 못한 뜻에 의거한다면 다 구별된다고 할 수 있다. 다만, 낮은 것을 따라 이승을 말하였을 뿐이다.

071 • [H222c07; T611c21]

問 此會入法界人 幾有品類乎[429].

答 雖無限而 且約文顯者, 有二類. 謂會初中, 由佛入奮[430]迅定故 所現之法界行德 見, 諸菩薩及天王等[431], 即入法[432]界, 得不思議法等, 爲一類, 此即 臨證之際至[433]人等也[434]. 由此菩薩等類, 入佛法 即與佛等, 以得法故. 後文殊等諸知識, 以所得之法, 下攝機緣, 令入法界故, 身子等及善財等人 被[435]攝入法界人等 爲第二類也[436].

---

429 幾有品類乎: 변격한문. 정격한문이라면 '有幾品類乎'로 표현할 수 있다.

430 奮: ㊎舊

431 由佛入奮迅定故 所現之法界行德 見, 諸菩薩及天王等: 변격한문. 정격한문이라면 '諸菩薩及天王等, 由見佛入奮迅定而所現之法界行德'으로 표현할 수 있다.

432 界行德見諸菩薩及天王等即入法: ㊎없음[나중에 추기]

433 臨證之際至: ㊍至臨證之際, ㊎臨證之隆至

434 臨證之際至人等也: 변격한문. 정격한문이라면 '至臨證之際人等也'로 표현할 수 있다.

435 被: ㊅彼

436 身子等及善財等人 被攝入法界人等 爲第二類也: 변격한문. 정격한문이라면 '身子等及善財等人 被攝入法界, 此等人爲第二類也'로 표현할 수 있다.

문 이 (중각강당)회에서 법계에 들어가는 사람에는 몇 가지 부류[品類]가 있습니까?

답 무한히 많지만 경전 내용에 입각하여 드러낸다면 두 가지 부류가 있다. 즉, (중각강당)회의 처음에 부처님께서 사자분신삼매[奮迅定]에 들어가 드러낸 법계의 행덕行德을 보고 여러 보살과 천왕天王이 곧바로 법계에 들어가 불가사의한 법들을 얻는 것이 첫 번째 부류이다. 이 부류는 깨달음에 임박한 단계의 사람들이다. 이 보살 등의 부류는 불법佛法에 들어가 곧 부처와 같아진다. 법을 얻었기 때문이다. 그 후 문수보살 등의 여러 선지식이 (자신들이) 얻은 법으로 아래로 근기와 인연[機緣]의 중생들을 포섭하여 법계에 들어가게 하여 사리불 등과 선재동자 등의 사람들이 포섭되어 법계에 들어가는데 그들이 두 번째 부류가 된다.

072 • [H223a03; T611c29]

問 善財值知識時, 所聞法門, 皆如聞得證耶, 聞以後修行, 方得耶.

答 隨所聞法門[437], 即得證也.

437 門: ㊅聞, ㊎聞法門

문 선재동자가 선지식들을 만날 때 들은 법문은 모두 들었을 때 깨달을 수 있습니까, 아니면 들은 후 수행하여 비로소 깨달을 수 있습니까?

답 들은 법문에 따라 곧바로 깨달을 수 있다.

073 • [H223a06; T612a03]

問 若爾, 既得法門, 因緣得[438]益[439]中明, 過去無量劫中值諸佛, 聞法供養等諸行修[440, 441], 方得此法門. 善財今方但聞所說法門耳, 非修行無量劫行[442], 云何得乎.

答 已得此法門, 即入法性. 入法性 即自他無二, 三世無前後故, 善知識所得[443]因果·自利利他法門, 即是善財自行成[444], 故隨所得法門 其因果前後之法, 皆自無不行得法[445], [以此行因體依果成故[446]] 不[447]移一時 而即成無量劫, 隨所聞法門, 無量劫中修行以得, 豈不修有得果之義乎[448].

---

438 得: ㉶問/同

439 益: ㊀答

440 過去無量劫中值諸佛, 聞法供養等諸行修: 변격한문. 정격한문이라면 '過去無量劫中值諸佛, 修聞法供養等諸行'으로 표현할 수 있다.

441 諸行修: ㊀修諸行

442 善財今方但聞所說法門耳, 非修行無量劫行: 변격한문. 정격한문이라면 '善財今但聞所說法門, 而非修行無量劫行'으로 표현할 수 있다.

443 得: ㊎得法

444 即是善財自行成: 변격한문. 정격한문이라면 '即是善財自行所成'으로 표현할 수 있다.

445 皆自無不行得法: 변격한문. 정격한문이라면 '皆無不自行所得法'으로 표현할 수 있다.

446 以此行因體依果成故: ㊅㊎㉶없음.

447 不: ㊀不

448 不修有得果之義乎: 변격한문. 정격한문이라면 '豈有不修而得果之義乎'로 표현할 수 있다.

문 그렇다면 이미 법문을 얻은 것이 되는데 인연득익因緣得益에서는 과거 무량겁 동안 모든 부처님을 만나 법을 듣고 공양하는 등의 여러 행을 닦아야 비로소 이 법문을 얻는다고 설명하고 있습니다. 선재동자는 지금 비로소 (부처님께서) 설한 법문을 들었을 뿐 무량겁 동안 행을 수행하지 않았는데 어떻게 (법문을) 얻은 것입니까?

답 이미 이 법문을 얻으면 곧바로 법성法性에 들어간다. 법성에 들어가면 곧바로 자신과 남이 둘이 아니며 (과거·현재·미래) 삼세에 앞뒤가 없으므로 선지식이 얻은 인과와 자리이타自利利他의 법문이 곧 선재동자가 스스로 행하여 얻은 것이 된다. 그러므로 얻은 법문마다 (모두) 그 인과因果의 전후前後의 법이 다 스스로 행하여 얻은 법이 아닌 것이 없다. [이 행은 체體를 원인으로 하고 과果에 의지하여 이루어지므로[449]] 하나의 때를 움직이지 않으면서 곧바로 무량겁의 시간이 되니 들은 법문마다 (모두) 무량겁 동안 수행하여 얻은 것이 된다. 어찌 닦지 않고 과보를 얻는 뜻이 있겠는가.

449 이 행은 ~ 이루어지므로: 이 구절은 ㉠에만 있으므로 원문이 아닌 후대의 주석이 본문으로 잘못 들어간 것일 수도 있다.

074 • [H223a17; T612a13]

問 若隨所值知識, 同因行發心時節者, 諸知識聞法, 皆[450]可齊同, 何故 諸知識發心, 值佛修行時節, 皆不同耶.

答 欲顯法不同故, 如是示現耳. 諸不同 皆由同 方不同耳. 准可思也.

450 皆: ㊅㊎없음.

문 만난 선지식마다 인행因行을 발심한 때가 만약 같다면 여러 선지식이 들은 법도 다 같아야 할 것입니다. 그런데 왜 여러 선지식이 발심하고 부처님을 만나 수행한 때가 다 다릅니까?

답 법이 같지 않음을 드러내기 위하여 이렇게 보였을 뿐이다. 여러 같지 않음은 모두 같음으로 말미암아 비로소 같지 않게 될 뿐이다. 생각하면 알 수 있을 것이다.

075 • [H223a22; T612a17]

問 鈔[451]文[452]云, 初菩提心法門中, 得信法門 逕十千劫 成佛者, 行佛非位佛, 瓔珞經十信行中[453]非位中[454]等者, 此約一乘行佛成時節[455] 逕十千耶, 爲三乘行佛成時節[456]耶.

答 諸三乘教中, 十千劫中 十信行滿, 更示現一[三?][457]乘行佛滿之處耳, 非三乘滿佛, 亦非一乘行滿佛[458]. 但十千劫, 不動此十千劫, 不可說不可說劫, 方行佛滿成. 如是八萬劫等, 乃至一劫二劫到[x][459]等之義 例可知思[460]也.

---

451 鈔: ㊎㊍抄

452 文: ㊅又

453 中: ㊦㊎十

454 中: ㊎㊍十

455 一乘行佛成時節: 변격한문. 정격한문이라면 '成一乘行佛時節'로 표현할 수 있다.

456 三乘行佛成時節: 변격한문. 정격한문이라면 '成三乘行佛時節'로 표현할 수 있다.

457 一[三?]: 저본에는 一이지만 내용상 三의 오류로 생각된다.

458 滿佛: ㊦㊎㊍佛滿

459 到[×]: 저본에는 到이지만 내용상 잘못 추가된 글자로 생각된다.

460 知思: ㊦思知

문 『초초鈔』[461]의 문장에서 "처음 보리심菩提心 법문에서 믿음[信]의 법문을 얻고 나서 1만 겁劫을 지나 성불하는 자는 행불行佛[462]이지 위불位佛[463]이 아니다."라고 하였고 『영락경瓔珞經』에서는 "십신十信은 행行에 있고 위位에 있는 것이 아니다."라고 하였는데 이것은 일승에서 행불을 이루는 시간이 1만 겁이 걸린다는 것입니까, 아니면 삼승에서 행불을 이루는 시간입니까?

답 여러 삼승의 경전에서는 1만 겁 동안 십신의 행이 완성된다고 하고 다시 삼승[464]의 행불이 완성되는 곳을 보이고 있다. (그러니 1만 겁이 걸려 완성되는 것은) 삼승의 (행이) 완성된 부처가 아니고 일승의 행이 완성된 부처도 아니다. 다만, 1만 겁은 이 1만 겁을 움직이지 않은 불가설불가설不可說不可說 겁劫에 비로소 행불行佛이 완성되는 것이다. 이처럼 8만 겁 등에서부터 1겁이나 2겁 등에 행불을 이룬다는 뜻은 마찬가지이다.[465] 생각하면 알 수 있을 것이다.

---

461 『초초鈔』: 智儼의 『華嚴經入法界品抄』를 가리키는 것으로 생각된다. 이 책은 현재 전해지지 않고 있다.

462 행불行佛: 수행을 거쳐 佛果를 완성하고 구체적인 부처의 능력을 갖춘 부처

463 위불位佛: 진리를 깨달았지만 수행을 거치지 않아 구체적 부처의 능력을 갖추지 못한 부처

464 원문은 一乘이지만 내용상 三乘의 잘못으로 생각된다. 삼승교에서는 3아승기겁 동안의 수행을 거쳐 부처의 경지에 이른다고 하였다.

465 8만겁 또는 2겁, 1겁 동안 그 숫자의 겁을 움직이지 않으면서 불가설불가설 겁 동안 수행하여 行佛을 완성한다는 의미이다.

076 • [H223b09; T612a25]

問 又孔目云, 華嚴經中成佛有五中, 寶莊嚴童子等二[466]人現身成佛等, 云何知其相.

答 寶莊嚴童子, 即[旣?][467]現身中, 值佛聞法, 得信解自分勝進位諸三昧門[468]等, 即知成信滿佛等. 又兜率天子等, 旣現身中, 即得離垢三昧少分 逮[469]諸功德等, 故知現身成. 善財童子, 旣現身, 至普賢菩薩知識, 而彌勒知識言, 當來我成佛時 汝見我, 故知後生中成佛. 此等且約文相, 據見聞等三位爲三生, 故作如是說耳. 約實, 共皆同[470] 但以一身中成佛. 言一身者, 法性身, 無別分段等身. 若隨緣現成佛即同三乘教所說也. 約一乘教實法 念念每成佛[471]等, 如前說也.

466 二: ㊂三

467 即[旣?]: 저본에는 即이지만 내용상 旣의 오류로 생각된다.

468 門: ㊂門沒於果海

469 逮: ㊀速, ㊂過, ㊅還

470 同: ㊂同見等三生只在一念

471 念念每成佛: 변격한문. 정격한문이라면 '念念成佛' 또는 '每念成佛'로 표현할 수 있다.

문 또한, 『공목장孔目章』에서 이야기한 『화엄경』의 (빨리 얻는) 성불成佛 다섯 가지[472] 중에서 보장엄동자寶莊嚴童子 등 두 사람이 현재의 몸으로 성불하는 것[現身成佛]에 대해서는 그 모습을 어떻게 알 수 있습니까?

답 보장엄동자는 이미 현재 몸으로 부처를 만나 법을 듣고 자분위自分位와 승진위勝進位의 여러 삼매문을 믿고 이해할 수 있었으니 곧 믿음이 완성되어[信滿] 성불하였음을 알 수 있다. 또한, 도솔천자兜率天子 등은 이미 현재의 몸에서 곧바로 이구삼매離垢三昧의 일부와 여러 공덕을 얻었으니 현재의 몸으로 성불하였음을 알 수 있다. 선재동자는 이미 현재의 몸으로 보현보살 선지식에게 이르렀고 미륵보살 선지식이 "미래에 내가 성불할 때 네가 나를 볼 것이다."라고 하였으므로 다음 생에 성불하는 것을 알 수 있다. 다만, 이

---

472 『華嚴經內章門等雜孔目章』 권4, 「釋四十五知識文中意章」에서 『화엄경』의 疾得成佛을 다음 생에서의 성불, 이번 생에서의 성불[一生成佛], 일시성불一時成佛, 일념성불一念成佛, 무념성불無念成佛 다섯 가지로 이야기하고 있다. ["善財一生皆得者。依華嚴經疾得成佛。有其五種。一依勝身一生即得。從見聞位後。一生至離垢定後身即成佛。二依見聞逕生疾剋。三依一時疾得成佛。四依一念疾得成佛。五依無念疾得成佛。初義有四。一依世界性等。十世界身輪王之子。現身成佛。如普莊嚴童子等。二者依天子勝身。從三惡道出。生兜率天。現身成佛。三者依閻浮提勝功德身。如善財等現身究竟普賢之行。後生即見佛。四者依法華經龍女之身。南方成佛。義當留惑之身疾得成佛。二依見聞逕生疾剋者。如初地中說。有三時益。一聞時益。二修行時益。三轉生時益。故地論云。是諸如來。加護於諸菩薩。此人能聞持如是微妙法。此是聞時益。諸地淨無垢。漸次而滿足。證佛十種力。成無上菩提。此是修行時益。雖在於大海及劫盡火中。決定信無疑。必得聞此經。此是轉生時益。三依一時疾得成佛者。如善財童子於知識處一時之間獲普賢法。四依一念疾得成佛者。如契普賢法一念即成佛。此依俗諦念也。五無念疾得成佛者。一切法不生。一切法不滅。若能如是解。是人見眞佛故."(T45.585c04~25)].

들은 문장의 내용에 의거하여 견문見聞 등의 세 위계를 3생三生으로 한 것이므로[473] 이렇게 말한 것일 뿐이다. 실제에 의거하면 모두 다 동일하게 [견문 등의 3생은] 한 (생의) 몸으로 성불하는 것이다. 한 몸이라고 한 것은 법성신法性身[474]이 분단신分段身[475] 등의 몸과 다르지 않은 것이다. 만약 연緣에 따라 성불을 드러낸다면 곧 삼승교에서 이야기하는 것과 같다. 일승교의 실법實法에 의거하면 찰나찰나[念念]마다 성불하는 것 등은 앞에서 이야기한 것과 같다.

473 견문見聞 등의 세 위계에 의거하여 3생三生으로 한 것: 見聞·解行·證入의 세 위계에 의거하여 見聞生·解行生·證入生의 3생을 통하여 성불한다는 것.

474 법성신法性身: 法性 자체로서의 몸. 法身이라고도 한다.

475 분단신分段身: 업에 따른 과보를 받아 윤회하는 몸

077 • [H223b24; T612b09]

問 大解大行等 八大人[476]等, 所行之行法, 甚極微細, 而樂世有, 趣闡提道 墮無盡阿鼻地獄等者, 其義云何.

答 此人等, 從未入種性等 下至世間毛里[477], 無正善人等列[478], 即第三階人. 其行雖極細 而有樂世[479]有之病, 故不得出世正善根也.

---

476 人: ㊒없음.

477 里: ㊐黑, ㊎㊒理

478 列: ㊐㊎㊒例

479 世: ㊒也

문 대해大解와 대행大行 등 여덟 종류의 큰 사람들은 행하는 행법行法이 지극히 치밀하지만 세간에 사는 것을 좋아하여 천제闡提[480]의 길로 나아가 끝이 없는 아비지옥阿鼻地獄 등에 떨어진다는 것은 어떠한 뜻입니까?

답 이 사람들은 아직 (일승의) 종성種性에 들어가지 못한 사람들부터 아래로 세간의 모리毛里[481]까지로 올바른 착함이 없는 사람들을 나열한 것이니 곧 제3계第三階의 사람이다. 그 행이 대단히 치밀하지만 세간에 사는 것을 좋아하는 병이 있으므로 출세간의 올바른 선근善根을 얻을 수 없다.

---

480 천제闡提: 범어 icchantika와 팔리어 ecchantika의 음역어인 一闡提의 줄인 말. 본래 의미는 '욕구가 있는 사람'인데 세상에 사는 즐거움을 포기하지 못하여 열반에 들 수 없어 '斷善根', '信不具足' 등으로 의역된다. 결코 성불할 수 없는 존재로 여겨진다.

481 모리毛里: 의미를 알 수 없다. 전후 맥락으로 볼 때 아직 출가하지 않고 세간에 있는 사람들을 가리키는 것으로 생각된다.

078 • [H223c07; T612b15]

問 何等樂世有之病乎[482].

答 此病有麁細, 麁可知, 細者, 設聞甚深教法 及師語極細理, 以自分別心, 尋伺觀察, 即計佛法如是, 即見法分齊, 自心即住於其[483]見聞處, 故不得思修慧, 及障出世無分別智故[484], 名爲樂世有. 此即墮隨聲取義五過, 故不能進修, 無正信解故.

---

482 何等樂世有之病乎: 변격한문. 정격한문이라면 '如何是樂世有之病乎'로 표현할 수 있다.

483 於其: ㊉相至

484 及障出世無分別智故: 변격한문. 정격한문이라면 '至障出世無分別智故'로 표현할 수 있다.

문 어떠한 것들이 세간에 사는 것을 좋아하는 병입니까?

답 이 병에는 거친 것과 세밀한 것이 있다. 거친 것은 알 수 있을 것이다. 세밀한 것은 설령 매우 깊은 교법教法과 스승의 매우 자세한 이치를 듣더라도 자신의 분별하는 마음으로 살펴보고 관찰하여 불법佛法이 이와 같다고 헤아리고 법의 분제分齊를 본다. (그래서) 자기 마음이 그 보고 듣는 곳에 머물러 사혜思慧와 수혜修慧[485]를 얻을 수 없고 세간을 벗어나는 무분별지無分別智를 장애함에 미친다. 그래서 세간에 존재하는 것을 좋아한다고 한다. 이것은 소리에 따라 뜻을 취하는 다섯 가지 잘못[486]에 떨어지므로 앞으로 나아가 닦을 수 없다. 바른 믿음과 이해가 없기 때문이다.

---

485 수혜修慧: 바른 사유를 통해 얻은 지혜[思慧]에 기초한 실제 수행을 통하여 터득하는 지혜

486 소리에 따라 뜻을 취하는 다섯 가지 잘못: 『십지경론』에서 부처님의 말씀을 글자 그대로 받아들이면 바르게 믿지 못함, 용맹정진에서 물러남, 다른 사람을 속임, 부처님을 비방함, 불법을 가볍게 여김 다섯 가지 잘못이 있게 된다고 하였다. [『十地經論』 初歡喜地卷之二 "汝等不應如聲取義。隨聲取義有五種過。一不正信。二退勇猛。三誑他。四謗佛。五輕法"(T26.133c14~17)].

079 • [H223c14; T612b21]

問 若爾, 何等人離此過乎.

答 若自心以 不能計處中至者[487], 仰推於佛, 不自爲已[己?][488]心之[489]分[490], 唯佛所知 非我境界, 如是人 乃深信佛智慧者也.

---

487 若自心以 不能計處中至者: 변격한문. 정격한문이라면 '若至自心不能計處者'로 표현할 수 있다.

488 已[己?]: 저본에는 已이지만 내용상 己의 오류이다.

489 之: ㊀㊎主

490 不自爲己心之分: 변격한문. 정격한문이라면 '莫爲己心之分'으로 표현할 수 있다.

문 그렇다면 어떠한 사람들이 이 잘못을 벗어날 수 있습니까?

답 자기 마음으로 헤아릴 수 없는 곳에 이르면 우러러 부처님께 미루고 스스로 자기 마음이 알 수 있는 것으로 여기지 않으며 오직 부처님만 아시고 나의 경계가 아니라고 해야 한다. 이러한 사람이 곧 부처님의 지혜를 깊게 믿는 사람이다.

080 • [H224a04; T612b25]

問 何等深理聞[491]乎.

答 [492], 一切言皆同[493] 乃至一切法皆無住無我之言聞[494, 495], 如聞取 不得不聞故, 即迷其無住之理.

---

491 深理聞: ㉠聞深理

492 答: ㉠聞

493 同: ㉦得

494 聞: ㉠없음.

495 一切言皆同 乃至一切法皆無住無我之言聞: 변격한문. 정격한문이라면 '聞一切言皆同 乃至一切法皆無住無我之言'으로 표현할 수 있다.

문 어떠한 깊은 이치를 듣습니까?

답 일체의 말이 모두 같다거나 나아가 일체의 법이 모두 고정되어 있지 않고[無住] 주체가 없다[無我]는 말을 듣는다. (그러나) 들은 것을 글자 그대로만 받아들여 듣지 못한 것을 얻지 못하므로 그 고정됨이 없다[無住]는 이치에 미혹된다.

081 • [H224a07; T612b28]

問 既聞無住言, 能信解無住理, 豈迷乎[496].

答 便[須?][497]解. 若聞無住言, 其心見爲無住理者[498], 即是但自心作無住耳, 非佛所言之無住理. 所以者何, 以自心不得無分別智故, 何能見彼無住之理乎. 若不見而爲見者, 豈爲正信乎. 自中不正信, 而亦[499]爲他傳説者, 即亦誑他. 又未得證見佛境, 而言佛如是説者, 即謗佛, 又不見佛境界爲見, 即增上慢故, 退[500]勇猛精進. 又如是人 若值其所見違[501]者[502], 即起盡[503]瞋恚[504], 造諸惡業故, 即趣闡提道, 不應不愼[505], 行人大要.

---

496 豈迷乎: 변격한문. 정격한문이라면 '何以迷乎'로 표현할 수 있다.

497 便[須?]: 저본에는 便이지만 마지막 문답의 답변 시작 부분과 비교할 때 須의 오자로 생각된다.

498 其心見爲無住理者: 변격한문. 정격한문이라면 '(以)爲其心見無住理者'로 표현할 수 있다.

499 而亦: 변격한문. 정격한문이라면 '而猶'로 표현할 수 있다. 여기서 而亦은 이두의 '而亦(마리여, ~이지만)'와 상통하고 있어 주목된다.

500 退: ㊎迎

501 其所見違: ㊔違其所見

502 若值其所見違者: 변격한문. 정격한문이라면 '若值違其所見者'로 표현할 수 있다.

503 起盡: ㊔盡起

504 起盡瞋恚: 변격한문. 정격한문이라면 '盡起瞋恚'로 표현할 수 있다.

505 愼: ㊎瞋

문 이미 고정됨이 없다는 말을 듣고 고정됨이 없는 이치를 잘 믿고 이해하였는데 어째서 미혹됩니까?

답 마땅히 고정됨이 없다는 말을 듣고 그 마음으로 고정됨이 없는 이치를 보았다고 여기는 사람은 자기 마음으로 고정됨이 없음을 지은 것일 뿐이고 부처님께서 이야기한 고정됨이 없는 이치가 아니라고 이해해야 한다. 왜냐하면 자기 마음이 무분별지無分別智를 얻지 못하였는데 어떻게 그 고정됨 없음의 이치를 볼 수 있겠는가. 만약 보지 못하고도 보았다고 여긴다면 어찌 바른 믿음이겠는가. 스스로 바르게 믿지 못하고서 다른 사람에게 전하여 말하는 것은 다른 사람을 속이는 것이다. 그리고 아직 부처의 경지를 깨달아 보지 못하였으면서 부처님께서 이렇게 말하였다고 말하는 사람은 부처님을 비방하는 것이다. 또한, 부처님의 경계를 보지 않았으면서 보았다고 말하는 것은 증상만增上慢이어서 용맹정진에서 물러나게 된다. 또한, 이러한 사람은 자신의 견해와 어긋나는 사람을 만나면 곧바로 있는 대로 화를 내어 여러 악업을 짓게 되므로 곧 일천제의 길로 나아가게 된다. 삼가지 않으면 안 된다. 수행하는 사람의 요체이다.

082 • [H224a19; T612c09]

問 若爾, 云何見彼理乎.

答 既聞無分別之理, 但以無分別智乃證者[506]. 念念修無分別智方便耳[507], 無餘事也.

---

506 既聞無分別之理, 但以無分別智乃證者: 변격한문. 정격한문이라면 '既所聞無分別之理, 但以無分別智證'으로 표현할 수 있다.

507 耳: ㊅㊎可

문 그렇다면 어떻게 그 이치를 볼 수 있습니까?

답 이미 들은 분별없음의 이치[無分別之理]는 무분별지로 깨달을 수 있다. 찰나찰나에 무분별지의 방편을 닦을 뿐 (그 밖의) 다른 일은 없다.

083 • [H224a22; T612c12]

問 云何 正信佛言乎.

答 須解 佛言緣處[508]中言耳, 非謂其法如所言法, 故如是言也[509]. 若能如是解 無定見處者, 即爲欲所信解 不解之處得證知[510], 故速速修無分別智. 聖意蓋[511]其如是令進修乎. 上來所作之諸文義, 皆如是解, 莫如言取解也.

---

508 處: ㉾慮?

509 佛言緣處中言耳, 非謂其法如所言法, 故如是言也: 변격한문. 정격한문이라면 '佛之言卽隨緣處而言耳, 非其法如所言法故如是言也'로 표현할 수 있다.

510 即爲欲所信解 不解之處得證知: 변격한문. 정격한문이라면 '即得證知 欲所信解而不解之處'로 표현할 수 있다.

511 蓋: ㉾益

문 부처님의 말씀을 어떻게 해야 바르게 믿습니까?

답 마땅히 부처님의 말씀은 인연이 있는 곳에서 말한 것일 뿐이고 그 법이 말해진 것 같은 (정해진) 법이어서 그렇게 말한 것이 아니라고 이해해야 한다. 만약 이렇게 이해하여 고정된 견해가 없게 되면 곧바로 이해하려고 하였지만 이해하지 못했던 곳을 깨달아 알 수 있게 될 것이다. 그러므로 빨리빨리 무분별지를 닦으라. 부처님의 뜻은 대부분 이처럼 (듣는 사람을) 나아가 닦게 하려고 한 것이 아니겠는가. 지금까지 지은 여러 글의 뜻도 모두 이렇게 이해하고 말한 것에 집착하여 이해하지 말라.

華嚴經問答 解題

화엄경문답 해제

『화엄경문답』과 신라 화엄사상의 특성

1 • 머리말
신라 화엄학 문헌으로서의 『화엄경문답』

『화엄경문답』은 중국과 한국의 불교계에는 전해지지 않고 일본에만 전해진 문헌으로 오랫동안 당나라 초기의 대표적 화엄학자인 법장法藏의 저술로 알려져 왔다. 한편, 일본 불교계 일부에서는 이 책의 한문 문장이 중국인의 저술로 보기에는 이상한 표현이 적지 않고 내용 중에도 법장 스님의 다른 저술들과 어긋나는 부분이 있다는 점을 지적하며 법장의 저술이 아니라 후대의 승려가 위작한 것일 수 있다는 견해가 제시되어 왔다.[1] 그러다 1980년대 들어 법장과 그 스승인 지엄智儼의 사상적 차이에 대한 연구가 진행되면서 이 책은 사상적으로 법장보다 지엄의 입장을 반영할 뿐만 아니라 본문 서술 중에 지엄을 엄사儼師라고 표현한 것으로 볼 때 지엄의 영향을 받은 신라 승려가 찬술하였을 가능성이 처음 제기되었다.[2] 그리고 곧바로 이어서 이 책은 신라 의상義相의 문도들이 스승의 강의를 정리한 문헌일 가능성이 크다는 견해가 제시되었는데[3] 그 근거는 이 책에서 이야기되는 삼승극과회심설三乘極果廻心說, 배자체불설拜自體佛說 등이 법장 등의 중국 화엄학자들의 저술에는 보이지 않고, 의상을 계승한 신라와 고려의 화엄학 문헌 내용과 일치할 뿐만 아니라 다른 문헌에서 인용되고 있는 지통智通, 도신道身 등의 의상 문도들의 저술 내용 대부분이 『화엄경문답』 내용과 일치한다는 것이었다.

이러한 연구들을 통해 『화엄경문답』의 신라 찬술 가능성이 커지면서 국내에서도 이 책을 주목하게 되었다. 1990년대 이 책의 내용을 후대 문헌에 인용된 의상 문도들의 저술과 대조해 지통이 기록한 『추동기錐洞記』(또는 『추혈문답(錐穴問答)』)의 이본異本임을 밝히는 연구가 제시

1 鎌田茂雄[1959], 「法藏撰華厳經問答について」, 『印度学仏教学研究』14(7-2), 日本印度學佛教學研究會

2 吉津宜英[1983], 「舊來成佛について-性起思想研究の一視點-」, 『印度学仏教学研究』63(32-1)

3 石井公成[1985], 「『華厳經問答』の著者」, 『印度学仏教学研究』66(33-2)

되었고[4] 이에 기초해 『화엄경문답』의 문헌적 성격과 이 책에 나타난 의상 사상의 특성을 밝히려는 연구들이 다수 발표되고 있다.[5]

이하에서는 지금까지의 이러한 학계의 연구를 토대로 『화엄경문답』의 성립과 유통, 이 책의 구성과 문체적 특징, 주요 사상적 특성을 살펴보고자 한다.

2
『화엄경문답』의 성립과 유통

『화엄경문답』의 원형으로 생각되는 지통의 『추혈문답』의 성격에 대한 가장 구체적인 설명은 11세기 말 대각국사 의천義天이 편집한 『신편제종교장총록』 중 화엄경 주석서 부분의 다음과 같은 문장이다.

---

4 金相鉉[1996], 「『錐洞記』와 그 異本 『華嚴經問答』」, 『韓國學報』84, 一志社

5 朴太遠[1996], 「義湘의 性起思想 - 『華嚴經問答』을 중심으로」, 『哲學』49, 한국철학회; 朴太遠[1997], 「『華嚴經問答』과 義湘의 一乘·三乘論」, 『韓國學報』86, 一志社; 박태원[1998], 「의상의 화엄적 언어관 - 『화엄경문답』을 중심으로」, 『불교와 문화』24, 대한불교진흥원; 박서연[2003], 「신라 義相系의 저술과 『華嚴經問答』의 관련성 연구」, 『한국불교학』34, 한국불교학회; 金相鉉[2004], 「『華嚴經問答』 再考」, 『동국사학』42, 동국사학회; 張珍寧[2009], 「『華嚴經問答』의 敎判思想」, 『한국선학』23, 한국선학회); 張珍寧[2010], 「『華嚴經問答』研究」, 동국대학교대학원 박사학위논문; 張珍寧[2011]「緣起와 性起의 관계 -『華嚴經問答』을 중심으로-」, 『선문화연구』, 한국불교선리연구원; 최연식[2011], 「『華嚴經問答』의 三乘極果廻心說 연구」, 『불교학연구』30, 불교학연구회; 김천학[2012], 「일본화엄문헌에서의 『화엄경문답』 인용 경향」, 『한국선학』31, 한국선학회; 최연식[2015], 「『화엄경문답』과 『일승법계도』를 통해 본 의상義相의 화엄경 인식」, 『한국사상사학』49, 한국사상사학회; 최연식[2015], 「『華嚴經問答』의 變格漢文에 대한 검토」, 『口訣研究』35, 한국구결학회; 김천학[2019], 「『華嚴經問答』에 法藏의 영향은 보이는가?」, 『普照思想』55, 보조사상연구원.

> 『요의문답要義問答』 2권은 『승전僧傳』에서 말하는 『추혈문답錐穴問答』으로 지통智通이 서술하였다. 『일승문답一乘問答』 2권은 『승전』에서 말하는 『도신장道身章』으로 도신道身이 서술한 것이다. 『대송승사大宋僧史』(=『송고승전』)의 의상전義湘傳을 살펴보니(이에 대해) "(의상의 가르침을 제자들이) 혹은 붓을 잡아 옷깃에 적고 백분으로 나뭇잎에 새기고 이를 가려 모아 (스승의) 말씀을 정리하였다. 이렇게 정리한 가르침들은 혹은 (정리한) 제자를 따라 제목을 붙였으니 『도신장』이 그것이고 혹은 (강의한) 장소를 따 이름을 붙였으니 『추혈문답』이 그것이다."라고 하였다. 그런데 당시 정리한 사람들의 문체文體가 좋지 않아 문장이 조잡해지고 방언方言까지 뒤섞기도 하였다. 아마도 (화엄의) 큰 가르침을 처음 전할 때 듣는 사람들의 근기에 맞추려고 한 것일 수도 있다. 후대의 군자들이 마땅히 윤색해야 할 것이다.[6]

위의 내용에 의하면 의상의 제자들이 스승의 『화엄경』의 가르침에 대한 강의를 모아 정리한 여러 종류의 책이 있었는데 그중 지통이 정리한 『추혈문답』과 도신이 정리한 『도신장』이 대표적이었고 이들은 고

---

6 『新編諸宗教藏總録』卷上 "要義問答二卷 僧傳云錐穴問答是 智通述。一乘問答二卷 僧傳云道身章是 道身述。按大宋僧史義湘傳云。或執筆書紳。懷鉛札葉。抄如結集。録似載言。如是義門。隨弟子爲目。如云道身章是也。或以處爲名。如云錐穴問答等云云。但以當時集者。未善文體。遂致章句鄙野。雜以方言。或是大教濫觴。務在隨機耳。將來君子。宜加潤色"(『한국불교전서』 제4책, 682a; T55.1167b-c)

려 시대에 각기 『요의문답』과 『일승문답』이라는 이름을 전하고 있었음을 알 수 있다. 『화엄경문답』은 앞에서 이야기한 것처럼 이들 중 『추혈문답』(=『추동기』)과 동일한 책으로 파악되고 있다. 따라서 이 책의 원래 이름은 『추혈문답』 또는 『요의문답』이었고 『화엄경문답』이라는 이름은 후대에 이 책이 일본에 전해지면서 새로 붙여진 이름으로 보아야 할 것이다.

『화엄경문답』의 본래 이름 중 『추혈문답』의 추혈錐穴은 위의 인용문에서 이야기하는 것처럼 강의한 장소인데 의상이 실제로 추혈錐穴에서 『화엄경』에 대해 강의하고 그 내용을 지통이 정리한 사실이 『삼국유사』에 전해지고 있다. 즉, 의상은 제자인 진정眞定의 어머니가 돌아가신 후 문도들을 이끌고 소백산 추동錐洞에 들어가 풀로 여막을 짓고 90일간 『화엄경』을 강의하여 그 명복을 빌었고 이때 제자 지통이 강의의 주요 내용을 정리하여 『추동기錐洞記』를 지었다고 한다.[7] 내용상 추혈과 추동은 같은 장소를 가리키며 『추동기』가 『추혈문답』과 같은 책임을 알 수 있다. 당시 의상이 강의했던 추혈, 즉 추동은 현재 경북 영주시 풍기읍 소백산 자락에 있는 영전동靈田洞 지역으로 지금도

7 『三國遺事』 孝善第九 「眞定師孝善雙美」 "投湘公剃染爲弟子. 名曰眞定. 居二年. 母之訃音至. 定跏趺入定. 七日乃起. 說者曰. 追傷哀毁之至. 殆不能堪. 故以定水滌之爾. 或曰. 以定觀察母之所生處也. 或曰. 斯乃如實理薦冥福也. 旣出定. 以後事告於湘. 湘率門徒歸于小伯山之錐洞. 結草爲廬. 會徒三千. 約九十日. 講華嚴大典. 門人智通隨講, 撮其樞要, 成兩卷. 名錐洞記. 流通於世. 講畢. 其母現於夢曰. 我已生天矣."

송곳골로 불린다고 한다.[8]

강의를 정리한 지통은 『송고승전』과 『삼국유사』 등에서 의상의 대표적인 제자 중 한 명으로 언급되고 있으며[9] 『삼국유사』의 「낭지승운 보현수朗智乘雲 普賢樹」에는 울산 지역에서 활약한 신승 낭지朗智의 문하에서 출가하였다가 나중에 의상의 문하로 옮겨 그 가르침을 이었다고 한다.[10] 활약 연대로 보아 의상의 초기 제자로 문도 중에서 선배였던 것으로 생각된다. 고려 시대 화엄학 문헌에는 그가 태백산 암굴에서 화엄관을 닦아 깨달음을 얻어 의상의 인정을 받았다는 일화도 전해지고 있다.[11]

의상이 추혈(=추동)에서 행한 강의 내용을 지통이 정리한 책은 『추동기』 또는 『추혈문답』, 『추혈기』 등으로 불렸지만 때로는 편찬자인 지통의 이름을 따 『지통기智通記』 또는 『지통문답』으로 불리기도 하였다. 고려 시대 화엄학 문헌인 『법계도기총수록法界圖記叢髓錄』에는 『추혈기』와 『추혈문답』 이외에 『지통기』라는 이름으로 인용되고 있고

8 金相鉉[1996], 32쪽.

9 『宋高僧傳』 권4 「唐新羅國義湘傳」 "登堂覩奥者, 則智通表訓梵體道身等數人, 皆㲉巨[殼-几+卵]飛出迦留羅鳥焉."; 『三國遺事』 義解第五 "徒弟 悟眞 智通 表訓 眞定 眞藏 道融 良圓 相源 能仁 義寂等十大德, 爲領首, 皆亞聖也."

10 『三國遺事』 避隱第八 「朗智乘雲 普賢樹」. 이 기록에서는 朗智가 울산의 靈鷲山에 신라에 불교가 처음 공인된 527년(법흥왕 14)부터 智通이 찾아간 661년(문무왕 1)까지 계속 주석하였다고 이야기하고 있다.

11 『釋華嚴旨歸章圓通鈔』 卷下(『한국불교전서』 제4책, 139c)

균여의 강의록인 『석화엄교분기원통초釋華嚴敎分記圓通抄』, 『일승법계도원통기一乘法界圖圓通記』, 『십구장원통기十句章圓通記』, 『석화엄지귀장원통초釋華嚴旨歸章圓通抄』 등에서도 『추동기』와 함께 『지통기』나 『지통문답』이라는 이름으로 인용되고 있다. 결국 『추혈기』, 『추혈문답』, 『추동기』, 『지통기』, 『지통문답』은 모두 같은 책을 가리키는 것이고 그 내용은 의상이 추혈에서 제자 진정의 어머니의 명복을 빌며 90일간 『화엄경』의 요체를 강의한 내용을 기록한 것이었다.

한편, 앞에서 인용한 『신편제종교장총록』에서는 이 책을 『요의문답』이라고 거명한 후 이것이 『승전』에서 이야기하는 『추혈문답』이라고 이야기하고 있는데 이로 보면 당시 이 책의 공식 제목은 『요의문답』이었고 『추동기』, 『추혈기』, 『추혈문답』, 『지통기』, 『지통문답』 등은 모두 별칭이었을 가능성이 있다. 이때의 요의要義는 물론 『화엄경』의 요의, 즉 핵심적인 이론을 의미하는 것으로 이 책의 내용에 기초한 제목이라고 할 수 있다. 다만, 이 『요의문답』이라는 이름이 초기부터 있었던 것인지 아니면 후대에 유통되는 과정에서 붙여진 것인지는 명확하지 않다. 그런데 『법계도기총수록』이나 균여의 강의록, 『삼국유사』 등에는 『요의문답』이라는 이름이 보이지 않는 것으로 미루어 후대에 붙여졌을 가능성이 크다고 생각된다. 나아가 『요의문답』이라는 이름이 『신편제종교장총록』에서만 보이고 다른 자료에서는 전혀 보이지 않는 것을 고려하면 실제로는 『요의문답』이라는 이름은 『신편제종교장총록』 편찬자에 의해 붙여졌을 가능성도 있다고 생각된다.

위의 인용문에서 보듯이 『신편제종교장총록』의 편찬자는 이 책의 문체에 대해 불만이 많았는데 책의 이름을 강의 장소나 편찬자의 이름으로 표현하는 것에 대해서도 만족하지 못하여 책의 성격과 내용을 더 분명히 나타낼 수 있는 이름을 붙였던 것으로 추측된다. 그러나 『신편제종교장총록』이 편찬된 이후에도 이 책에 대해 언급할 때는 『추혈기』나 『추동기』가 일반적이었다. 13세기에 편찬된 『삼국유사』에서는 이 책을 세 번 언급하고 있는데 세 곳 모두 『추혈기』라고 부르고 있다. 또한, 『고려사』에서도 13세기 후반에 이장용(李藏用, 1201~1272)이 이 책을 윤색한 사실을 이야기하면서 『화엄추동기華嚴錐洞記』라고 부르고 있다.[12] 이 책에 대한 가장 보편적이고 널리 사용된 명칭은 『추혈기』, 『추혈문답』, 『추동기』였던 것으로 생각된다.

지금까지의 서술을 통하여 알 수 있듯이 이 책은 『도신장』과 함께 의상의 가르침을 전하는 책으로 신라와 고려 시대 불교계에서 널리 읽히고 활용된 것으로 보인다. 의상이 직접 저술한 책이 『화엄일승법계도』 한 종만 전하는 상황에서 의상의 직제자가 스승의 강의를 기록한 책인 만큼 의상의 저서를 보완하는 책으로 중시되었을 것이다. 『신편

12 『高麗史』列傳15 李藏用 "又喜浮屠書 嘗著禪家宗派圖 潤色華嚴錐洞記"

제종교장총록』에서 이 책의 문장이 조잡하다고 불만을 토로하면서도 주요 화엄학 주석서로 기록한 것은 당시 이 책의 중요성을 잘 보여준다. 13세기 후반 이 책이 재가 신자인 이장용에 의해 더 순수한 한문 문장으로 윤색된 것도 이 책이 불교계뿐만 아니라 재가 지식인들 사이에서도 중시된 정황을 잘 보여준다.

그런데 조선 시대 이후 이 책의 유통 상황은 확인되지 않고 있다. 고려말 이후 선종이 불교계의 주류를 차지하면서 교학 불교가 위축된 데다 조선왕조 개창 이후 억불정책으로 불교계가 전체적으로 쇠퇴하게 되자 화엄학에 대한 이해와 관심이 줄어들면서 이 책도 자취를 감춘 것으로 추측된다. 이후 의상의 사상에 대한 이해는 전적으로 『화엄일승법계도』의 내용에만 의거하여 이해되었고 이 책이나 『도신장』 같은 의상의 강의록은 오랫동안 존재 자체도 의식되지 못하였다.

한편, 이 책은 9세기 신라에서 일본으로 전해져 화엄학의 중요 문헌으로 유통되었다. 일본 자료에서 이 책이 처음 보이는 것은 9세기에 찬술된 『화엄일승성불묘의華嚴一乘成佛妙義』인데 이 책은 신라에서 화엄학을 수학하고 일본으로 건너가 활동한 견등見登에 의해 찬술된 문헌이다.[13] 견등 이전에 이 책이 일본에서 유통된 모습이 보이지 않는

13 見登의 행적과 『華嚴一乘成佛妙義』의 성격 및 찬술 배경 등에 대해서는 최연식[2001], 「新羅 見登의 저술과 사상 경향」, 『한국사연구』115, 한국사연구회 참조.

것으로 보아 견등에 의해 신라에서 일본으로 전해졌을 가능성이 크다고 생각된다. 그런데 견등은 이 책을 『향상문답香象問答』이라는 이름으로 인용하고 있고, 이로 인해 일본에서는 이 책이 향상香象, 즉 법장法藏의 저술로 알려졌다. 향상은 일본 불교계에서 법장을 존경하는 의미로 부르는 칭호로 나라 시대 이래 널리 사용되었다. 법장은 물론 특정 승려를 향상이라고 칭하는 사례는 중국이나 한국 문헌에는 보이지 않는 것으로 미루어 『향상문답』이라는 이름은 신라가 아닌 일본에서 붙여진 것으로 보인다. 아마도 신라에서 이 책을 가져간 견등이 이 책에 권위를 부여하기 위하여 법장을 가리키는 칭호를 붙여 법장의 저술로 소개한 것으로 생각된다.

일본에 전해진 『화엄경문답』은 그 내용 중에 법장을 비롯한 중국 정통 화엄학자들의 사상과 다른 모습들이 있어 법장의 진찬 여부를 둘러싼 적지 않은 논란이 있었지만, 그럼에도 불구하고 화엄학의 주요 문헌 중 하나로 오랫동안 일본 불교계에서 널리 읽혀졌다. 대체로 법장의 초기 저서로 간주되어 후대의 완성된 화엄교학과는 다른 내용이 보이는 것으로 이해되었다. 특히 법장의 다른 저서에서 잘 보이지 않는 성기性起에 대한 많은 내용이 이야기되고 있어 화엄교학의 성기를 이해하는 주요 자료로 활용되었다. 일본에 전해진 신라의 화엄학 문헌 대부분이 일실된 것과 달리 이 책이 온전히 전해진 것은 신라의 승려가 아닌 중국의 정통 화엄학 조사인 법장의 저서로 간주되었기 때문이다.

한편, 일본에 전래된 『화엄경문답』의 내용이 한국에서 유통되었던 『추동기』나 『지통기』와 동일한 것인지는 검토할 여지가 있다. 앞에서 이야기한 것처럼 선행 연구를 통하여 고려 시대의 화엄학 문헌들에 인용된 『추동기』의 문장들이 대부분 일본에 전래된 『화엄경문답』에서 확인되고 있지만 일부 내용은 현재의 『화엄경문답』에서 보이지 않고 있기 때문이다. 즉, 고려 시대의 화엄학 문헌들에 인용된 10개 문장 중 9개는 현재의 『화엄경문답』에서 확인되지만[14] 유일하게 『석화엄지귀장원통초』에서 인용되고 있는 『화엄경』이 전체 몇 개 품品으로 이루어져 있는지에 관한 내용[15]은 현재의 『화엄경문답』에서 보이지 않고 있다. 이로 볼 때 일본에서 전래된 『화엄경문답』은 본래의 『추동기』의 온전한 모습이 아니라 일부 내용이 누락된 형태일 수도 있다. 실제로 『화엄경문답』은 『화엄경』에 대한 강의 내용을 기록한 것임에도 강의 서론에 해당하는 내용이 보이지 않고, 대부분의 『화엄경』 주석서들이 서두에 『화엄경』의 기본적 성격이나 구성 등을 이야기하는 것과 달리 그러한 내용 없이 곧바로 삼승과 일승의 사事와 이理의 차이에 대한 내용으로 시작되는데 이런 점에서 현재의 책은 본래 책의

---

14 구체적인 문장 비교·대조는 김상현[1996], 37-41쪽의 <『華嚴經問答』과 『錐洞記』 對照表> 참조.

15 "問此下本經所有品數, 料簡智通問答綱目中云 三十八品, 花嚴傳孔目章云 有四十八品, 花嚴宗要云十六品(已上), 而此土所傳八十卷, 本經者是譯下本四萬五千偈也, 有三十九品. 何故 本經是三十八品, 而譯爲三十九品耶."(『韓國佛敎全書』제4책, 120a)

서두 일부가 누락되었을 가능성이 크다. 『화엄경』의 전체 품이 몇 개인지에 대한 논의도 강의 서두에 들어갈 수 있는 내용이다.

그동안 『화엄경문답』의 텍스트로는 일본 헤이안[平安] 시대의 필사본(오노 겐묘[小野玄妙] 소장본)과 1701년(겐로쿠[元祿] 14) 간행된 목판본 두 점만 알려져 있었는데 최근 가마쿠라[鎌倉] 시대의 필사본 두 점(가나자와문고[金澤文庫] 소장 쇼묘지[稱名寺]본, 세키도문고[成簣堂文庫]본)의 존재가 새로 알려졌고[16] 이 필사본 두 점의 내용을 다이쇼 대장경과 비교하는 교감작업도 이루어졌다.[17] 이 네 종의 텍스트는 일부 글자와 문장 표현에서 차이가 보이지만 내용상 큰 차이는 없으며, 모두 정격한문으로 보기 힘든 어색한 변격한문으로 되어 있다. 연구자들이 주로 이용하였던 일본 다이쇼[大正] 대장경에 수록된 『화엄경문답』은 헤이안 시대의 필사본을 저본으로 하면서 1701년의 목판본을 이용하여 대교對校한 것이고, 만속장경卍續藏經에 수록된 것은 1701년의 목판본을 저본으로 한 것이었다. 대체로 헤이안 시대의 필사본이 원형에 더 가까운 형태이고 1701년의 목판본은 일부 어색한 한문 문장을 이해하기 쉽게 수정한 모습이 보인다. 새로 확인된 가나자와 시대 필사본들의 일부는 헤이안 시대의 필사본과 일치하고 일부는 1701년

16 道津綾乃[2017], 「『華嚴經問答』のテキスト研究」, 『한국사상사학』56, 한국사상사학회.

17 道津綾乃[2021], 「『華厳経問答』巻上の翻刻と校訂」, 『金沢文庫研究』343, 2019; 「『華厳経問答』巻下の翻刻と校訂」, 『金沢文庫研究』345·346, 日本横浜市立金沢文庫.

의 목판본과 일치하는 등 전체적으로 헤이안 시대 필사본과 1701년 목판본의 중간적인 모습이다. 이번 역주에서는 이 네 종의 텍스트를 모두 활용하면서 최대한 원형에 가까운 모습을 나타내기 위해 노력하였다.

3
『화엄경문답』의 변격한문(變格漢文)

앞에서 인용한 것처럼 『신편제종교장총록』에서는 『요의문답』, 즉 『추동기』는 문장이 조잡하고 방언方言이 뒤섞여 있어 좋지 않으므로 후대에 훌륭한 선비에 의해 윤색될 필요가 있다고 이야기하는데, 실제로 13세기 후반 불교에 조예가 깊었던 사대부 신자 이장용이 『화엄추동기』를 윤색해 편찬하였다. 이장용이 윤색한 텍스트는 이전 『추동기』와 달리 문장이 매끄럽고 방언이 제거되었는데 고려에서 유통된 『추동기』에는 윤색되기 이전의 방언이 섞인 방언본方言本과 방언이 삭제되고 윤색된 텍스트가 있었다. 실제로 고려 시대 화엄학 문헌에서 인용되는 『추동기』 문장들에서는 두 가지 모습이 보인다. 즉, 균여의 저서들에서 인용된 『추동기』 문장에는 어색한 한문 문장이 적지 않게 보이는 반면 『법계도기총수록』에 인용된 문장들은 더 순수한 한문 문장들이다. 아마도 균여의 저서들이 윤색되기 이전의 텍스트를 참조한 반면 『법계도기총수록』은 윤색된 텍스트를 참조한 것으로 생각된다.

한편, 현재 일본에 전해지는 『화엄경문답』은 9세기경 일본에 전해진 것으로 윤색되기 이전 『추동기』의 원래 모습을 잘 보여준다. 실제로 현재 전해지는 『화엄경문답』에서는 순수한 한문으로 보기 힘든 이상한 한문 문장들이 많이 보이는데 이러한 문장들로 인해 일본 불교계에서 법장의 저서가 아니라 후대에 신라나 일본 승려에 의해 찬술되었을 거라는 의견도 제기되었다. 물론 현재의 『화엄경문답』에는 후대 유통 과정에서 일부 문장이 수정된 것으로 보이는 부분들도 있지만 이는 전승 과정에서 의미가 전혀 통하지 않는 이상한 표현들 중 일부에 수정을 가한 것에 불과하고 이장용의 윤색본과 같이 체계적으로 수정·윤색한 것은 아니었다. 따라서 현재의 『화엄경문답』은 이 책이 처음 만들어질 당시의 모습을 전하는 텍스트로 현재는 거의 남아 있지 않은, 신라 시대의 방언이 섞인 한문 문장의 모습을 보여주는 귀중한 자료라고 할 수 있다.

그런데 『추동기』 문장에 섞여 있었다는 방언의 성격에 대하여 우리말을 한자로 표현한 이두식 문장으로 보는 견해가 있지만 현재 전해지는 『화엄경문답』의 문장으로 볼 때 이는 우리말 토와 어미를 한자로 표현한 이두식 문장이 아닌 한문 문장이되 일부 표현과 어순에 우리말의 특성이 반영된 한국식 한문으로 보는 것이 타당할 것이다. 고려 초 화엄학자 균여의 저서도 본래는 균여의 강의를 제자들이 방언으로 기록한 것을 후대 무인 집권기에 방언을 삭제·수정하였다는데[18] 『법계도기총수록』에 일부 인용된 균여의 문장들은 수정된 순수한 한문이 아닌 일부 우리말의 특성이 반영된 한국식 한문으로 되어 있고 그 성격은 기본적으로 『화엄경문답』의 한국식 한문과 상통하고 있다. 신라나 고려 시대의 방언이 섞인 문장이라는 것은 한자를 빌려 우리말을 적은 이두식 문장 이외에 우리말의 특성이 반영된 한국식 한문이었던 것이다. 그런데 이러한 한국식 한문은 한문으로 표현하려고 했지만 중국 한문 문법에 익숙하지 않아 잘못 표현한 것으로 한문 문법에 맞는 정격正格한문과 구별되는 이상한 한문인 변격變格한문의 한 형태이다. 마치 오늘날 우리가 영어 문법에 익숙하지 않아 종종 영어 문법에 어긋나는 한국식 영어인 콩글리시를 사용하는 것과 비슷하다고 할 수 있다. 변격한문은 우리나라에서만 사용한 것이 아니라 한문 문법에 익숙하지 않았던 중국의 주변 국가에서도 종종 사용되었고 특히 일본은 초기 문헌인 『일본서기』와 『고사기』로부터 중세와 근세 문헌들에 매우 많은 변격한문이 보인다. 우리나라에서도 삼국 시대부터 조선 시대까지 많은 변격한문을 사용하였지만 자료 부족으로 고대

18 『十句章圓通記』 卷下 "然其文皆方言古訓 歌草而寫 及乎後世 歌草之書不傳 雖上智大根 皆臨卷自失 溟涬然昧其所歸 遂使微言蕪沒 妙旨淪渭 時已久矣 本講和尙名天其 以丙戌春 始住雞龍岬寺 搜古藏 得此記 乃首座門人曇林 親承所錄也 本講和尙 嘆大道之難行 慶半珠之不失 親削方言 校其差舛 以融公本文叅寫離爲二通 以施後學也."(『한국불교전서』 제4책 81a-b)

나 고려 시대 변격한문의 사례는 많이 확인되지 않고 있다. 이런 측면에서 방언인 변격한문이 삭제되기 이전의 『추동기』의 본래 모습을 전하고 있는 『화엄경문답』은 신라 시대에 사용된 변격한문의 실제 모습을 보여주는 자료로서도 중요한 의미가 있다. 『화엄경문답』에서 보이는 변격한문의 모습은 매우 다양한데 그중 대표적인 것을 유형별로 정리해 구체적인 사례와 함께 제시하면 다음과 같다.

(상2, 하4 등은 『화엄경문답』 상권의 두 번째 문답, 하권의 네 번째 문답 등을 나타냄)

① 동사와 전치사 등의 후치(後置)

『화엄경문답』에서 가장 빈번하고 대표적인 변격한문 유형으로 목적어 뒤에 동사가 오는 'O+V' 구문이다.

상 2. 一乘中一法, 卽一切法是一法, 一法是一切法. 一切法是一法故, 一法言者[→ 言一法] 卽一切盡, 一法卽一切法, 是故一法言[→ 言一法] 不可盡. 雖不可盡而一言無殘, 雖無殘而全不盡.

상 5. 若正觀中 五尺義理, 無礙義事, 亦得, 此反[→ 反此]亦得. 約事中礙義是心, 緣義是色 亦得, 此反[→ 反此]亦得,

상 61. 若證時至[→ 若至證時] 有前劣者, 非爲劣勝故, 又非劣位動, 無劣無勝故.

하 4. 然十地是菩薩修行方起, 准十地 菩薩行說[→ 說菩薩行]耳.

하 80. 問, 何等深理聞[→ 聞何等深理]乎. 答, 一切言皆同 乃至一切法

皆無住無我之言聞.

위와 비슷한 사례로 영어 be동사에 해당하는 서술조사 '시是'(~이다)가 보어補語 뒤에 오는 사례들도 보인다. 이러한 시是는 정격한문 문장에서는 필요 없는 것이다.

상 17. 問, 佛全覺人, 衆生全惑. 若佛與衆生一者, 俱惑是耳, 何有能化佛. 若衆生與佛一者, 俱全覺人是耳, 何有所化乎.

하 20. 約終教義, 卽如來性中 淸淨因果性實之法是.

한편, '시是'가 서술 보어가 아닌 주어 뒤에 오는 사례도 있다.

하 4. 然十地是[→ 十地卽 또는 於十地]菩薩修行方起, 准十地 菩薩行說耳.

위의 사례와 비슷하게 불필요한 위爲가 첨가된 사례도 있다. 한국어의 '~하다'라는 표현을 한문으로 잘못 나타낸 것으로 보인다. 이 위爲는 동사 앞에 오거나 뒤에 온다. 이러한 위爲는 정격한문 문장에서는 필요 없는 것이다.

상 36. 問, 此一乘障, 前自宗所斷之惑耶, 更有別耶. 答, 義不定. 所障不

同 故別亦得, 又前斷爲 而此乘以者 全不斷故, 乃至亦得. 惑法無自, 隨處故.

하 23. 不知緣合之人中, 卽言爲緣集有言, 不知緣散之人中, 卽言爲緣散.

한편, 앞의 'O+V'와 비슷한 사례로 목적어 앞에 와야 할 '이以'와 명사 앞에 와야 할 '매每'가 각각 목적어와 명사 뒤에 오는 사례가 있다. 이때 이以와 매每는 정격한문에서는 생략될 수 있다.

상 12. 若佛以[→ 以佛]者 卽佛隨順德, 若衆生以[→ 以衆生]者 卽所起解行, 佛非隨持卽不得自解行故,

상 22. 問, 若爾, 惡卽善是義生天, 非善卽惡是義生天耶. 答, 爾亦得然, 爾義不難, 而善卽惡義故, 惡以[→ 以惡]生天亦得.

상 67. 問, 今所說之法, 地地每[→ 每地], 各各有所作之障 所行之行 所得之果等不同.

하 12. 是故位位每滿位成佛現示[→ 位位現示滿位成佛] . …… 約普法實行 位位每極, 法門每[→ 每法門]極.

하 76. 約一乘教實法 念念每[→ 念念]成佛等.

② 한자의 혼동

비슷한 의미의 한자를 혼동하여 잘못 사용한 사례가 적지 않게 보인다. 가장 많이 보이는 것은 '있다'라는 의미를 나타내는 유有와 재在의 혼동과 부정否定을 나타내는 비非·불不·물勿 등의 혼동이다.

상75. 若他者 不得化. 所以者何, 自以外有[→ 在自外]故, 非自所化也.

하8. 問, 若爾者 何地有乎[→ 在何地乎]. 答, 文顯無. 約義實者, 初地乃至十地中 皆同有[→ 皆在]也.

하19. 十方世界一切微塵微塵每, 有諸佛大會[→ 一切微塵中, 有諸佛大會], 其中諸佛 皆將諸大衆說法, 其諸佛前每 普賢菩薩在[→ 諸佛之前 有普賢菩薩], 受各諸佛所放光明等事.

상24. 此一法門卽盡餘法門故, 此一障卽餘障故, 得一法時 無餘門非得[→ 不得], 斷一障時 無不斷餘障故.

하83. 問, 云何 正信佛言乎. 答, 須解 佛言緣處中言耳, 非謂[→ 不謂]其法如所言法, 故如是言也.

그 외 혼동 사례로는 유遺 대신 잔殘, 여與 대신 동同, 지至 대신 급及 등을 사용한 것으로 모두 우리말 표현이 동일한 데서 비롯되었다.

상2. 是故一法言不可盡. 雖不可盡而一言無殘[→ 遺], 雖無殘而全不盡.

하2. 初地等中 行檀地, 同[→ 與]輪王修施似故, 二地戒 三地定等, 同諸天似故, 相同世間故 相配之. 四地道品 五地四諦等, 相同聲

聞所行似故, 此二地相同聲聞. 第六地十二因緣觀, 同緣覺所行因緣相似故,

하 78. 即住於其見聞處, 故不得思修慧, 及[→ 至]障出世無分別智故, 名爲樂世有.

③ 부사어 위치의 착오와 동일한 의미를 갖는 한자의 불필요한 중복 사용

부사어 등을 어순에 맞지 않게 적은 사례가 있고 내용을 강조하기 위하여 동일한 의미의 한자를 불필요하게 중복 사용한 사례도 보인다.

상 68. 又知普法始終一相. 此知時中 無後際迷不所斷, 亦無不所修德[→ 無德不所修]故, 更無復[→ 復無]所修斷之法, 而法門不得故亦不盡修.

상 72. 彼佛不化者, 今吾身不得作佛故. 彼佛化, 方吾[→ 吾方]能修行成彼佛.

하 73. 隨所聞法門 無量劫中修行以得, 豈不修有[→ 豈有不修]得果之義乎.

상 79. 汎諸佛爲衆生說佛德意, 爲欲令衆生自亦得彼果[→ 爲欲衆生亦得彼果], 故令修行.

하 5. 是故, 以佛者, 一切法皆無非佛也. 餘義可思.(皆와 無非는 같은 의미의 중복임)

하 14. 三乘依位行者, 欲爲熟根欲入一乘普法故, 作如是說.(두 번째 欲은

불필요함)

④ 접속사 생략

두 가지 행위가 연속되는 문장에서 각각의 행위를 나타내는 두 개의 절을 연결하는 접속사가 거의 사용되지 않고 있다. 실제 『화엄경문답』에서는 접속사가 거의 사용되지 않고 있는데 접속사의 부재로 구절 구분이 어려워 이 문헌을 해독하기 어렵게 하는 중요 요인이다.

상 29. 受此教人有多重, 若利根人 始聞方便教, 卽知方便之意 卽入一乘, 又有聞教不知[→ 聞教而不知]方便之意 如教修行人,

하 71. 此會入法界人 幾有品類乎. …… 有二類. 謂會初中, 由佛入奮迅定故 所現之法界行德 見, 諸菩薩及天王等[→ 諸菩薩及天王等, 由見佛入奮迅定而所現之法界行德], 卽入法界, 得不思議法等, 爲一類,

위의 사례들 외에도 다양한 형태의 변격한문이 보인다.[19] 『화엄경문답』은 신라 시대의 변격한문에 대한 가장 풍부한 자료라고 할 수 있다. 향후 신라 시대의 변격한문에 대한 더 본격적인 연구에 활용할 수 있도록 이번 역주본에서는 변격한문으로 생각되는 구절들을 각주에

---

19 『華嚴經問答』의 變格漢文에 대한 더 자세한 내용은 최연식, 「『華嚴經問答』의 變格漢文에 대한 검토」 『口訣硏究』35, 구결학회, 64-81쪽 내용을 참조.

모두 제시하고 정격한문 표현과 비교하였다.

4
『화엄경문답』의 구성과 사상적 특성

『화엄경문답』은 제목 그대로 『화엄경』의 내용에 대한 문답으로 구성되어 있다. 문답은 상권 81개, 하권 83개, 총 164개인데 상권 마지막 81번째 문답은 하권 22번째 문답과 동일한 내용이다. 내용상 이 문답은 상권의 80번째 질문이나 하권의 첫 번째 질문과 이어지지 않는 반면 하권의 23번째 이하 문답들과는 자연스럽게 이어진다. 따라서 상권의 81번째 문답은 본래 없던 내용이 후대의 전승 과정에서 잘못 들어간 것으로 생각된다. 이 문답을 제외하면 전체 문답은 163개다.

각 문답은 '문問, ~~. 답答, ~~.' 형식을 취하는데 상권의 여덟 번째 문답만 질문의 서두가 '문問'이 아니라 '우又'로 시작되고 있다. 내용상 새로운 질문이 시작되고 그 뒤에 답答이 있으므로 '문問'이 '우又'로 잘못 기록되었거나 '문問'이라는 글자가 누락된 것으로 생각된다. 대부분의 문답은 간단한 내용으로 질문이 2~30자字, 대답이 150~200자 내외의 간단한 것들이 많고 질문과 대답을 합하여 50자 이하인 매우 짧은 문답들도 다수 있다. 다만, 『화엄경』 관련 특정 개념을 설명하는 몇 개의 문답들은 1천 자字 전후로 긴 분량이다. 십불十佛의 모습을 설명하는 상권의 12번째 문답, 십지十地를 증득하는 아홉 가지 아함阿含을 이야기하는 상권의 56번째 문답, 열 가지 십이인연관十二因緣觀을 이야기하는 상권의 80번째 문답과 열 가지 사제四諦를 설명하는 하권의 20번째 문답, 십지에서 얻는 십인十忍을 이야기하는 하권의 21번째 문답 등이다. 앞의 문답 내용을 토대로 뒤의 문답이 제시되고 있으며 하나의 주제에 대하여 문답이 몇 번 이어진 후 주제로 넘어가고 있다. 상권과 하권의 문답들이 다루는 주제를 간단히 정리하면 다음과 같다.

상권 (01)-(07) 문답

삼승과 보법(普法=일승)에서의 사事·리理의 개념적 차이를 이야기하면서 삼승은 하나의 사事와 리理가 별개이고 하나의 사事가 하나의 사물이나 현상과만 연결되는 것과 달리 보법(=일승)에서는 사와 리가 상즉相卽·상융相融하고 하나의 개념이 특정 대상이 아닌 모든 것과 대응될 수 있다고 이야기하고 있다.

상권 (08)-(11) 문답

『화엄경』과 다른 경전들의 가르침의 차이를 이야기하면서 특정 근기를 대상으로 한 나머지 경전들과 달리 『화엄경』은 모든 근기의 사람들을 대상으로 하였으므로 모든 가르침이 다 들어 있다고 이야기하고 있다.

상권 (12)-(23) 문답

앞의 문답들을 토대로 『화엄경』을 설하는 주체인 십불十佛의 성격을 이야기하고 나아가 부처가 되는 화엄의 부처관과 한 사람이 성불成佛하면 모든 존재가 성불하는 화엄의 성불을 이야기하고 있다.

상권 (24)-(28) 문답

앞의 성불과 마찬가지로 화엄의 법문法門은 하나를 얻으면 나머지도 모두 얻는 일다상시一多相是, 전후상시前後相是로서 하나씩 차례대로 얻는 삼승과 차이가 있음을 이야기하고 있다.

상권 (29)-(43) 문답

앞의 일승과 삼승의 법문의 깨달음 차이를 배경으로 삼승으로 수행한 사람은 그 가르침의 구경의 지위[極果]에 도달한 후 일승의 가르침을 다시 수행해야 한다는 삼승극과회심설三乘極果廻心說과 일승의 부처와 삼승의 부처와 불국토의 차이를 이야기하고 있다.

상권 (44)-(53) 문답

대大와 소小가 차이가 없고 보살과 중생이 구별되지 않는 무주無住의 연기緣起를 이야기하고 『기신론』에서 이야기하는 무명無明과 진여眞如의 상호 훈습도 이와 마찬가지로 무분별의 이치를 드러내는 것이라고 이야기하고 있다.

상권 (54)-(69) 문답

오문론자五門論者들이 이야기하는 자체연기自體緣起의 무애자재와 화엄교학에서 이야기하는 보법普法의 무애자재에 대하여 전자는 체體만 있고 상相이 없지만 후자는 체와 상을 모두 갖추었다고 이야기하고 나아가 보법의 수행과 과덕果德으로서의 십지十地를 설명하고 있다.

상권 (70)-(79) 문답

과거·현재·미래가 상즉하는 일승 보법의 시간관을 설명하고 이에 기초하여 미래의 내가 성불하여 현재 중생인 나를 교화하므로 다른 부처가 아닌 미래의 부처로서의 자신을 예불하고 따라야 한다는 배자체불설拜自體佛說을 이야기하고 있다.

상권 (80) 문답

십지 중 제6지第六地 수행과 관련된 열 가지 십이인연관十二因緣觀에 대하여 지엄의 『수현기搜玄記』의 내용을 부연 설명하고 있다.

상권 (81) 문답

하권의 22번째 문답과 중복되어 잘못 들어간 것으로 보인다.

하권 (1)-(21) 문답

화엄의 보법 십지十地에 모든 오승五乘과 삼승三乘의 수행과 과덕이

다 들어 있음을 이야기하고 아울러 보살이 사물을 이해하는 열 가지 차원의 진리인 10종種 사제四諦와 열 가지 인忍을 설명하고 있다.

하권 (22)-(34) 문답

연緣의 모임과 흩어짐에 따라 변하는 삼승의 연기緣起와 달리 일승의 연기는 연緣에서 자유로워 일승의 가르침도 특정 의미로 국한되지 않고 상황에 따라 자유롭게 해석되어 중생들을 인도한다고 이야기하고 있다.

하권 (35)-(60) 문답

『화엄경』 앞부분(처음부터 「소상광명품小相光明品」까지)에서 밝힌 연수緣修 인과와 그 뒤의 「보현품普賢品」과 「성기품性起品」에서 밝힌 성기性起 인과의 차이, 나아가 성기와 연기의 차이를 이야기하고 있다.

하권 (61)-(62) 문답

「소상광명(공덕)품」 중 난해한 구절을 설명하고 있다.

하권 (63)-(64) 문답

『화엄경』 앞부분에서 이미 다 이야기한 여러 행법行法을 「이세간품離世間品」에서 다시 설명하는 이유를 이야기하고 있다.

하권 (65)-(76) 문답

「입법계품入法界品」의 의미와 주요 내용을 이야기하면서 현신성불現身成佛을 설명하고 있다.

하권 (77)-(83) 문답

세상에 존재하는 것을 좋아해 결국 지옥에 떨어지는 천제도闡提道의 존재를 언급하고 나아가 그러한 천제도에 들어가지 않기 위해서는 사물을 고정적으로 보지 않는 무분별지無分別智를 갖추고 자신이 이해할 수 없는 것에 대해서는 스스로 결정하지 않고 자신의 이해를 넘어선 것이라고 인정하는 태도의 필요성을 이야기하고 있다.

이처럼 『화엄경문답』은 『화엄경』 본문 내용에 대한 해설서가 아니라 화엄교학의 핵심 주제 몇 가지에 대한 질문과 답변으로 이루어져 있다. 특히 삼승과 구별되는 일승 보법으로서의 『화엄경』의 특성에 대한 주제가 대부분으로 하나의 입장이나 개념에 고정되지 않는 무주無住와 무분별無分別이 반복적으로 강조되고 있다. 또한, 화엄의 수행이자 과덕으로서의 십지十地를 자세히 설명하고 있다. 추혈錐穴에서 의상이 『화엄경』 강의를 마친 후 문도들이 스승의 설명 중에서 잘 이해되지 않거나 확인하고 싶은 내용을 질문하고 그에 대해 의상이 대답한 내용을 기록한 것으로 생각된다. 의상이 특별히 강조하고 문도들이 쉽게 이해하지 못한 내용이 중심이며 여기에 수록된 내용 중에는 다른 화엄학 문헌에서는 보이지 않는 것도 적지 않다. 정제되지 않은 듯한 질문과 답변 내용을 통해 생생한 현장감을 느낄 수 있고 공식 문헌에는 보이지 않는 보충 설명을 통해 당시 화엄학을 실제로 이해하는 모습을 생생히 파악할 수 있다. 특히 삼승극과회심설과 배자체불설 등은 본래 지론학파地論學派의 주장으로 다른 화엄학 문헌에서는 보이지 않는데 이를 통해 의상과 그 문도들의 화엄학 이해에 지엄智儼과 법장 등의 정통적 화엄조사들뿐만 아니라 화엄교학 이전에 수용되어 있던 지론교학이 중요한 영향을 미쳤음을 알 수 있다.[20] 이 책은 기존『일승법계도』와 그에 대한 주석서의 내용을 중심으로 이해되었던 의상과 그 문도들의 화엄 사상을 더 구체적이고 종합적으로 이해할 수 있는 귀중한 자료라고 할 수 있다.

20 石井公成[1996],「『華厳経問答』の諸問題」,『華嚴思想の研究』, 春秋社; 石井公成[2012],「『華厳經問答』の拜自体仏説」,『화엄경문답을 둘러싼 제문제』(금강대학교불교문화연구소편), 씨아이알.

동국대학교 저서출판 지원사업 선정도서

- 이 저서는 2024년도 동국대학교 연구비지원을 받아 수행된 연구결과물임.
  (S-2024-G0001-00104)
- This work was supported by the Dongguk University Research Fund of 2024
  (S-2024-G0001-00104)

의상 스님의 화엄경문답

2026년 1월 16일 초판 1쇄 인쇄
2026년 1월 30일 초판 1쇄 발행

역　주 최연식
발행인 박기련
발행처 동국대학교출판부

출판등록 제1973-000004호(1973.6.28)
주소 04626 서울시 중구 퇴계로36길2 신관1층 105호
전화 02-2264-4714
팩스 02-2268-7851
Homepage http://dgpress.dongguk.edu
E-mail abook@jeongjincorp.com

인쇄처 네오프린텍

ISBN 978-89-7801-786-2 (93220)

값 23,000원